原発と放射線被ばくの科学と倫理

島薗 進

専修大学
出版局

はじめに――倫理からの考察

二〇一一年三月一一日の東日本大震災の直後、福島第一原子力発電所がメルトダウンを起こし、大量の放射性物質が拡散された。ところが、そのことについての情報が人々に伝えられるのが遅れた。服用するはずの安定ヨウ素剤も配布されなかったり、服用指示が出されなかったりすることが多かった。大量の放射性物質が拡散してから数日の間にどれほどの内部被ばくがあったかの測定はほとんどなされなかった。

そして、生涯、一〇〇ミリシーベルト以下の被ばくなら健康影響はないとか、年間、二〇ミリシーベルト以下の被ばくは子どもにも許容できる、といった専門家の「安心」情報が広められた。パニックを避けるためのリスクコミュニケーションだと説かれた。しかし、これらすべては、多くの人々にとって不安と不信を増幅させるものだった。

多くの人々にとって、科学者や専門家が提示する「科学的事実」が信用できないという事態は、放射線被ばくをめぐって生じる以前に、原発の安全性をめぐって生じていた。原発の安全性をめぐる推進側専門家の主張は、福島第一原発がメルトダウンを起こしたという否定できない事実によって打ち破られた。多くの仮説の上に成り立つリスクの確率論による評価があてにならないものであることが明白になった。

ところが、放射線被ばくの健康影響という領域では決定的な事実は示されにくい。そこで、「安心」こそが重要だ。「不安」の悪影響を十分、考慮すべきだ。健康影響について不安をもたせるようなことは言ってはならない、といった考え方が専門家、行政担当者、政治家によってさかんに説かれ、政策に移されて現在に至っている。ここでは、科学的な知識や合理的な推論の次元の問題と倫理的な評価や判断の問題が重なり合っている。

当然のことながら、福島原発事故後、世論調査では脱原発を支持する声が大きい。だが、政府や経産省、また電力会社や原発メーカーなどの大企業は、原発によって利益を増進させることに固執している。なぜ、脱原発を進めるべきかの論拠も軽視されがちである。

脱原発を進めるべき理由は多々ある。エネルギーのコストの問題、事故リスクの問題など、合理的な側面からも十分すぎるほどの論拠がある。しかし、人々の判断の拠りどころという側面から捉えると、倫理的な次元が大きな意義をもっている。利益を受けることがない将来世代の人々に大きな負荷を負わせることとか、地域住民や原発・事故処理作業員等に大きなリスクを及ぼすことなどである。

福島原発事故後、早期に脱原発の決定を行ったドイツのメルケル首相が設けたのは「安全なエネルギー供給に関する倫理委員会」だった。そこには、原発の維持か脱原発かを考えることは公共的な価値判断に関わるものであり、それは倫理委員会によって取り組むのが本筋だという考え方がある。これはナチスに屈した経験をもつとともに、キリスト教会の考えが影響力をもっているというドイツ社会の事情が反映している。

日本でも倫理的な次元の重要性を指摘する声は多く聞かれた。実際、福島原発事故が起こった日本でも、原発の是非をめぐって倫理的次元に踏み込んだ議論が行なわれてきた。宗教界から倫理的次元を基盤とした発信が多くなされるのは、あまりないことである。日本の公共空間への宗教の関与という点からも新しい事態であり、宗教学や公共哲学を学んできた者にとっては注目すべき事柄だった。

本書は上に述べてきたような、福島原発事故後の状況展開のなかで、私なりに資料を集め、考察してきた事柄をまとめたものである。二〇一一年から二〇一八年にかけて執筆してきた二五本ほどの論文やエッセイをもとに、「原発と放射線被ばくの科学と倫理」という枠組みにそって再構成した。全体は三部に分かれている。

第Ⅰ部は、放射線被ばくの健康影響について、事故後の経過で生じた諸問題を追うようにして、「事故後早い時期の被ばく量は多くなかった」、「被ばくによる身体的影響よりも、不安をもつことによる精神的影響が重要だ」、「その専門的知識を前提としたリスクコミュニケーションが必要だ」等の科学者・専門家の論について、その妥当性を問おうとしている。

第Ⅱ部は、上記の問題を、現代の科学者・専門家の社会的責任の意識や「科学と社会」に関する倫理的自覚の側面から考察しようとしている。これは原発・放射線健康影響分野に限ったことではない。科学・学術を社会倫理的に問い直さざるをえない状況が高まっている。現代科学は大きな政治的経済的力関係から自由ではない。人文学社会科学も同様だ。そのことを自覚的に反省し、科学・学術と社会の関係を捉え返すべきだ——こう主張している。第Ⅰ部、第Ⅱ部の諸論考を導いている問題意識は、二〇一三年に刊行した拙著、『つくられた放射線「安全」論』（河出書房新社）を引き継いでいる。

なお、第Ⅱ部付録では、京都大学名誉教授の哲学者、加藤尚武氏とのやりとりをそのまま掲載している。論戦に応じていただき、そのやりとりの掲載を許していただいた加藤氏には感謝申し上げる。島薗の著書ではあるが、科学に関わる倫理の領域で先駆的な仕事をしてこられた加藤氏とのやりとりに掲載の意義があると考えて、掲載させていただくことにした。

第Ⅲ部は、原発の倫理的問題、また脱原発を目指す倫理的根拠を多角的に考察しようとしている。三・一一以後の日本の宗教界からの発信は興味深い素材を提供してくれている。これは「倫理」や公共哲学と「宗教」の関係という観点にとっても示唆的である。ドイツとの比較の視点も助けになる。さらに、一九五〇年代以来の日本での議論もあらためて参照する価値があるものがあり、取り上げている。

原発維持、放射線「安心リスコミ」を前提とする、現在の日本の政府や政府に近い専門家の姿勢が続く限り、原発と放射線被ばくの健康影響は今後も解きほぐしが困難な問題であり続けるだろう。だが、問題は「核」技術の領域にとどまらない。現代の科学技術がもたらす倫理的問題は、ＡＩ（人工知能）の領域でもゲノム編集・合成生物学のような生命科学の領域でも、ますます難問の度合いを強めている。「原発と放射線被ばくの科学と倫理」の考察は、現代の科学技術が生み出す倫理問題の考察にとっても役立つものとなることを願っている。

なお、本書では、私の論を支えていただける論や資料の提供者として、あるいは批判の対象としてなど、さまざまな文脈で故人や存命の方々のお名前をあげているが、原則としてすべて敬称を略させていただいた。ご理解をたまわりたい。

目次

第Ⅰ部　放射線被ばくの「不安」と「精神的影響」

第1章　科学はなぜ信頼を失ったのか？
——初期被ばくが不明になった理由

1．科学の信頼喪失

科学技術白書が認める意識の変化

『平成24年度科学技術白書』は東日本大震災と福島原発災害後の国民の科学技術観についてこう述べている——「国民は科学技術に対し、非常に厳しい目で見ている。正に、科学技術（「科学及び技術」をいう。以下同じ）のありようが問われている」（「はじめに」）。そして、「科学技術に対する意識の変化」という項では、世論調査の結果を引き、「震災前は一二〜一五％の国民が「科学者の話は信頼できる」としていたのに対して、震災後は約六％と半分以下にまで低下した」という。また、震災前は「科学技術の研究開発の方向性は、内容をよく知っている専門家が決めるのがよい」との意見について、「そう思う」と回答した者が五九・一％であったのに対して、震災後は一九・五％へと三分の一程度にまで激減したとも述べている。

このような変化は、地震と津波の被害を防ぐことができなかったということにもよるだろうが、原発災害を防ぐことができなかったという理由がはるかに大きいだろう。原発が地震や津波に耐えられるだけの十分な措置をとることをしなかった。また、安全性の限界を超えるような事態は生じないと考えようとした。それは「想定外」ということになる。しかも、そうした楽観的な態度を安全神話で正当化してきた。そのために巨額の資金を投じて安全宣伝を行い、それを「原子力安全文化」の構築と称してきた。こうしたことすべてに科学者が大きな役割を果たしてきた。

原発事故後の科学者の対応

原発事故が起こった後の科学者の対応も信頼喪失をいっそう深めるものだった。福島原発の事故によって何が起こっており、住民はどのように対処すればよいのかについての情報提示がきわめて不適切だった。原子炉がメルトダウンしているのか、事故を起こした原発の危険を今後どこまで抑えられるのか、放射性物質がどのように飛散したのか、また今なお飛散・流出しているのか、環境や食品の放射能汚染はどこまで進んでいるのか、放射性物質による健康影響はどのようなものなのか、それにどう対処したらよいのか——福島県を中心に東北・関東・中部地方に住む多数の住民にとってきわめて切実なこれらの問題に対して、科学者の提示する情報は信頼に値しないものと受け取られることが多かった。

原発推進派のメディアとして知られる読売新聞系列の中央公論社が刊行する『中央公論』二〇一二年四月号は、吉川弘之日本学術会議元会長、元東大総長の「科学者はフクシマから何を学んだか——地に墜ちた信頼を取り戻すために」という文章を掲載している。

吉川は原発関連の「技術開発に関わる科学者の責任の重大さ」について述べたあとで、「加えて、「放射能の人体への影響」について、「専門家」たちのさまざまな見解が飛び交ったことが、大きな混乱を招く結果になった」と論じている。

> 放射能に関して言えば、それがどの程度人間の体に悪影響を及ぼすのかについて人類が蓄積したデータは、十分と言えるレベルにはない。広島、長崎や、チェルノブイリの結果を、そのまま横滑りさせることはできない。「持っている範囲の情報」さえも、有効に活用されることはなかったのである。

放射線健康影響に関する科学の信頼喪失

また、『国会事故調報告書』（東京電力福島原子力発電所事故調査委員会）は、福島原発事故以前の放射線リスクの伝え方について、「放射線の安全性、利用のメリットのみを教えられ、放射線利用に伴うリスクについては教えられてこなかった」とし、まずそこに信頼喪失の原因があるとしている。事故後も放射線量の情報、また放射線が健康に及ぼす影響についての情報提供が不十分だったという。そのよい例は「文科省による環境放射線のモニタリングが住民に知らされなかったこと、学校の再開に向けて年間二〇ミリシーベルトを打ち出し、福島県の母親を中心に世の反発を浴びた」ことだ。そしてこう述べる。「政府は「自分たちの地域がどれほどの放射線量で、それがどれだけ健康に」影響するのか」という切実な住民の疑問にいまだに応えていない。事故後に流されている情報の内容は事故以前と変化しておらず、児童・生徒に対してもその姿勢は同様である」。これは政府に対する批判として述べられているが、政府が全面的に情報提供や対策案の作成を頼って来た科学者・専門家にも向けられてしかるべきものである。

国会事故調の委員長は、吉川弘之に続いて日本学術会議会長を務めた黒川清である。一九九七年から二〇〇六年にわたって日本学術会議会長を務めた日本を代表するといってもよい二人の科学者（工学者と医学者）が、放射線健康影響の専門家の対応が不十分であり、多くの市民の信頼を失わざるをえないものだったことを認めているのだ。

意見が分かれ討議がなされない現状

吉川や黒川だけではない。有能な科学部記者が所属し、日頃、経済発展に貢献する科学技術に多大な関心を寄せている日本経済新聞社にも、同様な認識をもつ編集委員がいた。日本経済新聞は二〇一一年一〇月一〇日号という早い時期に、滝順一編集委員の「科学者の信用どう取り戻す——真摯な論争で合意形成を」という記事を掲載している。その前半部は以下のようなものだ。

科学者の意見が分かれて誰を信じてよいのかわからず、途方に暮れる。そんな状態が人々の不安を助長し、科学者への不信を増殖する。いま最も深刻なのは低線量放射線の健康影響だ。

一カ月前、福島医科大学で放射線の専門家が集まる国際会議が開かれた。年間の被曝量が一ミリシーベルト以下なら過度な心配は要らない。集まった科学者の多くがそう口にした。「できるだけ低い線量を望む気持ちはわかるが、二〇ミリシーベルトを超える自然放射線の中で健康に暮らす人が世界には多数いる」と国際放射線防護委員会（ＩＣＲＰ）のアベル・ゴンザレス副委員長は話す。

年間一〇〇ミリシーベルト以下の被曝では、後々がんになる危険（晩発性リスク）が高まることを実証するデータはない。安全のためどれほど少なくてもリスクが存在すると仮定し被曝を避けるのが基本だが、喫煙などに比べてとりわけ大きな健康リスクがあるとは言えない。これが世界の主流をなすＩＣＲＰの見解だが、強く批判する声がある。

低線量被曝の晩発性影響を語る基礎データは米軍による広島、長崎の被爆者調査から得られた。調査を受け継ぎ発展させてきたのは日米共同の放射線影響研究所だ。「ＩＣＲＰも含め、核や原子力を使う側が設けた組織が示す基準が本当に信用できるのか」と東京大学の島薗進教授（宗教学）は疑いを投げかける。また、データは大勢の人の被曝状況と健康状態を追跡して統計的に割り出す疫学研究による貴重な成果だが、「細胞生物学やゲノム（全遺伝情報）など最新の知識を反映していない」と児玉龍彦・東大教授（内科学）は指摘する。

「真摯な論争で合意形成を」

そこで、滝はこう提案する。

ＩＣＲＰの見解を支持する科学者はこうした批判や挑戦に対し、国民に見える形で説明や反論する必要がある。批判する側も既存の基準に代わる目安を示してはいない。いま目にするのは、科学の論戦でなく、二陣営に分かれた非難のつぶての投げ合いのようだ。

滝は科学者は国民に分かるような反論を行い、討議を進めるべきだと論じている。だが、これまでの経緯を見ると放射線の健康影響の専門家がそうした討議の場に出て来ることができるのかどうか、大いに危ぶまれる。滝は最後に「社会と科学のコミュニケーションは双方向であるべきだ。ＩＣＲＰの基準は今なお安全を考えるよりどころである。科学者は専門性の高みから教え諭すのではなく対話の姿勢が要る。再び信認を得るためには」と述べている。

もう一人、現代日本哲学をリードしてきた人物にも登場していただこう。当時、日本学術会議哲学委員会の委員長で、二〇一二年三月まで東北大学副学長だった野家啓一の「実りある不一致のために」『学術の動向』（二〇一二年五月号）という文章を参照したい。野家はこう述べる。「おそらく政府関係者にせよ専門科学者にせよ、念頭にあったのはパニックによる社会的混乱の防止ということであったに違いない。しかし、そこで目立ったのは、むしろエリートたちの混迷ぶりであった」。「もどかしく思ったことは、原発事故から数ヶ月に被災者が最も知りたかった放射線被曝の人体への影響について、国民目線に立ったわかりやすいメッセージと説明が、皆無とは言わないまでも少なかったことである」。

牧野淳一郎『原発事故と科学的方法』

天体物理学を専攻する牧野淳一郎（東工大教授、当時）は『原発事故と科学的方法』（岩波書店、二〇一三年）の第三章を「専門家も政府も、みんな間違えた？――あるいは知っていて黙っていた？」と題し、こう述べている。

本章では、政府や電力会社といった、原発を政策として推進してきた側から、「中立」かもしれない科学者が、事故の規模について桁での過小評価をしてきたことをみました。

なぜそういう間違いをしたのかは正直にいって私には理解しがたいですが、当時、間違いを指摘するのは困難であったことは理解できます。（中略）言い換えると、今回の事故の後の数週間に起こったことが私たちに教えてくれることは、私たちも、専門家も、また政府や電力会社といった当事者も、事故の規模についてあとからみて極めて信じ難いようなとんでもない過小評価をした、ということであり、原発事故のたびにこのような過小評価が繰り返されてきたということです。（五四頁）

そして、後の低線量放射線の健康影響の問題にもふれている。事故後、影響が多岐かつ長期にわたり混乱が著しいという点では、この低線量放射線の健康影響の問題はたいへん重要だ。政府や福島県が政策決定や対策遂行や情報発信を委ねた科学者たちは、低線量放射線の健康影響はとるに足りないほど小さく健康影響はほとんど出ないだろうと言い続けてきている。それが妥当なものであるかどうか異論が多いが、異なる立場の間での討議が行われる機会はほとんどない。政府側に立つ長瀧重信のような科学者からは、異論を述べることを非難するような発言もなされた。これは原発災害への対策の広範な領域に関わることだが、住民はどの見解に従ったらよいのかとまどい、それぞれの選択が異なることによって対立・分断が生じることにもなった。こうしてこの問題をめぐる科学者への信頼喪失はますます深刻さを増していった。

甲状腺がん以外のがんや他の疾患はどうか？

チェルノブイリでは、五年後頃から子供の甲状腺がんが放射線の影響であることが否定できないようになってきた。牧野は「チェルノブイリの甲状腺がんの例では被曝量の推定も、ある被曝量でどれだけがんが増えるかの推定も、何倍も間違っていました。その結果、すさまじい過小評価になったのです」と述べている（八七－八八頁）。

同様な過小評価が、チェルノブイリでの甲状腺がん以外では本当に起こっていないのか、また福島ではどうなるのか、というのは、現在のところ答がでていない問題、ということになるでしょう。

もちろん、政府や専門家の主張は、「甲状腺がん以外では実際統計的に有意な増加はみられていない」というものなのですが、しかし、ここで政府や専門家のいうことを信用して大丈夫か？ということには、やはりある程度留保をつけたほうがよいように思います。なぜかはわからないのですが、原子力発電の安全に関する限り、政府や専門家はすぐにばれそうな嘘でも平気でいう、ということが実際に示されているからです。（八八－八九頁）

「統計的に有意な増加はみられていない」という時に政府や専門家はＷＨＯの報告書（二〇〇六年）を持ち出すが、実はそこに書いてあるのはもっと微妙なことだ。

いろいろ書いてあるのですが、要するに
・汚染地帯ではさまざまな病気が増えていることは確実である。
・でも、この増え方は従来の疫学調査（おそらく広島・長崎での調査のことを指す）の結果に比べて多すぎる。
・だから、これは被曝そのものの影響ではなくて、ストレス、喫煙、飲酒などによるのかもしれない。
といっています。つまり、被曝の影響だとすると「従来の調査」に比べて多すぎるので、被曝の影響ではなくストレス、喫煙、飲酒などが原因であるかもしれない、といっているだけなのです。従来の調査、というのは、広島・長崎での被爆者の調査です。

　一方、甲状腺がんでは、それが被曝の影響で増えた、と広く認められるまでには、被曝量の推定も、どれだけ被曝したらどれだけがんになる人がでるか、を表す比例係数も、間違っていたことになっています。

　私には、ＷＨＯのレポートでとられている方法論は科学的とはいいがたいもののようにみえます。（九〇–九一頁）

これはそのとおりだが、科学的にはとても妥当と言えないような推論を持ち出して、政治的に有利な結論を維持しようとしているのだ。これは日本国内だけで起こっていることではなく国際的な事態だ。原発をめぐる科学の信頼喪失は世界的な事態であり、今の日本ではそれが他国よりかなりはっきりと見えるようになっていると言える。だが、同時に、そこに広く現代世界の一部の科学の危うさを映し出すものを見てもよいと思われる。日本の事態をよく理解することによって、明るいはずの科学文明の背後にある現代世界の闇を明るみに出すことができるかもしれない。

２．放射線防護対策の混乱

国連科学委員会の報告書の遅延

日本の市民の科学者・専門家への不信は、福島原発事故後に多くの被災者が受けた衝撃的な事態によって急速に高まった。ここでは、事故後の放射線の防護のための対応策がきわめて不適切なものだったことについて見て行こう。

二〇一三年一〇月に国連科学委員会（原子放射線の影響に関する国連科学委員会の日本での略称、ＵＮＳＣＥＡＲ）が国連総会に提出するはずだった福島原発災害による被ばく量の推計と健康影響の評価についての報告書が、アウトラインだけのいわば暫定版に留まり、詳しいデータについては二〇一四年一月まで延期になった。その主な理由は被ばく推計について異論が多かったことによる。ウィーンで五月に行われた国連科学委員会のすぐ後にベルギーの委員から批判がなされた他、国際的にも多くの批判がなされた（http://togetter.com/li/557946、http://togetter.com/li/583086、参照）。

こうした批判は別に紹介することにするが、ここでは二〇一一年三月一一日に福島原発事故が発生してから後、数か月の間に放射性物質の拡散による放射線被ばく線量の推計がどのようになされ、その結果がどのように公開されてきたか、そしてそれらの推計が信頼性が薄いと考えられているのはなぜかについて述べていく。

ＷＨＯの報告書（二〇一三年二月）との関係

なお、国連科学委員会に先立ってＷＨＯは二〇一三年二月に *Health risk assessment from the 2011 Great East Japan Earthquake and Tsunami, based on a preliminary dose estimation* という報告書を公表している。これについては、朝日新聞が「大半の福島県民では、がんが明らかに増える可能性は低いと結論付けた。一方で、一部の地区の乳児は甲状腺がんのリスクが生涯で約七〇％、白血病なども数％増加すると予測した。日本政府は、「想定が、実際とかけ離れている」と不安を抱かないよう呼びかけた」（二〇一三年二月二八日）と報道している。

ここにあるように、このＷＨＯ報告書についてはリスクの過大評価であるという批判が日本政府からなされた。同じ記事によると、「環境省の前田彰久参事官補佐は「線量推計の仮定が実際とかけ離れている。この報告書は未来予想図ではない。この確率で絶対にがんになる、とは思わないで欲しい」と強調した」とのことである。また、ＷＨＯの担当者が、過大評価かもしれないが「過小評価よりも良い」と述べたともある。他方、核戦争防止国際医師会議（ＩＰＰＮＷ）のアレックス・ローゼン医師からは、過小評価であるという批判文書も出された（http://lucian.uchicago.edu/blogs/atomicage/2012/11/26/wh-report-analysis-by-alex-rosen/）が、それについては記事はふれていない。

このＷＨＯ報告書のもう少し具体的なリスク評価に踏み込むと、「被曝線量が最も高いとされた浪江町の一歳女児は生涯で甲状腺がんの発生率が〇・七七％から一・二九％へと六八％、乳がんが五・五三％から五・八九％へと約六％、大腸がんなどの固形がんは二九・〇四％から三〇・一五％へと約四％増加、同町一歳男児は白血病が〇・六％から〇・六四％へと約七％増加すると予測した」。また、「事故後一五年では、一歳女児の甲状腺がんが浪江町で〇・〇〇四％から〇・〇三七％へと約九倍、飯舘村で六倍になると予測した」（朝日新聞、二〇一三年二月二八日）とある。

原文にあたって甲状腺被ばく線量の評価を見ると、「福島県のもっとも大きな影響を受けた地域では、甲状腺線量の推定は一〇〜一〇〇ミリシーベルトの範囲だが、例外的なある地点では、成人の甲状腺線量は一〜一〇ミリシーベルトの範囲であり、他の例では、幼児の甲状腺線量の高い範囲は二〇〇ミリシーベルトと推定されている」（三九頁）と述べている。ただ表題にもあるように、この線量評価は「予備的」（preliminary）なものとされている。つまり、線量評価についてはこれから後になされるだろうとの想定がある。ここでは、さかんに線量は過小評価しないように「保守的に」見積もったと書かれている（三八頁）。これは日本側の委員が強く要求したことが反映しているものだろう。

放医研の初期内部被ばく線量調査の報道

このＷＨＯ報告書には組み込まれていない初期被ばく線量の評価が放射線医学総合研究所（放医研）のプロジェクトとして行われていた。これについて日本の国民が初めて詳しい内容に接する機会を得たのは、二〇一三年一月のことである。一月二七日に東京の国際交流会議場（お台場）で「第二回国際シンポジウム・東京電力福島第一原子力発電所事故における初期内部被曝線量の再構築」が行われたが、その内容について報道されたのだ。これは放医研の主催によるもので、第一回は二〇一二年の七月一〇日に放医研で行われている。第二回のシンポジウムについては、朝日新聞が「甲状腺被曝は三〇ミリ以下」原発事故巡り放医研推計」と題された報道を行った（二〇一三年一月二七日、http://digital.asahi.com/articles/TKY201301270130.html）。朝日の記事の主要な部分を書き抜くと以下のようになる。

放医研の栗原治・内部被ばく評価室長らは、甲状腺検査を受けた子ども一〇八〇人とセシウムの内部被曝検査を受けた成人約三〇〇人のデータから、体内の放射性ヨウ素の濃度はセシウム137の三倍と仮定。飯舘村、川俣町、双葉町、浪江町などの住民約三〇〇〇人のセシウムの内部被曝線量から、甲状腺被曝線量を推計した。最も高い飯舘村の一歳児でも九割は三〇ミリシーベルト以下、双葉町では二七以下、それ以外の地区は一八～二以下だった。国際基準では、甲状腺がんを防ぐため、五〇ミリシーベルトを超える被曝が想定される場合に安定ヨウ素剤をのむよう定めている。

この記事を見ると、このシンポジウムで報告された甲状腺被ばく線量は、WHO報告書よりもだいぶ値が低かったように読める。放医研の国際会議の約一か月後に公表されたWHOの報告書に対して、「日本政府は、「想定が、実際とかけ離れている」と不安を抱かないよう呼びかけた」と報じられたのは、放医研がWHOよりも甲状腺被ばく線量を一段と低く推定しようとしており、その放医研の見方を政府が代弁したものと見ることができるだろう。

甲状腺被ばく線量の推計について、次に大きな報道がなされたのは、二〇一三年五月にウィーンで行われた国連科学委員会の会議に関わるものだ。朝日新聞の二〇一三年五月二七日の記事は、「チェルノブイリの1／30　福島事故、国民全体の甲状腺被曝量　国連委報告案」（http://digital.asahi.com/articles/TKY201305260377.html?ref=comkiji_redirect）と題されている。他新聞も類似の記事を出しており、放医研の関係者から意図的に流されたものと考えるのが妥当だろう。

国連科学委員会に日本から提出された放射線線量評価

朝日の記事を見ると、分かりにくい数字や説明がいくつか記されている。

（1）「甲状腺は、原発三〇キロ圏外の一歳児が三三～六六、成人が八～二四、三〇キロ圏内の一歳児が二〇～八二ミリシーベルトで、いずれも、がんが増えるとされる一〇〇ミリ以下だった」。

（2）「日本人全体の集団線量（事故後一〇年間）は、全身が三万二〇〇〇、甲状腺が九万九〇〇〇（人・シーベルト）と算出され、チェルノブイリ事故による旧ソ連や周辺国約六億人の集団線量のそれぞれ約一〇分の一、約三〇分の一だった」。

（3）「チェルノブイリ原発事故と比べて、放射性物質の放出量が少なかった上、日本では住民の避難や食品規制などの対策が比較的、迅速に取られたと指摘した。避難により、甲状腺の被曝が「最大五〇〇ミリシーベルト防げた人もいた」とした」。

（1）については、WHOでは甲状腺がんが増えるだろうと予測されていたのに対し、増えないだろうとの予測と読める。だが、二つのリスク評価のどこがどう異なるのかは分からない。（2）については、日本の約一億人と旧ソ連や周辺国六億人とを比較することにどのような意味があるのか理解しにくい。だが、甲状腺の被ばく量がチェルノブイリの1／30ならそれほど被害は出ないだろうと受け取るような印象を与えるものだ。（3）はもっと分かりにくい。後から述べるように、福島原発災害では安定ヨウ素剤の配布と服用指示がほとんど行われなかった。被災者を放射線から守るための対策がうまくとれなかったのだが、ここでは「迅速に取られた」となっており、これもたいへん分かりにくい内容だ。

「事故初期のヨウ素等短半減期による内部被ばく線量評価調査」成果報告書

国連科学委員会に日本の放医研から提出されたこの放射線線量評価の内容に、公衆が接することができるようになったのは、二〇一三年八月二〇日のことである。ＮＰＯ法人情報公開クリアリングハウスの情報開示請求により、二〇一三年二月に放医研から出された「平成24年度原子力災害影響調査等事業「事故初期のヨウ素等短半減期による内部被ばく線量評価調査」成果報告書」等が公開されたのだ（http://clearinghouse.main.jp/wp/?p=774）。

この「報告書」は二〇一三年一月二七日のシンポジウムの時にはすでにおおよそできあがっていたはずだ。また、五月の国連科学委員会のウィーン会議においては日本側から提示される最重要資料の一つだったはずだ。だが、それを国民が読むことができるようになったのは、ようやく二〇一三年八月二〇日のことであり、それも情報開示請求を受けていわばしぶしぶ提示されたものである。国際機関に提示するために準備された資料だが、被災者のいのちと健康に直接かかわる資料でもある。それが数か月も公表されなかったことは、科学のあり方という点からも、民主主義社会のあり方という点からも問い直されるべき事柄だろう。

では、この「「事故初期のヨウ素等短半減期による内部被ばく線量評価調査」成果報告書」（以下、「ヨウ素等内部被ばく線量評価報告書」と略す）では、どのように内部被ばく線量評価を行っているのか。

まず、明白なのは初期放射性ヨウ素内部被ばくの実測資料がきわめて少ないということだ。チェルノブイリ事故後、ソ連政府は二〇万人近くの子どもの甲状腺検査を実施している。それに対して、放医研の「ヨウ素等内部被ばく線量評価報告書」で報告されている子どもの実測対象者は一〇八八人だけである。

どうしてかくも少ないのか。政府と福島県、そして放射線健康影響・被ばく医療に関わる科学者・専門家が積極的に取り組まなかったためであることは明白ともいえるが、具体的な事実経過によって示そう。

原子力安全委員会の追加検査要請拒否

二〇一二年二月二一日の毎日新聞は「〈甲状腺内部被ばく〉国が安全委の追加検査要請拒否」と題する記事を掲載した。記事の内容は以下のとおりだ。

国の原子力災害対策本部（本部長・野田佳彦首相）が東京電力福島第一原発事故直後に実施した子供の甲状腺の内部被ばく検査で、基準値以下だが線量が高かった子供について内閣府原子力安全委員会からより精密な追加検査を求められながら、「地域社会に不安を与える」などの理由で実施に応じなかったことが分かった。専門家は「甲状腺被ばくの実態解明につながるデータが失われてしまった」と国の対応を問題視している。

対策本部は昨年三月二六～三〇日、福島第一原発から三〇キロ圏外で被ばく線量が高い可能性のある地域で、〇～一五歳の子供計一〇八〇人に簡易式の検出器を使った甲状腺被ばく検査を実施した。

安全委が設けた精密な追加検査が必要な基準（毎時〇・二マイクロシーベルト）を超えた例はなかったが、福島県いわき市の子供一人が毎時〇・一マイクロシーベルトと測定され、事故後の甲状腺の積算被ばく線量は三〇ミリシーベルト台と推定された。対策本部から調査結果を知らされた安全委は同三〇日、この子供の正確な線量を把握するため、より精密な被ばく量が分かる甲状腺モニターによる測定を求めた。安全委は「ヨウ素は半減期が短く、早期に調べないと事故の実態把握ができなくなるため測定を求めた」と説明する。

しかし、対策本部は四月一日、（1）甲状腺モニターは約一トンと重く移動が困難（2）測定のため子供に遠距離の移動を強いる（3）本人や家族、地域社会に多大な不安といわれなき差別を与える恐れがあるとして追加検査をしないことを決定した。

この記事を理解するには、まず二〇一一年三月二六～三〇日に行われた検査は「簡易式の検出器」を用いたもので、その信頼性は低いと考える専門家が多いという事実を念頭に置く必要がある。これは飯館村、川俣町、いわき市の三町村の一〇八〇人の児童を対象としたものだが、「スクリーニング」を目的とし、サーベイメーターで検査が行われたものだ。スペクトロメーターで測ればかなり正確な数値が出るが、サーベイメーターでは危うい。バックグラウンドの線量とその子供の内部被ばくの線量とを分けるのは容易でないからだ。

原子力災害対策本部のスクリーニング検査に対する厳しい評価

これについて京都大学（当時）の今中哲二はすでに二〇一二年夏の講演で、次のように述べている（http://archives.shiminkagaku.org/archives/imanaka-20120616-matome-20120806-2.pdf、『市民研通信』第一三号通巻一四一号、二〇一二年八月）。

私はこの頃ちょうど飯舘村に行った。二八日、飯舘村で三〇マイクロシーベルト／時あった。役場の前あたりで六マイクロシーベルト／時か七マイクロシーベルト／時、役場の中に入ると〇・五ぐらい。

彼らがどこで測ったかというと、飯舘村の公民館らしいのだが、公民館の建物はどう見ても役場より遮蔽はよくない。議長席の裏で測ったため、議長の厚い衝立席があって遮閉がきいていたということらしいが、どっちにしろ〇・五ぐらいあったはず。原子力委員会の誰がまとめたのか知らないけれど、バックグラウンドが〇・五あるときに〇・〇一なんて話は無理。〇・一も無理。

シャーシャーとこんなことを書く神経が私には知れない。よくよくこういう体質なんだと。一番の問題は初期被ばくで、僕は子どもの甲状腺はちゃんとやらなきゃいけないと思う。

この検査の危うさについては、すでに「ふくしま集団疎開裁判」の法廷に提出された早川正美の報告書「放射性ヨウ素の初期被曝量推定について」（二〇一三年三月二〇日、http://fukusima-sokai.blogspot.jp/2013/03/blog-post_18.html）でも指摘されている。そこでは、(1）今中が指摘している点に加えて、(2）「スクリーニングレベル「〇・二マイクロシーベルト／時」は、人が吸入した直後、甲状腺残留量が最大の時に当てはまるもので、一二～一六日間もたって甲状腺残留量が減衰してしまった時点では、当てはまらない」、(3）「被曝シナリオの描き方ひとつで、もとめる内部被曝線量は大きく変わる。シナリオに恣意性はないのか？」という問題点も加えられている。

この一〇八〇人の子どもの検査について、今中はこうも述べている。「三月二三日にＳＰＥＥＤＩ（緊急時迅速放射能影響予測ネットワークシステム）が初めて出てきた。私はてっきりＳＰＥＥＤＩは地震でつぶれたかと思っていた。原子力屋にとってＳＰＥＥＤＩがあるのは常識。ＳＰＥＥＤＩが出てきてどうも甲状腺被ばくの可能性があるという。あわてて原子力（安全――島薗注）委員会が指示して対策本部が千人ぐらい測った。それが三月の末」（前と同じ資料 http://archives.shiminkagaku.org/archives/imanaka-20120616-matome-20120806-2.pdf）。

安定ヨウ素剤の服用とその後の被ばく量検査がどちらも行われなかった

三月二三日にＳＰＥＥＤＩによる放射性ヨウ素の拡散予測が出たときのことについては、朝日新聞の「プロメテウスの罠　医師、前線へ」の「21　まさかの広範囲汚染」（二〇一三年一一月八日、http://digital.asahi.com/articles/TKY201311080630.html）が注目すべき記事を載せている。安定ヨウ素剤の配布を行わなかったことに責めを負う、福島県の放射線リスクアドバイザーの山下俊一が「三月二三日にスピーディの結果を見て、ありゃーと」、「放射性物質があんなに広範囲に広がっていると思わなかった」と述べているのだ。

かなりの甲状腺被ばくが懸念されるのであれば、被ばく安定ヨウ素剤を子供たちに服用させることができなかったとしても、今後のために甲状腺内部被ばく線量の計測をできるだけ正確に行うよう全力を尽くしてしかるべきだろう。原子力安全委員会の指示に従って、より精密な甲状腺内部被ばく線量検査を行うのが、医療倫理にのっとってもおり、真実を尊ぶ科学的態度にのっとった行為でもなかっただろうか。

しかし、前述したように「対策本部は四月一日、（1）甲状腺モニターは約一トンと重く移動が困難（2）測定のため子供に遠距離の移動を強いる（3）本人や家族、地域社会に多大な不安といわれなき差別を与える恐れがあるとして追加検査をしないことを決定した」（毎日新聞二〇一二年二月二一日）。この段階でもできるだけ検査を進め、被ばく線量の高い子どもにはその後の被ばくを避けるようにすれば、子どもの甲状腺を守るのにある程度、貢献できただろう。だが、これに責任を負う山下俊一や放医研の緊急被ばく医療の専門家は、それを行わなかったのだ。

先の毎日新聞記事には次のような記述もある。「対策本部被災者生活支援チーム医療班の福島靖正班長は「当時の詳しいやりとりは分からないが、最終的には関係者の合意でやらないことになった。今から考えればやったほうがよかった」と話す。安全委は「対策本部の対応には納得いかなかったが、領分を侵すと思い、これ以上主張しなかった」と説明する」。多くの専門家は進んだ検査をやっておくべきだったと考えている。行われなかったヨウ素剤服用について、責任を負う専門家が後に「服用指示すべきだった」と述べているのと同様だ。

もし、より正確な検査を行っていれば、ヨウ素の内部被ばくのより高い値が出ていたかもしれない。そうなれば、さまざまな措置をとらざるをえなくなっただろう。また、山下俊一や放医研、また政府や福島県の責任者は、子どもたちの甲状腺を防護するための安定ヨウ素剤の服用指示という措置を取らなかった責めを問われることになるだろう。それらを避けたかったのだろうか。「地域社会に多大な不安といわれなき差別を与える恐れがある」というが、子どもの健康を守るという科学者や医師としての責務はどこへ行ったのだろうか。

これから見ていくように、初期被ばくのデータがチェルノブイリと比べて圧倒的に少ないという事態は甲状腺に限定されない。だが、甲状腺の内部被ばくのデータの欠如という事実は、問題のありかを如実に示してくれるよい例である。災害時の科学者・研究者の責任を考える際、注目すべき素材の一つだ。以下、もう少し甲状腺内部被ばく線量の問題について考えていきたい。

3．初期被ばく線量が不明になったわけ

原子力安全委員会が否定する科学的有効性

放射線ヨウ素の拡散がかなり高いものであることを推測させるＳＰＥＥＤＩ情報が二〇一一年三月二三日に出たのを受けて、三月二六〜三〇日に飯舘村、川俣町、いわき市の三町村の一〇八〇人の児童を対象とした「スクリーニング調査」が行われたが、その信頼性はきわめて低いものと見なされている。

これについては、早くから原子力安全委員会がくり返し確認している。たとえば、原子力安全委員会は二〇一一年九月九日の「小児甲状腺被ばく調査結果に対する評価について」で次のように述べている。

今回の調査は、スクリーニングレベルを超えるものがいるかどうかを調べることが目的で実施された簡易モニタリングであり、測定値から被ばく線量に換算したり、健康影響やリスク評価したりすることは適切ではないと考える。

この「所見(2)」には二つの注がついている。一つは「簡易モニタリング」に付されたもので、「『緊急被ばく医療ポケットブック』(平成一七年三月、財団法人原子力安全協会)の「頸部甲状腺に沈着した放射線ヨウ素の測定」に基づく測定であり、「放射性ヨウ素の体内量のさらに精密な測定、医学的な診察等を行う二次被ばく医療のためのスクリーニング測定の一部として、行われます」とされている」とある。もう一つはこの「所見」全体に付されたもので、G.Tanaka and H.Kawamura, "Measurement of ^{131}I in the human thyroid gland using a NaI(Tl) scincillation survey meter," *J. Radiat. Res.*, 19, 78-84 (1978) がこの調査の基礎となるものだ。この論文には以下のような内容が記されている。英語原文とともに引かれている「仮訳」をここに引用する。

実際の検査において直面する、この方法に伴ういくつかの不確かさを考慮すると、本方法による甲状腺におけるヨウ素131蓄積量の推定は、放射能汚染の〝スクリーニング〟の目的のために使用されるべきであり、そのデータはスクリーニングの第一段階の推定値とみなされる。より正確な測定は、ゲルマニウム(リチウム)検出器、あるいは、厳密に設定された条件下におけるホールボディカウンターを用いたさらに精密な技術によって実施されるべきである。

初期の内部被ばく線量の信頼できるデータはない

だからこそ、「小児甲状腺被ばく調査結果に対する評価について」は「所見（2）」に続いて「所見（3）」が付され、「今後は、福島県が実施する県民健康管理調査において一八歳以下の全ての子供を対象に甲状腺検査が実施されるものと承知しており、原子力安全委員会は、将来にわたる健康影響について注視していきたいと考えている」と述べられている。これは、放射性ヨウ素の内部被ばく線量については信頼できるデータがないので、県民健康管理調査で甲状腺がんがどのように出てくるかを見なくては、放射性ヨウ素被ばく量がどれほどだったか分からないという判断を示したものだ。

原子力安全委員会のこうした判断は、今中哲二や早川正美の判断と両立できるものだろう。だが、原子力安全委員会がそう判断していたことは、国民に、また国際社会に明確に伝わっていない。マスメディアもそれを分かりやすく伝えることがなく、有識者もこのことについてよく知らなかったというのが実態だろう。

たとえば、物理学者の田崎晴明（学習院大学教授）はよく読まれている『やっかいな放射線と向き合って暮らしていくための基礎知識』（朝日出版社、二〇一二年一〇月）の第7章「さいごに」の7・1「被曝による健康被害はどうなるのか」で「健康を害する人が目に見えて増えることもない（だろう）」と述べ、その理由を二つあげている。第二の理由は南相馬市で二〇一一年の九月以降に行われたセシウムの内部被ばくの調査によるもので、時期も遅く初期被ばく線量を知るには間接的なデータであり、地域的にも線量がとくに高い地域のものでもなく被検者も限定された人たちなので、重要度がやや落ちる。より重要なのは第一の理由である。

そう思う理由の一つは、4・1節でも紹介した、二〇一一年三月末の福島でのヨウ素131による甲状腺被曝量のスクリーニング検査だ。これは決して精密な想定ではないが、それでも、チェルノブイリの子供たちが受けたような大量の被曝は、今回の福島ではおきなかったことは（かなり）はっきりした。ともかく、チェルノブイリよりは、ずっとよかったのだ。（一一四頁）

スクリーニング検査の値を用いた判断の危うさ

健康影響が「ずっと」少ないかどうかまだ分からないが、たとえ「ずっと」少ないとしても、「健康を害する人が目に見えて増えることもない（だろう）」とまで言えるだろうか。その第一の論拠が、科学的な信頼性が乏しいとされているスクリーニング検査であることは、全体として正確さを心がけ分かりやすく書かれている『やっかいな放射線と向き合って暮らしていくための基礎知識』の大きな弱点と言わなくてはならないだろう。

なお、田崎があげる第一の理由の詳しい説明は、ウェブ上の「放射線と原子力発電所事故についてのできるだけ短くてわかりやすくて正確な解説」の「二〇一一年三月の小児甲状腺被ばく調査について」（公開：二〇一一年一一月二日、最終更新日：二〇一一年一一月二九日、http://www.gakushuin.ac.jp/~881791/housha/details/thyroidscreening.html）に見られる。そこでは、「健康を害する人が目に見えて増えることもない（だろう）」という判断をする上で、このスクリーニング調査がいかに重要であるかがひときわ強調されている。

田崎は言う。「この調査は、初期のヨウ素１３１による内部被ばくの程度を知るための、ほぼ唯一の情報源だ。さらに、「ＳＰＥＥＤＩの計算結果を信頼するなら、日本中のどこであってもヨウ素１３１の内部被ばくによる小児甲状腺ガンの心配をする必要がないことを示してくれる実に貴重な（そして、うれしい）情報源なのである」と。この危ういデータが「ほぼ唯一の情報源」であるなら、「健康を害する人が目に見えて増えることもない（だろう）」との記述は慎重であるように見えながら、性急なものと言わざるをえない。

弘前大学床次教授らの甲状腺内部被ばく調査

先に、「放医研の「ヨウ素等内部被ばく線量評価報告書」で報告されている子どもの実測対象者は約一一〇〇人だけである」と述べたが、ここまではそのうち一〇八〇人を対象とした調査について述べてきた。残りの数十人を対象とした調査はどのようなものだったか。

その一つは、弘前大被ばく医療総合研究所の床次眞司教授らが二〇一一年四月一二～一六日に行った調査だ。計画的避難区域に指定された浪江町津島地区に残っていた一七人と、南相馬市から福島市に避難していた四五人の計六二人について、住民や自治体の了解を得ながら甲状腺内の放射性ヨウ素１３１を測定したものだ。（他に鎌田七男による調査がある（http://togetter.com/li/300220））。

検査の対象となった浪江町の人々はどのような経験をしてきた人たちだったか。『河北新報』は「特集　神話の果てに――東北から問う原子力」の「第２部　迷走怠慢／ヨウ素被ばくを看過」（二〇一二年四月二一日）で次のような被災者の家族の例をあげている。

昨年三月一四～一五日、男性の一家は原発の北西約三〇キロの浪江町津島地区に避難。子どもたちは一四日に一時間ほど外で遊び、一五日は雨にもぬれた。

浪江町民約八〇〇〇人が避難した津島地区は線量が高かった。一五日夜の文部科学省の測定では毎時二七〇～三三〇マイクロシーベルト。事故前の数千倍だった。

一五日午後、南相馬市に移り、男性と家族が検査を受けると、測定機の針が振り切れた。数値は教えられず、服を洗うよう指示された。

男性は「子どもたちがどれぐらい放射線を浴びたのか分からない。まめに健康検査を受けるしかない」と途方に暮れる。

床次らの測定はたいへん重要な意義をもつものだったはずだ。だが、その調査は両地域あわせて六二人という少人数で終わった。『毎日新聞』はこの経緯を二〇一二年六月一四日号で「福島原発：県が内部被ばく検査中止要請…弘前大に昨年四月」と題して報じている。

それによると、床次らが測定した六二人のうち三人は二度測定した。「検査の信頼性を高めるためには三桁の被験者が必要とされる。床次教授は、その後も継続検査の計画を立てていた。ところが県地域医療課から「環境の数値を測るのはいいが、人を測るのは不安をかき立てるからやめてほしい」と要請されたという」。

県の担当者は事実確認できないとしつつ「当時、各方面から調査が入り『不安をあおる』との苦情もあった。各研究機関に『(調査は)慎重に』と要請しており、弘前大もその一つだと思う」と説明。調査班は「きちんと検査していれば事故の影響を正しく評価でき、住民も安心できたはずだ」と当時の県の対応を疑問視している。

床次らの調査結果

床次らの調査の結果については、二〇一二年三月九日の『朝日新聞』に次のように報道されている。

事故直後の三月一二日にヨウ素を吸い込み、被曝したという条件で計算すると、三四人は二〇ミリシーベルト以下で、五人が、健康影響の予防策をとる国際的な目安の五〇ミリシーベルトを超えていた。

最高は八七ミリシーベルトで、事故後、浪江町に残っていた成人だった。二番目に高かったのは七七ミリシーベルトの成人で、福島市への避難前に同町津島地区に一週間以上滞在していた。子どもの最高は四七ミリシーベルト。詳しい行動は不明だ。

ところが、この数値は大幅に改定される。ヨウ素を吸い込んだ日時の想定を変えたところ、大幅に数値が変わったという。二〇一二年七月一二日の共同通信配信記事では次のようになっている。

弘前大被ばく医療総合研究所(青森県弘前市)の床次真司教授のグループは一二日、福島県の六二人を対象に、東京電力福島第一原発事故で放出された放射性ヨウ素による内部被ばく状況を調査したところ、最大で甲状腺に三三ミリシーベルトの被ばくをした人がいたと発表した。

六二人のうち四六人の甲状腺から放射性ヨウ素を検出したが、国際原子力機関が甲状腺被ばくを防ぐため安定ヨウ素剤を飲む目安としている五〇ミリシーベルトを超えた人はいなかった。

床次教授は三月、六二人が昨年三月一二日に被ばくしたと仮定し、最大で八七ミリシーベルトの被ばくがあったと公表していたが、福島県飯舘村のモニタリングデータに基づき、同月一五日の午後一時〜同五時の間に被ばくしたと条件を修正、再解析した。

条件を変えることによって、数値がだいぶ変化するが、そもそも調査対象人数が少ないのだからやむをえないところだろう。ちなみに六二人中、一九歳以下の子どもは八人だけである。この調査結果が科学的なデータとして価値が低いものであることは明らかだろう。いちおう内部被ばく調査を受けた子どもの総数は一〇八八人ということになる。

放医研報告書の床次調査結果の利用の仕方

かくも科学的信頼性の薄い床次の調査結果だが、放医研の「事故初期のヨウ素等短半減期による内部被ばく線量評価調査」報告書ではこれを用いている。しかも、そこには明らかに誤りがある。

甲状腺の個人計測としては、原子力災害対策本部が二〇一一年三月二六〜三〇日に行った一〇八〇人のスクリーニング調査のデータを主なものとしているのだが、その他の計測の中で主たるものがこの床次らの調査である。ところが、その調査対象者を誤って記述している。「小児甲状腺被ばくのスクリーニング検査以外の甲状腺計測データとして、弘前大学が行った浪江町住民の測定がある。測定場所は浪江町津島であり、二〇一一年四月一二日から一六日にかけて延べ六二名に対する甲状腺計測が行われた」（九頁）とあるが、これは誤りである。実際は、浪江町津島地区に残っていた一七人と、南相馬市から福島市に避難していた四五人の計六二人だからだ。

さらに、この報告書は、これを第四章「初期内部被ばく線量推計」の中で、対象者のいた場所についての誤った前提のままで用いている。4・2・2「個人計測から得られた線量との比較」というところだ。ここでは、実測値が欠けている中で仮定に仮定を重ねて導き出した計算推定値を、ここまで見てきたスクリーニング検査によるたいへん危うい甲状腺内部被ばく実測値による推定値を比較している。そこには次の記述がある。

前述したスクリーニング検査以外に拡散シミュレーションと比較検証できる甲状腺計測の実測データは十分ではないが、例えば、浪江町住民を測定して得られた結果では甲状腺線量の最大値は三三ミリシーベルトであり、放射性プルームの到来期間中に東海村（茨城県）に滞在していた日本原子力研究会発機構職員の甲状腺線量は数ミリシーベルトであった。（四七頁）

この「浪江町住民を測定して得られた結果」の数値というところには注が付され、床次らの論文があげられている。しかし、床次の調査対象の内、浪江町の住民は一七人であとの四五人は南相馬市の住民である。一七人の中から得た最大値ということにどれほどの意義があるのか、きわめて危ういものと言わなくてはならない。

甲状腺内部被ばく線量を少なく印象づけようとする科学者？

以上、見てきたように、甲状腺内部被ばく線量について、政府と福島県に協力する科学者・専門家たちが、（1）実測資料が残らないように調査を制限し、（2）限られたわずかな実測資料をできるだけ利用して、推定値が少なくなるような評価をしてきたのではないかと疑われる。

放医研の「事故初期のヨウ素等短半減期による内部被ばく線量評価調査」報告書は、実測値に関する限り、原子力安全委員会が被ばく量推定に用いてはならないとする数値と、途中で調査をやめさせられたこともあってきわめて貧弱な資料に基づいてなされた推定値を（後者についてはしかも誤って）用いているのだ。

国連科学委員会が福島原発災害による初期内部被ばくの推定を、日本の一群の科学者・専門家たちが行ってきたかくも危うい作業に基づいてするのであれば、その信頼性は著しく損なわれざるをえないだろう。

4．科学が信頼を失ったのはなぜか？

「御用学者」「原子力村」

原子力や放射線健康影響を専門とする科学者を中心に、多くの科学者が危険は小さい、被害の可能性を過大評価してはいけないとの立場にそった発言や情報提示を行ってきた。公衆が知りたいはずの重要な情報が公開されなかったり、隠されたりしていると疑われることも少なくなかった。放射性物質を帯びた気流が地域に及ぶことを予測する情報が適切に伝えられなかったことについて、あるいは汚染水処理対策がひどく遅れたことについても科学者に責任があるとの見方がある。これは安全のための措置を注意深く準備し、万全の対策とるという立場と対立する。

リスクの評価に際しては、過大評価することが大きなデメリットをもたらすので、そうならないような「リスクコミュニケーション」が必要だという。そしてそれは、安全のためのコストを縮減することに通じるから、原発推進に資するものと考えられた。そのことが公言されることもあり、そうでなくてもそう受け止められるような組織的行動が多々なされてきた。そこで、「御用学者」とか「原子力村」という用語が用いられるようになった。

原子力工学や放射線健康影響分野で政府側に立つ科学者たちは、原子力発電を推進するための政治・経済的組織と密接な関係をもっていると見なされている。たとえば、大学の原子力工学の講座のスタッフと関連業界や政府組織との人事交流は密接だった。また、放射線健康影響研究の分野では、電力会社の出資によって運営されている電力中央研究所が、低線量被ばくの健康被害は小さいということを示す研究で大きな役割を果たしてきた（拙著『つくられた放射線「安全」論』河出書房新社、二〇一三年）。このように政治的に対立が生じている領域で、多大な利益関与をもち大きな財力をもつ機関が大きな影響力を及ぼしているのではないか、そう疑われる事態が生じた。

開かれた討議の欠如

政府と科学者との関係のあり方が適切であるかどうかも問われることとなった。原子力開発や放射線健康影響に関わる分野の政府の審議においては、異なる立場の科学者や分野が異なる科学者（社会科学者や人文学者も含めて）がメンバーとなり、審議に加わることが積極的に行われていただろうか。また、審議の内容が公衆に見え開かれた討議と公論の形成に資するようなものになっていただろうか。大いに疑いをもたれている。議事録が欠如していたり、委ねられた審議をほとんどせずに意思表明を行うというような例も見られた。

また、異なる科学的見解があるにもかかわらず、対立する意見の一方が排除されているのではないかと疑われもした。たとえば、一方の立場の科学者の能力や業績が正当に評価されず、同じ場で討議をすることができないでいるのではないか。異なる立場の科学者の間で討議が行われることが求められるのは科学において当然のことだが、それが行われない状態が続いていると疑われた。原子力工学においても、放射線健康影響の分野でもそのような事態が生じた。

科学は異なる知見が争い合うことによって発展してきたのであり、異なる知見の公表と自由な討議は大いに歓迎されるべきものだ。統一的な知見を提示できない場合、公共的な討議を経てどのような知見をどの程度、政策に反映するかは政治的な判断に委ねられることもあるだろ。だが、その前提は一方の立場が排除されるようなことがなく、公開の場で異なる立場の間の討議が行われ、公衆が理解し判断するための素材が十分に得られる必要があるだろう。しかし、二〇一一年三月以降の状況はそのようになっていない。むしろそれを否定するような知見も政府周辺から示されている。こうした開かれた討議の欠如は科学の信頼喪失の大きな要因となった。

国際組織と一体の科学領域

このような科学のあり方は、日本だけに特徴的なものではない。原子放射線の影響に関する国連科学委員会（UNSCEAR、略称・国連科学委員会）、国際放射線防護協会（ICRP）、国際原子力機関（IAEA）といった機関が背後にあり、日本の科学者・専門家はこれらの機関に出入りする世界各国の原子力関係の科学者・専門家と密接に連携して行動している。そしてその背後には、アメリカ、フランス、イギリス、ロシアなどの核大国が控えている。もちろん各国の代表の中にはさまざまな立場の人がいる。しかし、核大国の影響下にある主流は、原子力推進に都合がよい「科学的情報」を提示することに熱心なのである（拙著『つくられた放射線「安全」論』）。

そして科学者の国際組織も、原子力、とりわけ放射線健康影響分野では、国際原子力ロビーの影響下にあり、国連科学委員会というような政治的な学術組織をもって、できる限りの科学の政治的統制、方向付けを行おうとしている。科学の国際的統御体制ともいうべきものがあるのだ。日本政府は一九五六年に科学技術庁を設立し、一九五七年に放射線医学総合研究所（放医研）を置いて放射線健康影響分野を統御する体制を基礎づけて以来、この国際的統御体制に積極的に貢献しようとしてきた。

だが、日本のこの分野の科学者が当初からそれに積極的だったわけではない。これは放医研の第二代所長である塚本憲甫《けんすけ》の伝記を読めばすぐに分かる（塚本哲也『ガンと戦った昭和史――塚本憲甫と医師たち』上・下。文藝春秋社、一九八六年、文春文庫版、一九九五年）。

政治闘争の場としての国連科学委員会

塚本は放医研所長として何度も国連科学委員会の会議に参加するが、当初からその政治性に辟易している。そして、核大国の科学者たちがその国家意思を強く主張する中で、何とか被爆国日本の主張を示そうと努めた。

> 会議に慣れてくるにつれて、国連科学委員会という、純粋に学問的な場であるはずの委員会が、米ソを中心にした核実験、核開発競争の政治的かけひきの色を濃くしているのを、自らの目で見、耳で聞き、肌に感じ、きびしい国際政治の現実にあらためて、目を開かれる思いであった。それは予想以上にすさまじい、露骨な、なりふりかまわないものであった。（『ガンと戦った昭和史』上、三九六頁）

たとえば体内にとりこまれた炭素14の影響をどの程度にみつもるべきかという重要な問題となると、米ソ両国はまったく異なる見解を示して争い合う。その論争を聞きながら、憲甫は、「学問に国境なし」というが、彼らは国境を作っている、いや、あるいは国家によって、国境を作らされているのではないかとさえ思った」という（三九八頁）。科学には国境がないなずだったが、国家利益に基づく意見対立が頻繁に生じるのだ。

国連科学委の一九六二年報告は、放射線障害の科学的評価について新しい国際的基準になるものだが、偏った判断でやるのは危険ではないかと憂慮した。／どちらが偏っているかは、これから学問が進歩していかないと分からない面もある。が、将来の放射線科学の憲法のような基準を作るに当って、意見が鋭く対立、というよりは、意図的とも思われるくらい、意見がくいちがう場合には、科学者が、得たデータに意味をつけ、計算の理論式をたてるとなると、どうしてもいろいろな仮定が入ってくるので、その仮定をどういうふうに勘定に入れるかによって、障害の評価に非常なひらきが出てくるからである。（三九八－三九九頁）

こうした経験を経て、塚本は国家代表であることを強く意識し、それに慣れてくる。放医研の所長は、その後もそのような自覚をもって国連科学委員会に出席せざるをえないことになる。一九八〇年代以降ともなれば、放医研所長の見識はだいぶ異なるものになるだろう。そして、チェルノブイリ事故以後は原発推進国の中核国の一つとして、国連科学委員会でも大きな役割を委ねられるようになってくる。

現代世界の闇を明るみに出す福島原発災害

国連科学委員会のような組織は、学術組織として特異なものである。政府によって指名された国家代表として科学的問題について論じあう。そしてそれが世界の権威ある標準的科学説として認められることになる。これはあらゆる人々に開かれている自由な知的探求としての科学とは異なるものだ。現代科学には政治的意志に従属する領域が存在する。

それは核開発や生物兵器開発の領域で確かに起こったことだが、国家利益や世界規模の産業利益が関わる領域において他にも存在するのではないか。軍事に関連する研究においては、とくに起こりやすいことではないか。これは現代世界の闇を映し出す事柄の一つと言ってよいだろう。

福島原発災害は放射線の健康影響問題を通して、こうした現代世界の闇を露わにしようとしている。チェルノブイリ事故後にもそういう可能性はあった。しかし、チェルノブイリ事故の当事国は旧ソ連統治下にあり、そこで統制された科学が力をふるうことはさほど不思議なこととは思われなかっただろう。しかし、日本の場合はそうではない。自由主義陣営に属し、長期にわたって民主主義を維持し、世界に名だたる経済大国である。その日本でチェルノブイリ当事国にもまさるとも劣らぬ統制された科学者・専門家が力をふるい、そのために著しく信頼を失ったのだ。

アメリカ合衆国がその先頭になって作り上げられてきた現在のグローバル社会と国際政治体制には多くの闇が隠されている。一九八〇年代中葉以降、社会的公正よりも市場経済の自由拡充をよしとする新自由主義の影響力が強まっている。国家利害をそこにからめて、強引な情報操作や世論誘導が行なわれている。広く諸分野の科学も哲学もその闇を担う当事者としての側面をもっている。そのことに十分に自覚的でありつつ、現代世界の科学・学術のあり方を明らかにしていく必要がある。それは現代の科学哲学、公共哲学、また倫理学の重い課題の一つではないだろうか。

第2章　日本医師会と日本学術会議の協働

健康支援をめぐる日本医師会の取り組み

福島原発事故の直後、福島県医師会副会長の地位にあった木田光一は、「東京電力福島第一原子力発電所事故による住民の健康管理のあり方に関する検討チーム」(二〇一三年一一月〜二〇一四年一二月) の委員として、グローバー勧告(ヒューマンライツナウ『国連グローバー勧告　福島第一原発事故後の住民がもつ「健康に対する権利」の保障と課題』合同出版、二〇一四年) を踏まえた重要な発言を行った。

この「検討チーム」は原子力規制委員会の下に設けられ、一四回にわたって会議が行われた。その第二回会合(二〇一二年一二月五日) で木田光一は一一月二六日に公表された国連人権理事会特別報告者のアーナンド・グローバーのプレス・ステートメントを提示し、その内容にどう応じるかを問いかけつつ、「福島県県民健康管理調査」による被災者の健康管理のあり方を抜本的に改めるよう求めた。

その経緯については、木田光一の「東京電力福島第一原子力発電所事故による被災者の健康管理のあり方を考える」(『科学』二〇一四年四月号) におおよそ記されているが、ここではそれを補うような資料をあげながら述べていく。検討チームは、二〇一三年二月二六日付けで「東京電力福島第一原子力発電所事故による住民の健康管理のあり方に関する検討チーム議論の総括」をまとめている。木田が述べた意見はほとんど反映されなかった。そのことをごまかすかのように文書の末尾に付された「木田光一氏説明資料」は実はたいへん重要なものだ。そこにはまず、「意見・要望」が列挙されている。

（１）「東京電力福島第一原子力発電所事故による住民の健康管理」は国の直轄で実施を
（２）健康管理のための健康診査等のあり方について
（３）「東京電力原子力事故により被災した子どもをはじめとする住民等の生活を守り支えるための被災者の生活支援等に関する施策の推進に関する法律」の目的をふまえた「検討の目的・理念」を明確にすべき
（４）地域住民等に対する健康支援拠点としてのナショナルセンターの設置
（５）その他

木田光一福島県医師会副会長の要請の内容と背景

このうち（１）では、グローバーが「福島の健康調査は不十分として、健康調査を放射能汚染区域全体で実施することを要請すると共に、日本政府に対して長時間をかけての内部被ばくの調査とモニタリング実施の推奨などを提言した」ことに言及しており、「参考資料」の一つとしてグローバーのプレス・ステートメントが付されている。

なお、（２）は健康診査が多様な法律に基づいて統一がとれずに実施されている実情を指摘し、「国が主体となり、放射線被ばくの恐れのある国民全てに対して、一元的管理を実施すべきである」としている。（３）は「子ども被災者支援法」（東京電力原子力事故により被災した子どもをはじめとする住民等の生活を守り支えるための被災者の生活支援等に関する施策の推進に関する法律、二〇一二年）の主旨に基づき、福島県に限定されない健康支援がなされることを求めたものだ。また、（５）では、「医療従事者不足への対応」、「乳幼児の屋内運動施設（遊び場を含めて）の拡大と遊びの指導者養成の充実を図る」、「児童・生徒の運動施設の充実を図る」の三つの要請があげられている。

この木田光一の「意見・要望」は福島県医師会のサポートを受けたものであるとともに、日本医師会総合政策研究機構（日医総研）の畑仲卓司、吉田澄人、王子野麻代の協力にも負ったものだ。日医総研は木田光一への協力と「検討チーム」への関与を経て、『日医総研ワーキングペーパー２８０　福島県「県民健康管理調査」は国が主体の全国的な〝健康支援〟推進に転換を――原子力規制委員会における健康管理調査検討の問題点等』（二〇一三年四月、web 上で参観できる）

をまとめている。ここでは、グローバーのプレス・ステートメントの内容をかなり詳しく引き、「健康を享受する権利」

にそった対応がなされるべきであることが述べられている。

放射線防護とめぐる日本学術会議の討議

一方、日本学術会議では、東日本大震災復興支援委員会の下に放射能対策分科会（委員長は大西隆日本学術会議会長）が設けられ、二〇一一年一一月から審議を継続しており、二〇一二年四月には「放射能対策の新たな一歩を踏み出すために——事実の科学的探索に基づく行動を」との提言をまとめている。また、放射線の健康影響に関する科学者と社会の関わりのあり方についての検討も進められてきた。

事故からしばらくして始まった日本学術会議内部での批判的討議については、広渡清吾『学者にできることは何か——日本学術会議のとりくみを通して』（岩波書店、二〇一二年）、拙著『つくられた放射線「安全」論』（河出書房新社、二〇一三年）にその一端が記されている。それらを受けて、人文社会系を中心とする科学者の集まりである「第1部」に、「福島原発災害後の科学と社会のあり方を問う分科会」が設置され、二〇一二年三月以来、討議を重ね、以下のようなシンポジウムも開催してきた。

公開シンポジウム「科学者はフクシマから何を学ぶのか？——科学と社会の関係の見直し」於日本学術会議講堂（二〇一三年一月一二日）

公開シンポジウム「3・11後の科学と社会——福島から考える」（日本学術会議第1部と共催）於福島銀行地下会議室（二〇一三年七月一三日）（山川充夫他「特集2：3・11後の科学と社会——福島から考える」『学術の動向』第一九巻第六号、二〇一四年六月、に諸報告の内容が掲載されている）

日本医師会と日本学術会議の共同の取り組み

放射線の健康影響や防護をめぐる日本医師会と日本学術会議の双方の動きを受けて、二〇一四年二月二二日、日本医師会講堂を会場として、公開シンポジウム「福島原発災害後の国民の健康支援のあり方について」が行われた。このシンポジウムでは、横倉義武日本医師会会長、大西隆日本学術会議会長の挨拶に続き、以下の六つの報告が行われた。

森口祐一（東京大学大学院工学系研究科都市工学専攻教授）
「事故由来放射性物質による影響の総合的理解と環境回復に向けた課題」
木田光一
「福島原発災害後の被災者の健康支援の現状と課題」
島薗進
「国や福島県の健康支援に信頼が得られるために」
後藤あや（福島県立医科大学　准教授）
「科学と地域の架け橋――福島市における育児支援と人材育成」
伊藤和子（国際人権ＮＧＯヒューマンライツ・ナウ事務局長）
「『健康に対する権利』の視点からみた、福島原発災害後の政策課題――国連特別報告書『グローバー勧告』を中心に」
明石真言（独立行政法人放射線医学総合研究所理事）
「被ばく医療の現状からみた福島」

司会は、澤倫太郎（日本医師会総合政策研究機構研究部長）、石井正三（日本医師会常任理事）、春日文子（日本学術会議副会長）が務め、最後に中川俊男（日本医師会副会長）の挨拶があった。

共同座長取りまとめ

このシンポジウムの最後に、「日本医師会総合政策研究機構・日本学術会議　共催シンポジウム共同座長取りまとめ」が示された。「共同座長」は「総合討議」の座長を務めた石井正三と春日文子である。以下にその全文を引く。

東京電力福島第一原子力発電所事故後の健康管理に関して、日本学術会議は、東日本大震災復興支援委員会放射能対策分科会による提言「放射能対策の新たな一歩を踏み出すために——事実の科学的探索に基づく行動を」において、住民健診・検診の継続実施体制の整備や医療体制の整備について、二〇一二年四月に提言した。

一方、日本医師会は、日医総研ワーキングペーパー「福島県『県民健康管理調査』は国が主体の全国的な〝健康支援〟推進に転換を」、二〇一三年四月に発表するなど、健康支援について積極的に発言してきた。

二〇一三年一〇月に環境省に設置された「東京電力福島第一原子力発電所事故に伴う住民の健康管理のあり方に関する専門家会議」においては、日本医師会常任理事及び日本学術会議副会長が専門家として参画している。

日本を代表する二つの学術専門団体が、こうした各々の取り組みを踏まえ、さらに連携を深め協力して国民への健康支援をはじめとする、東京電力福島第一原発発災後の対処のあり方について議論を深めるために、平成二六年二月二二日共催シンポジウムを開催した。

共催シンポジウムにおける、各講演の内容及びパネルディスカッションでの意見を踏まえ、以下の六点を「共同座長取りまとめ」とした。

1．国・福島県・東電、そして専門家・科学者は健康支援対策への信頼の回復を

被災者は福島県だけでなく、隣接県を超え全国に広がっているが、被災者に対する国・県の健康支援は不十分であるとの声もある。それらの声に耳を傾け、不安の持たれている健康影響については、検査の意味を丁寧に伝えたうえで、十分な検査や調査を行い、その情報を国民に明らかにすることが重要である。健康支援策の具体的内容も

重要であり、その拡充と意義の説明によって信頼が回復され、安定した生活感覚を取り戻すことができる。

　医師・保健師など専門家また科学者においても、解り易い合意に基づく助言を目指し、意見の相違が存在する時は解り易く説明する責務を持つ。

２．東京電力福島第一原子力発電所事故の影響の科学的解明を
　事故後、政府、国会、民間の事故調査報告書が公表され、事故当時の状況が明らかにされてきた。しかしながら、これらは限定されたデータを基に作成されたという限界も否めない。

　一連の報告以降に、事故直後の周辺地域でのモニタリングデータや、ヨウ素の地表沈着量の推計値などが新たに公開されており、これらのデータに基づく初期被ばくの再評価を含め、事故後に蓄積されてきたデータや知見をもとに、事故の影響の一層の科学的解明を図るべきである。

３．国・福島県・東電は生活再建の総合的な環境対策と地域づくりの支援を
　時間の経過による放射能の物理的減衰・自然減衰と除染の効果によって、放射線量が一定レベル以下に低下した地域については、避難指示の解除が検討されているが、帰還の選択をするか否かは個人の選択を尊重すべきであり、また、選択が可能な条件整備が必要である。

　避難指示による避難や自主的避難が長期化した中では、放射線に対する不安だけでなく、個々人の生活再建、コミュニティの復活、地域復興に係る課題にも総合的な対処が必要であり、国・福島県・東電・専門家・科学者は住民の不安に応えるための対話などを通じて、地域づくりの基礎となる信頼関係の再構築をすべきである。

４．国の健康支援システム・汎用性のあるデータベースの構築を
　県域を越えた被災者や、廃炉作業員・除染作業員等も対象とした国の健康支援システムの構築と、さらに様々な

健診データ等のデータベースを、被災者・廃炉作業員・除染作業員等の健康支援のために広く共有できる、例えば（仮）日医健診標準フォーマットのような汎用性を具備したデータベースを、構築すべきである。

5．住民や作業員への健康支援・人的資源育成等のためのナショナルセンター整備を

被災した住民や廃炉作業員の健康支援や、放射線汚染環境情報の集積、さらには緊急被ばく医療体制を整えるための人的資源育成等の、中心的機能を担うナショナルセンターを、いわき市における誘致要望にも留意し、設置すべきである。

6．健康権の概念を尊重し長期的かつ幅広い視点からの健康支援体制の構築を

経済的、社会的及び文化的権利に関する国際規約第一二条第一項において、「全ての者が到達可能な最高水準の身体及び精神の健康を享受する権利を有すること」、いわゆる「健康権」が認められている。健康権の概念に照らした、全国に散在する被災者を含め長期的かつ幅広い視点からの健康支援が必要である。命の視点、倫理的視点に立ち、原発サイトや除染で働く作業員の、労働作業環境の管理、健康管理・健康支援、緊急被ばく医療体制の整備、関係者の知識共有と理解、そして住民参加による政策やシステムづくりが必要である。

協力の意義と今後の課題

グローバー勧告が一つのきっかけとなって、日本医師会と日本学術会議の協力が進み、福島原発事故後の健康支援の改善を求める動きが前進した。日本医師会と日本学術会議はともに幅広い構成員を擁する組織であり、この動きが構成員全体の意思を反映したものと見なすことはできない。また、日本医師会と日本学術会議では目指すところも異なる。たとえば、「ナショナルセンターを、いわき市における誘致要望にも留意し、設置すべきである」という部分は、日本医師会の意向が強く反映したものだ。

だが、グローバーの勧告の基調をなし、子ども被災者支援法の支えともなっている「健康を享受する権利」の理念は、日本医師会と日本学術会議の双方の合致点をなすものであり、「共同座長とりまとめ」においてもその基調を形作っている。しかし、残念ながらその後もこの点での改善はほとんどなされていない。

そのことと深い関わりがあるのだが、日本学術会議の内部にあっても、放射線健康影響の専門家たちとそれとは異なる見解をもつ専門家や学者との間での討議がほとんどなされていない。これについては、日本学術会議の中からも「これでよいのか」との問いかけが行なわれている。

日本学術会議における問いかけ

日本学術会議第１部の「福島原発災害後の科学と社会のあり方を問う分科会」は、二〇一四年九月一一日付けで、「提言　科学と社会のよりよい関係に向けて――福島原発災害後の信頼喪失を踏まえて」を公表している（http://www.scj.go.jp/ja/member/iinkai/kanji/pdf22/siryo195-5-2.pdf）（提言だけでなく、討議に関連する委員の諸論考も掲載された書物が刊行されている――島薗進・後藤弘子・杉田敦編『科学不信の時代を問う――福島原発災害後の科学と社会』合同出版、二〇一六年）

そこでは、福島原発事故後の閉鎖的な専門家集団のあり方について、「異なる科学的見解があるにもかかわらず、対立する意見の一方が排除されているのではないかと疑われもしたことを問題にしている。たとえば、一方の立場の科学者の能力や業績が正当に評価されず、同じ場で討議をすることができない状態が続いた」と述べている。そして、こう続けている。

放射線の健康影響の分野ではその事態が目立ち事故後も継続しているが、日本学術会議ではその事態を克服するという意図を含めて、二〇一一年の一〇月に東日本大震災復興支援委員会の下に放射能対策分科会を設け、分野や立場を横断した討議の場を設ける試みを行っている（提言「放射能対策の新たな一歩を踏み出すために――事実の科学的探索に基づく行動を」日本学術会議東日本大震災復興支援委員会放射能対策分科会、二〇一二年四月、http://www.scj.

go.jp/ja/info/kohyo/pdf/kohyo-22-t-shien4.pdf)。相互に異なる科学的知見や解釈をもつ科学者の間で討議が行われることが求められるのは、科学において当然のことだが、上記放射能対策分科会の試みを別とすれば、それが行われない状態が続いている。

これは科学の正常なあり方から逸脱している。

科学は異なる知見が争い合うことによって発展してきたのであり、異なる知見の公表と自由な討議は大いに歓迎されるべきである。科学者が統一的な知見を提示できない場合、多様な知見を踏まえて公共的な討議を行い、どのような知見をどの程度政策に反映するかは政治的な判断に委ねられることが多い。だが、討議の際に一方の立場が排除されるような事態があれば、それは当然に、多様な立場に開かれた自由な討議とはいえない。公共的な開かれた討議の結果として科学的成果が提示され、公衆が理解し判断するための素材が十分に得られる必要があるだろう。しかし、二〇一一年三月以降の状況はそのようになっていない。

日本学術会議における討議の継続

グローバー勧告が出てから五年半以上、日本医師会と日本学術会議協同の公開シンポジウム「福島原発災害後の国民の健康支援のあり方について」が開かれて四年半以上、「提言　科学と社会のよりよい関係に向けて――福島原発災害後の信頼喪失を踏まえて」が公表されてから三年半以上が経過している。しかし、これらの意思表示が求めているような具体的な改善の動きは、いまだにまったく着手されていない。

だが、日本学術会議では、なおこの問題について討議が継続している。二〇一八年に入ってからは、二〇一七年九月一日に日本学術会議第2部臨床医学委員会の放射線防護・リスクマネジメント分科会が公表した「報告　子どもの放射線被ばくの影響と今後の課題――現在の科学的知見を福島で生かすために」(http://www.scj.go.jp/ja/info/kohyo/pdf/

kohyo-23-h170901.pdf）をめぐって、日本学術会議の多様な機関を巻き込む討議が生じ、中心的な機関である幹事会が新たな取り組みの必要性を認めるに至っている。

このような討議の経過を記して置くことは、「科学と社会」の今後にとって、また、科学者や専門家の倫理を考え続けていく上で意義あることと考える。

第3章「リスクコミュニケーション」は適切か？

政府が企ててきたリスクコミュニケーションとは？

二〇一四（平成二六）年二月、政府は「帰還に向けた放射線リスクコミュニケーションに関する施策パッケージ」という文書を公表した。これに加わり名前を連ねている政府関係機関は以下のとおりである。主たる責任を負うのは復興庁と環境省である。

復興庁、環境省、内閣府、食品安全委員会、消費者庁、外務省、文部科学省、厚生労働省、農林水産省、経済産業省、原子力規制庁

まず、具体的に何をしようとしているのか見ておこう。避難地域に対するものと避難地域外に対するものに分けられているが、避難地域については、以下のような内容があげられている。（1）正確で分かりやすい情報の発信、（2）少人数（一対一・車座）によるリスコミの強化、（3）地元に密着した専門人材の育成強化等、（4）住民を身近で支える相談員によるリスコミの充実。

このうち、（2）については、以下のような施策が挙げられている。

①避難指示解除前であっても個人の被ばく線量を把握するため個人線量計を配布するほか、市町村の保健師・看護師等による仮設住宅の訪問等の保健活動の際に、個人線量計の測定結果と行動との関係や被ばく低減対策等を説明

したり、放射線に対する健康不安や疑問等を積極的に訊いて分かりやすく情報提供するなど、地域に根を張った保健医療福祉関係者によるきめ細かな活動を国が推進、支援する。【復興庁／内閣府支援T、関係省庁】

②座談会等の形で、少人数の参加住民が議論を進行する専門家とともに、参加者の関心事項に沿った放射線による健康不安の内容等を共有すること等を通じて、住民の放射線による健康不安の軽減や住民自らの行動の決定のための情報提供等の取組を国が推進、支援する。【環境省、復興庁／内閣府支援T】

どのようなリスクコミュニケーションか？

次にこの文書が示す、リスクコミュニケーションの意図を見ていく。この文書が思い描く「リスクコミュニケーション」は適切なものだろうか。

意図されているものは、明らかに相互的なやりとりではない。そもそもの初めから、「帰還させる」ことを最優先にする姿勢が示されている。自分たちが目指す結論を押し付けようというもので指示・示唆に近いのだが、そう見せないように「リスクコミュニケーション」という形をとろうというものだ。

国では、これまで「原子力被災者等の健康不安対策に関するアクションプラン」（平成二四年五月三一日原子力被災者等の健康不安対策調整会議決定）に沿って、放射線による健康影響等に関する国の統一的な資料の作成、保健医療福祉関係者や教育関係者等に対する研修、参加型プログラムの作成等を通じたリスクコミュニケーション（リスコミ）を推進してきています。

「健康不安対策」という考え方は適切なものだろうか。「健康影響が出る、または出るかもしれないので健康不安が生じる」面と「健康影響が出ないのに健康不安が出る」という面との両面がある。「健康影響が出る、または出るかもしれない」のであれば、その対策を取る必要があるだろう。それは「健康影響対策」であるが、この文書はその後の叙述ではそのことについてはほとんどふれていない。ふれる場合は、「健康影響が出ないはずだ」という判断を示すことにこそ力点が置かれている。

健康影響対策はしっかりなされているのだろうか。この問いがあることをこの文書は想定していない。「健康影響が出ないはずだ」という判断を押し付けようとしているのである。これでは不信を招くのは避けがたいところだ。「健康影響が出る、または出るかもしれない」という前提に立って、十分な健康影響対策をとる。それは何かについて説明する必要がある。だが、その可能性は初めから排除されている。これでは初めから、「その件についてはコミュニケーションをしません」と述べているようなものだろう。たいへん拙劣なコミュニケーション施策と言わなければならない。

「早期帰還」と「不安をなくす」という前提

「帰還に向けた放射線リスクコミュニケーションに関する施策パッケージ」は、続いて二〇一三（平成二五）年の後半以降の状況について述べている。

一方、平成二五年八月には避難指示の対象市町村に係る区域見直しが完了し、早期帰還の実現に向けた新たな段階に入っているものの、地元の住民の方々は依然として放射線による健康影響等に対する不安を抱えており、このため、放射線の健康影響等に関する国際的な知見や線量水準に関する考え方を、分かりやすく丁寧に伝えることが急務となっています。

この文書は「早期帰還の実現に向けた新段階」を前提としている。しかし、そもそも「早期帰還」が妥当かどうか、現在の状況では放射線リスクが大きすぎるので帰りたくないと考えている人たちが多いことは政府側もよく認識しているはずである。なぜ、この段階で「帰還」を決めるのか、多くの住民が疑問をもっており、そのことについて政府側と話し合いたいという気持ちをもっているはずである。ところが、それに対してこの文書はまったく応答する姿勢を示さない。かわりに、「早期帰還の実現に向け」住民の不安をなくすため、減らすために何をすべきかを述べていく。

このように強制力をもったある施策をとる際に、当事者の考えや疑問を十分に聞き、ともに合意形成を行っていくのではなく、政府側・政府よりの特定の専門家集団側の考え方と意思を押し付けようとする言葉の発し方を「一方向的」というのである。このように、施策実施側の情報や考え方を当事者に上手に伝えることが「リスクコミュニケーション」だという考え方がある。放射線健康影響の専門家、また政府関係者はくり返しそのような考え方に基づく情報発信や施策を行ってきている。

リスクコミュニケーションはどうあるべきか？

しかし、リスクコミュニケーションの専門家は、そのようなやり方は適切ではないということを事故後の早い段階から述べてきている。二〇一一年一二月に刊行された『医学のあゆみ』第二三九巻第一〇号、特集「原発事故の健康リスクとリスク・コミュニケーション」（企画：長瀧重信）を見てみよう。たとえば、山口一郎（国立保健医療科学院生活環境研究部）は、「原子力災害後の現存被曝状況でのリスク・コミュニケーション」において次のように述べている。

相手の立場に立つことは、リスクが限定的であると考えられる場合に、ある対策を講じることにより得られる状態が安全であるなどと一方的に伝えないということである。このことは、倫理的な指針として無害原理やパターナリズムをそのまま用いないことを意味する。その代りに合意を形成するための土台を整備することに努力を傾けることになる。そのための方法として知識基盤の存在の共有が肝要であることが指摘されている。安全であると主張することよりも、その対策を講じることの意義がどのようなものか、安全がどのように確保されているか、また、その対策の限界はなにかを説明することが考えられる。（一〇五三－四頁）

しかし、政府はこのようなリスクコミュニケーションをしてきていない。ひたすら「不安」をどう取り除くかという課題について述べていく。問題は政府側の対策をどうするかではなく、不安をもつ被災者・住民側の意識を変えることだという姿勢である。「帰還に向けた放射線リスクコミュニケーションに関する施策パッケージ」に帰ろう。そこでは、「個人」に焦点を合わせることが提起されている。

原子力規制委員会では「帰還に向けた安全・安心対策に関する基本的考え方（線量水準に応じた防護措置の具体化のために）」（平成二五年一一月二〇日）を取りまとめ、避難指示の解除後、帰還の選択をする住民の被ばく線量を低減し、放射線に対する不安に向き合うためには、個人線量（個人線量計等を用いて測定された被ばく線量）と日常生活における自らの行動との関係を理解してもらうなど、個人に着目した対策を講じることが重要であり、また、住民の帰還に向けた取組の一つとして、放射線に対する健康不安に向き合ってわかりやすく応えるリスコミが必要であることが示されました。

ここで線量計測が取り上げられ、「帰還の選択をする住民の被ばく線量を低減し」との目的を挙げているのは、「帰還の選択をする住民」にとっては理解できることだろう。だが、それと並んで「放射線に対する不安に向き合うためには」との目的が設定されていることは大きな問題だ。これは誰を対象として述べられているのか。「放射線に対する不安」をもつかどうかは個々人の判断に属することである。だが、その個々人の判断を政府側が誘導しようとする意図が示されている。専門知識が少ないしろうとに対して、施策遂行側の専門家が「正しい判断」を示して導こうとするこのような考え方が「パターナリズム」とよばれ、個々人の自律性を損なう判断の押しつけの態度と捉えられてきたものだ。

政府側の「リスクコミュニケーション」観

異なる立場の間での相互作用過程

今一度、リスクコミュニケーションはどうあるべきかについて、その道の専門家の述べるところを見ておきたい。『医学のあゆみ』第二三九巻第一〇号に掲載されているもう一つの論考、吉川肇子の「危機的状況におけるリスク・コミュニケーション」だ。

今回もっとも大きな失敗は、非専門家である一般の人びとがリスクを理解しないのは適切な知識を欠いているからだという、欠陥モデル（deficit model）に基づくリスク・コミュニケーションが行われたことだと著者は考えている。多くの専門家と言われる人びとがコミュニケータとして登場したわけであるが、その多くが欠陥モデルに基づいたコミュニケーションを行っているように見受けられた。（同上、一〇三九頁）

相手が知識をもっていないので、知識をもっているこちらが教えてあげるというのが「欠如モデル」、あるいは「欠如モデル」である。求められているのはそのようなモデルに基づく、コミュニケーションではない。有効なリスクコミュニケーションはそれぞれがもっているリスク認知や価値意識や利害関係をつきあわせながら、合意を求めていく過程でなくてはならない。吉川はこうしたリスクコミュニケーションのあり方を、「相互作用的過程」という語で述べている。同じことは「双方向的」という言葉で述べられることもある。ここで重要なのは形の上でお互いが言葉を発し合うということではない。異なるリスク認知や価値意識や利害関係があることを前提に、多様な認知と評価をつきあわせるという「過程」が重要なのである。

リスクの異なる認知や評価を排除する姿勢

では、福島原発災害後、そのような「相互作用的過程」は進められてきただろうか。残念ながら「そうではない」と言わなくてはならない。なぜか。まず、政府側の専門家が「リスクの科学的認識と評価」は狭い範囲の専門家集団が独占しているという認識をもち、異なる認知や評価を排除するという立場をとってきたことだ。これについては、『医学のあゆみ』第二三九巻第一〇号、特集「原発事故の健康リスクとリスク・コミュニケーション」の企画者である長瀧重信が自ら語っている。

放射線の影響に関しては膨大な論文がある。自らの主張に都合のよい論文を集めると、個人的、政治的、社会的な主張であっても〝科学的に〟という言葉で主張できる。様々な主張が科学の名前で発表されると社会は混乱する。日本の現状は混乱していると表現してもおかしくない。

国際的にはこのような混乱を避ける必要性から、放射線の影響について純粋に科学的な知見に関する国際的な合意を定期的に報告するという習慣が確立されている。例えば、後述する「原子放射線に関する国連科学委員会」（UNSCEAR）の国連総会に対する報告書である。（同前、九四〇頁）

この文章がそもそもたいへん政治的な性格が強いものであることを、ご理解いただけるだろう。「混乱を避ける必要性」というのはきわめて政治的な目標であって、対立する科学的な見解の間の討議はできるだけ避けようとする意思を表している。多様な見解のやりとりの中からこそ、より適切な科学的知見が生み出されてくるし、納得のいく論点の明確化がなされ、新たな仮説の構築がなされる。それがふつうの科学のプロセスであり、科学者の認識である。

また、「自らの主張に都合のよい論文を集めると、個人的、政治的、社会的な主張であっても〝科学的に〟という言葉で主張できる」というのは、長瀧が属する政府側専門家集団の見解にもあてはまりうるものであって、排除した相手にだけ押しつけるのはどうか。科学が党派的なものに陥ることはしばしばあることであり、政府側の専門家集団が（国際的な勢力をもっているからという理由からか）党派性を免れており、批判側が党派的であると決めつけるのは独断的ではないだろうか。

個々人の異なる立場を尊重しているか？

「帰還に向けた放射線リスクコミュニケーションに関する施策パッケージ」においても、異論を排除する姿勢が貫かれている。もっぱら帰還のための条件は整ったとし、帰還を進めるのが適切だという政府側の見解を押し付ける施策が示されている。言葉の上では、個々人で異なった判断があるのを尊重すること、リスクコミュニケーションは専門家から市民への一方的なものであってはならないことが認識されているかのようである。

リスコミの実施に当たっては、①最新の科学的知見に基づく正確で分かりやすい資料の作成・活用を通じた、より積極的・能動的な情報発信への支援、②少人数（一対一や車座（少人数の参加住民が議論を進行する専門家とともに、放射線による健康不安の内容等を共有する））で双方向のコミュニケーションができるような、きめ細かな実施体制の構築、③専門的な知識を持ち地元に密着した人材の育成・確保といった、リスコミの現場における課題を踏まえた対応を図っていく必要があります。

「住民参加」とか「双方向」という言葉が使われているので、リスク評価においても、どのような選択をするかという点でも、住民の意志が尊重されているかのように感じられるかもしれない。次の箇所では、加えて「個々人」の語も用いられている。

２．個々人の不安に対応したきめ細かなリスコミの強化（避難指示対象市町村における取組）

これまで、避難先における放射線の専門家等を招いた講演会やセミナーの開催、各種広報誌の配付など様々な形で、住民への放射線による健康影響等に関する情報提供等が行われてきました。

さらに今後は、放射線による健康影響に対する考え方は個々人によって異なるという前提に立って、本当に聞きたい話を気兼ねなく聞ける双方向のコミュニケーションをきめ細かく実施する必要があります。このため、原子力規制委員会の「基本的考え方」や「原子力災害からの福島復興の加速に向けて」を踏まえつつ、以下のような取組を推進してまいります。

多様な立場をそれぞれに尊び支援する

「放射線による健康影響に対する考え方は個々人によって異なるという前提に立って」とあるので、異なる考え方がそれぞれに尊ばれ、それぞれの選択に応じて援助策がとられるのかと思うかもしれないが、そうではない。もっぱら不安をなくして帰還することだけが目指すべき選択なのであり、そのためのリスクコミュニケーションと理解されている。避難指示解除地域の住民は賠償を打ち切られ、早く帰還した人だけが九〇万円の「早期帰還者賠償」を受けとることになっている。避難を続ける者への支援は縮められ打ち切られていくのだから、帰還以外の選択は取りにくいのは当然である。個々人それぞれの選択を尊ぶような施策ではまったくない。

これは「帰還に向けた放射線リスクコミュニケーションに関する施策パッケージ」の前提を作るための会議として設定された、原子力規制委員会「帰還に向けた安全・安心対策に関する検討チーム」が二〇一三（平成二五）年一一月二〇日にまとめた「帰還に向けた安全・安心対策に関する基本的考え方」という文書と比べてみれば明らかだろう。そこでは次のように述べられていた。

避難している住民には、二年八か月を超える長期避難生活に伴い、これまでに日常生活や将来に向けての生活再建・生活設計ができないことに起因する心理ストレスやこれに付随した健康問題が発生している。また、家族間の断絶や無人となった故郷の荒廃、コミュニティの崩壊などの問題も発生している。さらに、これらは、放射線による被ばくに対する健康不安や放射性物質で汚染された環境での生活再建に係る種々の不安とも密接に関連しており、問題を複雑にしている。

このようなことから、現在、避難している住民には、早期の帰還を希望する方々のほか、避難先など元の居住地以外での生活の再建を希望する方々や今も決めかねている方々など様々である。国は、帰還の選択をするか否かに関わらず、個人の選択を尊重しなければならない。避難している住民の種々の不安に応えるに際し、国は、必要な措置について総合的に検討し、実行することが必要である。

また、避難指示区域外に居住する住民や自主的に避難している住民も、避難指示に基づいて避難している住民と同様に、これまでの生活が変化したことに伴い、放射線に対する不安や生活再建に対する不安を抱えている。国はこれらの住民に対しても、不安に応える対応を講じることが必要である。

「帰還に向けた放射線リスクコミュニケーションに関する施策パッケージ」が提示しているものは、この「帰還に向けた安全・安心対策に関する基本的考え方」が求めているものとはほど遠いものと言わなくてはならない。「帰還に向けた安全・安心対策に関する基本的考え方」には異なる判断を尊重すべきだという考え方をもつ森口祐一委員（東京大学教授）、春日文子委員（日本学術会議副会長）が述べた意見が反映しているが、「帰還に向けた放射線リスクコミュニケーションに関する施策パッケージ」にはそのような様子がほとんど見えないのだ。

多様な立場の間のコミュニケーションへ

こうした状況を改善していくために、まずなされなくてはならないのは、リスク評価についての異なる考え方の間で、なぜ相違が生じてくるのかについて明らかにしていくことである。ある立場が押しつけられ、他の立場が排除されているのでは、コミュニケーションが成り立たないのは当然である。リスクコミュニケーションの基礎として、異なる見解の間でどこがどう異なっているのかを討議し、共有できるものとそうでないものについての認識を確かめ広げていくことが必要だろう。先に引用した部分で、山口一郎も「合意を形成するための土台を整備することに努力を傾けることになる。そのための方法として知識基盤の存在の共有が肝要である」と述べていた。

「帰還に向けた放射線リスクコミュニケーションに関する施策パッケージ」はあたかも「知識基盤の存在の共有」を

試みようとしているかに見える。「実際のリスコミ活動において放射線の健康リスクを正確に分かりやすく説明するために必要な情報をコンパクトに整理した「放射線リスクに関する基礎的情報」の作成・更新」が唱えられている。では、「放射線リスクに関する基礎的情報」（二〇一四年二月）はどのような内容だろうか。

特定の立場からの評価を押し通すことによる無理

大いに妥当性が問われており、異なる立場のやりとりが必要な論題について、すでに決着がついているかのような記述が多い。たとえば、小児甲状腺がんについては、以下のように述べられている。

> 福島県「県民健康管理調査」検討委員会での専門家の見解では、これまでに行った調査によると東京電力福島第一原発周辺地域の子どもたちの甲状腺被ばく線量は総じて少ないこと、放射線被ばく後の小児甲状腺がんの潜伏期間は最短でも四～五年とされていることなどから考えて、「事故後二年での現在の症例は、東京電力福島第一原発事故の影響によるとは考えにくい」とされています。（六頁）

では、このような見解はどれほどの確かさをもつものなのだろうか。福島県県民健康管理調査は二〇一四年四月より福島県県民健康調査となった。その第一五回検討委員会（二〇一四年五月二〇日）において、「星北斗座長（県医師会常任理事）は「これまでの科学的知見から、現時点では放射線の影響は考えにくい」との見解をあらためて示した」（『福島民報』二〇一四年五月二〇日）と報道されている。だが、同年六月一〇日に行われた同検討委員会の甲状腺検査評価部会後の記者会見で、座長である清水一雄（日本医科大教授）は「チェルノブイリを考えると因果関係はないと思っていたが、今は白紙にして、真剣に考えたい」との見解を示した（http://www.ourplanet-tv.org/）。

また、「東京電力福島第一原発周辺地域の子どもたちの甲状腺被ばく線量は総じて少ない」という論点についても、異論は多い。本年四月二日に詳細なデータが公表された国連科学委員会二〇一三年福島報告書（UNSCEAR2013）で示されたいわき市と福島市の一〇歳児平均甲状腺吸収線量について、チェルノブイリの放射能汚染を受けた三国のそれと比べると、「汚染地域（三ヶ国平均一一〇ミリグレイ）に対しては約1／4程度、三ヶ国全体の平均線量（一九ミリグレイ）に対しては、やや上回る水準にあり決して小さいとは言えない」（study2007「UNSCEAR2013報告から読み解く原発事故後の被ばく防護の不備」『科学』第八四巻第六号、二〇一四年六月、後、study2007『見捨てられた初期被爆』岩波書店、二〇一五年、に収録）との評価も公表されている。

誤ったリスクコミュニケーション観と科学の歪み

以上、二〇一四（平成二六）年二月に政府が公表した「帰還に向けた放射線リスクコミュニケーションに関する施策パッケージ」を取り上げ、そこに示されたリスクコミュニケーションの考え方がきわめて不適切であり、特定のリスク評価を多くの被災者や市民に押し付けようとするものであることを示してきた。

これについては、影浦峡（東京大学教授）の鋭い分析がある（『信頼の条件——原発事故をめぐることば』岩波書店、二〇一三年四月）。影浦によれば、「科学者」は他者や新たなものに開かれた姿勢で向き合いその結果に責めを負う者だが、「専門家」は既存のものに習熟している限りで責めを負う者だ。

福島原発災害で露わになったのは、「専門家」ではあっても「科学者」の姿勢に欠けた人たちが多々、公衆の前に姿を表したということだ。つまり「科学者」が「専門家」であることに満足してしまう現代という捉え方である。原発推進の過程と原発災害後の状況のどちらにおいても、新しい事柄に向き合わず、自らの前提を問い返さない専門家が目立ち、閉ざされた論が当たり前のように行われてきた。はじめから結論が決まっているかのようにふるまい続け、異論を排除し続けてきている。これはこの分野の専門家の間で、科学の基本的な倫理性が失われていることを示している。

政治的なリスクコミュニケーション利用と信頼の喪失

他方、専門家は専門的知識を市民に伝えているように振る舞っているが、実は社会的判断に深く関わり、強い立場性をもった発言をしている。だが、あたかもそれに気づいていないかのようにふるまっていることが多い。「科学者」を名乗っているが、科学の名において社会規範や政治判断の領域に踏み込み、不適切な社会的言明を専門科学の正当な行使だと主張している。これは科学の徳としての謙虚さにまったく反するものだろう。

また、政府や行政もこうした専門家の言説をできるだけ利用してきている。政治的判断が多分に含まれたリスク評価を行い、十分な検討も行わずに異論を退けていることを自覚できないはずがない。だが、特定専門家集団の言説があたかも「唯一の科学的真理」に基づいた判断であるかのように装い、都合よくそれを用い、それに基づく施策を人びとに押し付けてきている。そのためには、狭い専門家集団の意見を偏重して、異なる意見が表明される機会を限定し、できるだけ取り上げないようにするのだ。

このような社会環境の下では、科学的情報に対しても公共的な施策に対しても信頼が失われるのは当然だろう。それは人びとの心を深く傷つけるものだ。どの立場をよしとするか、公明な議論が行われないので、おたがいに話し合うことが難しくなる。どのような立場を選択するかでものごとの見方が異なってくるが、それを示すことは相互関係を傷つけかねない。それでも示さざるをえないから分断が深まり、他者には言えないことを心に抱え込み孤独に苦しむことになる。

政府が人びとに押し付けようとしている「帰還に向けた放射線リスクコミュニケーションに関する施策パッケージ」は、こうした困難をいっそう深めていくことになるだろう。こうした誤ったリスクコミュニケーション観を取り下げ、さまざまな立場の科学者・専門家、また被災者・市民の参加できる討議の場を作り、情報開示を進め、相互理解を深めながら共同の合意や意思決定をしていくための努力を積み上げていくべきである。

第4章　放射線被ばくと「精神的影響」の複雑性

1．不安と不信

年間二〇ミリシーベルト基準による苦悩

福島中央テレビ取締役報道制作局長の佐藤崇は、二〇一三年の年末に書かれた文章（「「非日常が日常化」した福島から何をどう伝えるべきか　自問が続く」『ジャーナリズム』二〇一四年一月号）で次のように述べている。

帰還の問題は、言うまでもなく、住民たちの支援策の問題でもある。／同じ町村であっても線量で支援策を分けることになれば、住民の間で分断と対立が起きる懸念を否定できない。／そうでなくとも、住民たちの環境的、経済的な格差はどんどん拡がっている。／さらには、避難している住民と避難先の住民との軋轢も減る気配はない。（六二－六三頁）

佐藤は続いて、この「年間二〇ミリシーベルト」という線量限度がどれほど福島県の住民を苦しませたかについて述べている。

帰還が押し進められると賠償が打ち切られたり、除染がもう必要ないとされたりするのではないかとの懸念もある。二〇ミリシーベルトについては、福島には辛い思いがある。／事故の直後から、国は年間被ばく線量を二〇ミリシーベルトとしたが、文部科学省は子どもについても同じ二〇ミリシーベルトとしたため、福島の親たちを中心に「とても受け入れられない」とする猛反発が起きた。／福島に生きる者として、子どもに平常時の一般公衆の二〇倍もの数値を適用することはできないと直感したからだった。（同前）

甲状腺がん多発の可能性

この時点で生じた不信感は大きい。「それぐらいなら安全だ」という政府側の専門家の主張を受け入れる人と、受け入れない人との間で生じた葛藤は重い心理的な負荷となった。甲状腺がん（悪性または悪性疑い）が見つかった人が、二〇一三年一一月までに二二万六〇〇〇人の検査の結果、二六人から甲状腺がんが見つかり、三三人に疑いがあると発表された。この時点で五九人だが、二〇一四年六月末までに累計は一〇四人と報告されている。これも多くの住民にとって、大きな不安材料である。そして、これにもまた、不信感がつきまとっている。

以前には、通常、甲状腺がんの発生割合は一〇万人あたり〇・二人と説明されていた。ならば、二二万人の検査でも〇人か一人程度ではないのか？ＷＨＯも、厳しい条件を当てはめると、甲状腺がんについてはリスクが若干高くなると報告していたというが、これが若干なのか？（六四頁）

その後も、福島県県民健康調査による子どもの甲状腺がんは増加しており、多発の疑いは強まりこそすれ、薄れてはいない。（同前）

甲状腺がん検査の現状：二〇一七年

原子力市民委員会『原発ゼロ社会への道２０１７』のまとめを引こう。二〇一七年一〇月二三日までに県民健康調査で、事故当時一八歳以下の子どもたちで、悪性またはその疑いと診断された子どもたちは一九四人、手術後確定（甲状腺摘出手術を受け、甲状腺がんであったと術後の病理検査で確定した数）は一五五人である。

国立がんセンターの試算によれば、二〇一〇年時点の福島県の一八歳以下の甲状腺がん有病者数は、二〇人である。同センターがん予防・検診センター長の津金昌一郎博士は、福島の子どもたちの甲状腺がん数は、この「約六〇倍」だと指摘している（二〇一四年一一月時点）。

二〇一五年五月一八日の検討委員会（県民健康調査検討委員会）において、甲状腺検査評価部会は一巡目の甲状腺検査の結果について、「わが国の地域がん登録で把握されている甲状腺がんの罹患統計などから推定される有病数に比べて数十倍のオーダーで多い」とする中間取りまとめを発表した。一方で、「放射線の影響は考えにくい」としている。

甲状腺評価部会長で、日本甲状腺外科学会前理事長の清水一雄は、①本来ならば甲状腺がん患者の男女比は女性が圧倒的に多いのに、チェルノブイリも福島も男一：女二以下の比率になっている（通常よりも男性がかなり多い）こと、②一巡目の検査でせいぜい数ミリのしこりしかなかった子どもに二年後に三センチを超すようながんが見つかっていることを挙げ、「放射線の影響とは考えにくいとは言い切れない」としている。（四四－四五頁）

被災者が初期被ばくにより放射線甲状腺がんに罹患したのではないかと不安をもつのは異常なことではない。だが、専門家はそれを認めず、「放射線の影響は考えにくい」という。そのことが、また被災者の専門家への不信を促す。このような状況が続いてきている。

２．精神的影響の広がり

精神的影響の定量的な評価の困難

ＷＨＯの福島原発災害の健康リスク評価報告書（Health risk assessment from the nuclear accident after the 2011 Great

East Japan earthquake and tsunami, based on a preliminary dose estimation, 2013）の「疾患別の健康影響の評価について」には、「原子力災害後の精神的（mental、この訳語は重松逸造や長瀧重信に従っている）な影響は大きい。しかしながら、それらの影響の定量的な評価はされていない」とある（第7回「東京電力福島第一原子力発電所事故に伴う住民の健康管理のあり方に関する専門家会議」二〇一四年六月二六日、参考資料二―三）。

この「精神的影響」がどのような性格のものであり、どのように対処すべきものなのかについて信頼できる論述がされているだろうか。ＷＨＯ報告書にも「定量的な評価はなされていない」とあるが、そもそも悪影響をもたらした要因が何かを論ずるにはどのような学術的方法が必要なのかも明らかでない。

二〇一四年八月二六日、福島地裁（潮見直之裁判長）は東電に対し、避難生活中に自殺した五八歳の女性の遺族に四九〇〇万円の賠償を支払うよう命じた。福島地裁は、女性が自殺したのは「避難生活で精神的に追い詰められ、うつ状態になったため」だとして、事故と自殺の因果関係を認めた。この渡辺はま子さんという女性は二〇一一年七月、避難先から自宅に一時帰宅した際に焼身自殺したものだ。「判決では、事故前において、はま子さんに「自殺の要因となる精神障害の既往症があったとは認められない」と認定。「展望の見えない逃避生活への絶望と、生まれ育った地で自ら死を選んだ精神的苦痛は、極めて大きい」として、原発事故と自殺の因果関係を認めた」とロイターは伝えている。

原発災害によるストレスの複雑さ

この判決の報告記事一つをとってみても、「精神的影響」とは何か、きわめて複雑であることが想像できる。そして、それは今後も続くことが予想される。福島県で住民のこころのケアにあたっている成井香苗（ＮＰＯ法人ハートフルハート未来を育む会理事長）は「福島の子どものこころと未来をいかに育むか――福島県臨床心理士会としての活動から子どもの専門職たちの連携とＮＰＯ活動へ」（『心と社会』日本精神衛生会、一五四号、二〇一三年一二月）という文章で、ベラルーシ視察の際に、当地の専門家から託されたメッセージを次のように述べている。

甲状腺がんの手術後は長期にわたりカウンセリングが必要です。毎日のホルモン注射を忘れずにすること。ストレスがたまるので上手に発散する方法を教えること。結婚や出産といったライフイベントごとに精神的に揺れるのでカウンセリングやサポートを必要とします。自分たちはその当時そうした配慮をしなかったことが失敗で、自死やアルコール中毒・薬物依存を生んでしまった。日本においてはその轍を踏まないでほしいというものでした。／甲状腺がんのピークは一〇年後だったそうです。ぜひこの警笛を活かしていけるよう関連機関に働きかけていくつもりです。（四〇頁）

なお、成井香苗はその後、福島県臨床心理士会の推薦で、福島県県民健康調査の検討委員会の委員を務めるようになり、甲状腺がんが過剰診断の疑いがあるので、学校等での検査を再検討すべきだという意見に対して、放射線の影響があったのかなかったのか、どちらの結果が出るにせよ、結果が明確になることが子どもたちの利益になるとして、検査の継続を求めている（検討委員会第二四回、二〇一六年九月）。

3．放射線への不安に関心を集中させる理由

健康影響への不安こそが問題という主張

放射線の健康影響への不安がきわめて重大な精神的な負荷となることは明らかである。しかし、1でふれたような政府や専門家を信じることができないことによる悪影響も軽視できない。また、2で述べたように自殺をめぐる裁判で争われたような生活環境の破壊や希望の喪失といった要因も小さくないだろう。

ところが、放射線の健康影響の専門家は「精神的影響」に言及するとき、もっぱら「放射能への恐怖」や「過剰な不安」を問題にする傾向がある。長瀧重信の『原子力災害に学ぶ――放射線の健康影響とその対策』（丸善出版、二〇一二年）から例をあげよう。

第4章「東海村JCO臨界事故――周辺住民の心のケア」の末尾にはこう述べられている。「以上の結果は、原子力災害においては、被曝線量にかかわらず、被曝の影響があるのではないかという被曝者、被害者の心配、恐怖は深刻な問題であることを示している。被害者の不安、不信への対応、安全、安心の確認は原子力災害時に全力をあげて取り組むべきもっとも重要な課題であると改めて感じたしだいである」(八〇頁)。第5章「スリーマイル島原発事故」の末尾は次のとおりだ。「これらの被曝線量から判断して、被曝によって生じうる健康への配慮は、無視できる程度であった。周辺公衆の受けた健康上の影響の最大のものは、放射線被曝による影響よりはむしろ精神的影響であったと考えられる」(八四頁)。

被ばくへの不安こそが問題という信念の由来

長瀧がこのように「被曝への不安」に関心を集中させるのは、一九九〇年に初めてチェルノブイリ被害地域を訪れた時の印象が作用しているようだ。以下はゴメリの病院での経験を述べたものだ。

ここで強く感じたのは、事故が汚染地帯住民の精神に非常に大きな影響を与えている、ということであった。まず、入院している患者のほとんどはチェルノブイリ原発事故によって病気になったと信じていた。[ある]患者はバセドウ病であるが、原因はチェルノブイリ原発事故で、原爆の専門家の先生はすぐに治してくれると期待しているといわれた。また病院で出産した新生児の母親は、自分たちの子どもに奇形はないか、いつ白血病あるいは癌になるのか、いつまで生きられるのかなどと大きな不安に駆られており、まさに半狂乱の状態である。

こうした経験を踏まえて、長瀧は「『何をなすべきか』については、先ほど述べた現地での経験から、医療協力としてはなによりも住民のパニックともいうべき不安状態に対応することが最重要であると考えた」と述べている(四七頁)。

だが、この判断に科学的（学術的）根拠はあるだろうか。

原発災害による「精神的影響」は複雑である。狭い領域の専門家が、独断的にその性格を分析して、行動指針を導き出してよいようなものではない。だが、これは長瀧ひとりの問題ではない。二〇一四年段階の日本では、行政やいくつかの分野の専門家が、こぞってそのような思考回路に閉じ籠ろうとしていた。

４．「放射線健康不安の精神的影響」という枠組みへの問い

放射線健康不安と精神的影響をめぐる学術フォーラム

二〇一四年二月一五日、予期せぬ大雪であったが、福島県立医大大講堂において、学術フォーラム「福島第一原発事故にともなう放射線健康不安と精神的影響の実態および地域住民への支援方策」が行われた。そこでは、春日文子（国立医薬品食品衛生研究所安全情報部長、日本学術会議副会長［当時］）、Evelyn Bromet（ニューヨーク州立大学特別教授）、私（島薗進）、矢部博興（福島県立医大医学部神経精神医学講座・主任教授）、秋山剛（ＮＴＴ東日本関東病院精神科部長）、草野つぎ（福島県会津保健福祉事務所専門保健技師）が報告を行い、川上憲人（東京大学大学院医学研究科教授）と安村誠司（福島県立医大医学部教授、専門は公衆衛生学・疫学・老年学）が座長を務めた。

その討議内容のおおよそは、『学術の動向』二〇一四年一一月号に特集「福島第一原発事故にともなう放射線健康不安と精神的影響の実態および地域住民への支援」として掲載されており、ウェブ上で見ることもできる（『学術の動向』第一九巻第一一号、二〇一四年一一月、六七－八五頁）。ただし、川上憲人らが大きく依拠する研究を発表していたEvelyn Brometの論考は掲載されていない。そのため、討議のポイントがどこにあったか少し分かりにくくなっている。なお、「精神的影響」という用語は、公衆衛生や保健を「身体的」（physical）と「精神的」（mental）に二分する近代生物医学の伝統にのっとったものと考えられる。

放射線健康不安と効果的な対策の研究

そこで、川上憲人らが Evelyn Bromet らの研究（Evelyn J.Bromet and Leigh Litcher-Kelly, 2002）を土台として、どのような調査をなそうとしていたかについて、川上憲人の論考「福島県における放射線健康不安の実態把握と効果的な対策手法の開発に関する研究」（環境省ＨＰ　第一一回東京電力福島第一原子力発電所事故に伴う住民の健康管理のあり方に関する専門家会議（平成二六年九月二二日）資料）によって見ておこう。そこでは、「研究目的」の「背景」として、以下のように記されている。

放射線健康影響不安が住民に与える影響のうちもっとも懸念されるものは、心身の不調が何十年にもわたって持続し、そのために住民の生活の質が長期に低下することである。放射線健康不安により、精神疾患までには至らないが軽度の抑うつ・不安および身体的な不定愁訴が増加し、これが場合によっては何十年にもの長期にわたって持続すること、そのために住民の生活の質が長期にわたって大きく低下することが、長崎県、チェルノブイリおよびスリーマイル島原発事故周辺住民の調査で明らかになっている。（七頁）

そこで、放射線健康不安尺度を開発し、住民一四五名への予備調査を行った。その結果、「二〇～三九歳の若年住民に抑うつ・不安、放射線健康不安などが多いこと」がわかった。「また放射線健康不安と抑うつ・不安との関連性を、震災後の活動性の低下および身体症状が大部分説明すること」が明らかになったという（一八七頁）。この論考は、またこの「研究成果」に基づく「放射線健康不安の改善プログラムの開発」等についても述べているが、それについては今はふれない（第5章、参照）。

ただ一人の先行研究に依拠

この論考には、「住民調査について、二〇一三年二月二七日に Evelyn Bromet 博士との打ち合わせを東京で実施した」

とも記されている（一八一頁）。また、「背景」であげられている、放射線健康不安が悪しき健康影響をもたらすという既存の研究論文の三つの内、二つは Evelyn Bromet が共同著者となっている。川上らの研究がいかに多くを Evelyn Bromet に負っているかが分かる。

だが、なぜ、放射線健康不安が悪しき健康影響をもたらすという観点だけに注目するのだろうか。原発事故によって生じる「精神的影響」やストレスは多岐にわたっている。それらについては多くの研究があるはずである。ところが、川上らの研究は「放射線健康不安の精神的影響」だけに関心をしぼっている。二〇一四年二月一五日の学術フォーラムも「福島第一原発事故にともなう放射線健康不安と精神的影響の実態および地域住民への支援方策」と題されていて、「放射線健康不安の精神的影響」だけに初めから関心を狭めようとしているようであった。これはおかしい。

「精神的影響」がいかに複雑なものか

そこで、私は同学術フォーラムにおいて、「３・11後の放射線被曝と「精神的影響」の複雑性」と題して報告を行った。本章の前半３節の内容である。それに加えて、私は政府や専門家からの情報に対する不信感、乏しい支援の下での展望のない避難生活による精神的苦痛等が大きなストレス要因になっていることも指摘したい。

これらについては、「放射線健康不安の精神的影響」だけを問う研究ではほぼ無視されてしまう。また、放射線に対する不安が不必要である、あるいは過剰であると強調し、「正しい」リスク評価を教えることをリスクコミュニケーションと理解することにも問題がある。それによって、人びとは自らの不安を述べたり放射線の影響を避ける対策をとったりすることを抑圧せざるをえなくなる。放射線被ばくへの懸念を述べること自体ができなくなることで、苦しい思いをする人も少なくない。こうして「不安を取り除く」という行政や専門家の言動が、かえってストレスを増幅している可能性がある。

私は以上のような主旨のことを討議でも述べ、その後も繰り返し主張してきた。この学術フォーラムの主題とされている「放射線健康不安の精神的影響」という枠組みそのものに疑問を呈してきたつもりである。

5．精神保健・公衆衛生の専門家からの応答

フォーラム企画者側からの応答

これに対して、『学術の動向』二〇一四年一一月号の特集では、川上憲人・安村誠司連名による「日本学術会議主催学術フォーラムを終えて」という総括記事で応答がなされている。この論考は、１「放射線災害にともなう精神的不調への対策」、２「福島第一原発事故後の精神的影響の多面性」、３「おわりに」の３節から構成されており、２において、つまりは論考全体のおよそ半分のスペースを割いて私の問いかけに応じている。その出だしは以下のとおりである。

島薗進氏は、福島第一原発事故後の放射線の健康影響に関する政府や専門家からの情報に対する不信感、展望のない避難生活による精神的苦痛の問題をとりあげている。一方、専門家が原発事故後の精神的影響について言及するとき、放射線への不安の影響をとりあげる傾向があり、原発事故後の精神的影響が複雑であることを見逃していると警鐘を鳴らした。（八三頁）

川上・安村両氏によるここまでの要約は、私の述べたことをおおよそ適切に受け止めている。ただし、「もっぱら放射線への不安をとりあげる傾向」としていただくとより正確だったかと思う。続いて、両氏は「不安を減らす」ことを唯一最大の目標とするような発想が抑圧的に機能する可能性があるという指摘についても取り上げている。

また、放射線の健康影響に対する不安を減らそうとする活動自体が、放射線健康不安が過剰な反応あるいは不健康な状態とみなす傾向を作り出しており、放射線の健康影響に不安を持っていてもそれを語れない人もでてきているとの指摘もされた。こうした指摘は重要であり、真摯にとらえるべきである。（同前）

川上・安村両氏はいちおうは私の批判的問題提起を真摯に受け止めようとする姿勢を示している。

放射線健康不安自体は病的とはいえない

では、両氏は研究や議論の枠組みをどう修正、ないし追補する必要があると考えているのか。両氏はそれに関わる事柄を三点にまとめている。

第一点は、放射線健康不安自体は病的なものだというわけではないということだ。放射線への不安を直ちに不必要とか過剰と捉えるのは不適切だという。

Bromet氏もその講演の中で、放射線健康不安を減らすことには言及しなかった。むしろ、放射線健康不安の高い人に、そのために心身の不調を起さないで済むような支援の提供が必要だと述べていた。つまり、放射線健康不安が高い人に生じやすい精神的不調や身体症状が、その人の生活を制限したり、生活の質をさげることが懸念すべき課題なのである。秋山氏は、この問題を「放射線ストレス」と表現した。こうした概念整理を進めることにより、本当に対策すべき課題が明らかになり、誤解のない適切な支援が進められるようになる。(八四頁)

「放射線健康不安」ではなく「放射線ストレス」が対策をとるべき問題だと捉えるという応答が導き出されている。だが、「放射線ストレス」と「放射線健康不安」との違いは、前者は不安が「精神的不調や身体症状」と関連がある場合だということである。放射線健康不安が精神的不調や身体症状に結びついている場合に、それを放射線ストレスとよぶということだが、これは結局のところ、放射線健康不安の対策をとるべき主要な健康阻害因とすることになる。研究の枠組みを問い返すことになっていない。

不安やストレスは多岐にわたる

第二点は、「福島第一原発事故がもたらした住民への影響は、放射線ストレス以外にも多岐にわたるという」問題だ。これについては、学術フォーラムでの草野つぎの報告を引いて、「住環境の変化が家族や地域の中での役割の変化、近所との関係の分断などのストレス」、そして「今後の生活の見通しの不確かさ……先の見えない不安」を生むことに言及し、「生活の変化、将来の不確かさが住民の精神的健康に与える影響には大きなものがある」と述べている。そして、実際の医療チームや保健師らによる支援活動はそうした多岐にわたる困難にむきあっていることをあげている。そして、「避難生活の複雑な状況が住民の健康と生活に与える影響の分析や解決には、医学と社会学や心理学などとの協働も有用と思われる」とする。

原発事故被災者の被っている不安やストレスが多岐にわたることを述べているのは一歩前進だが、それが放射線の健康影響への不安と複雑にからみ合っている点については言及していない。また、医学と社会学や心理学などとの協働に言及しているのも前進だ。しかし、これらの認識は「放射線健康不安の精神的影響」という枠組みそのものの再検討を促すはずだが、その点についてはふれられていない。新たに社会学や心理学との協働を組み込もうというわけでもない。

保健医療の専門家の持ち分

第三点は、「保健医療の専門家の立場」から進められるのとは異なる問題がからんでいるということだ。「島薗氏がとりあげた情報への不信の問題、また、自殺された避難住民の精神的苦痛の問題は、単なる健康問題を越えた課題である」という。「単なる健康問題」を扱うのが保健医療の立場で、それ以外は他の専門家に委ねるという論じ方である。「例えば福島第一原発事故にともなう精神的損害への対応は法学の立場からも検討されている。こうした課題については異なる学術領域が関与し、問題を総合的に分析してゆく必要がある」としめくくられる。

他の領域での総合的な分析が進めば、当然、保健医療の専門家の取り組みの枠組みも再考しなくてはならなくなるはずである。「単なる健康問題」という言い方は、社会の中で生じる健康問題に取り組む公衆衛生の専門家の用いる用語として適切なものだろうか。健康問題に社会的な要因が深く関わっている場合、その社会的要因の改善に向けて何ができるかを考えるのも「保健医療の専門家」の役割だろう。

6．当事者に責任を帰する枠組み

総合的な考察は他の分野の専門家に任せる？

以上、三点は二〇一四年二月の学術フォーラムでの私の問題提起を受けての川上・安村両氏の応答だが、第３節「おわりに」では、それを踏まえてどう結論づけているだろうか。以下に示すように、結局のところ「放射線健康不安の精神的影響」という枠組みは適切であるとされ、「しかし一方で」、もっと広く多分野の視角から問題を捉えることも必要だと結論されている。

学術フォーラム「福島第一原発事故にともなう放射線健康不安と精神的影響の実態および地域住民への支援方策」では、放射線による健康影響への不安がもたらす心身の不調感を慢性化しないための支援のあり方についてとりあげ、この課題の解決に向けての具体的な取り組みの方向性を見いだした。しかし一方で、福島第一原発事故がもたらした精神的影響について、より多面的に、総合的にとらえることも重要であることが示された。本フォーラムの成果がいくらかでも福島県の住民の支援につながることを期待している。（八四－八五頁）

多面的、総合的な考察は他の分野の専門家が行うに任せる。「保健医療の専門家の立場」からは、「放射線健康不安の精神的影響」を孤立させて問うという当初の問題設定とそれに基づく研究成果は妥当だということになる。研究の枠組みそのものを修正、あるいは改善するという可能性には思い至っていないようだ。二〇一五年に公表された川上の福島県における放射線健康不安の実態把握と効果的な対策手法の開発に関する研究」が枠組みの再検討にふれていないのは当然かもしれない。

異なる見方は多々提示されている

福島原発事故後の国や放射線健康影響の専門家の側の対応には、「そもそも放射線の健康影響は乏しい、問題なのは放射線の健康不安の精神的影響だ」とする大前提がある。これはチェルノブイリ原発事故以後、国際的な放射線健康影響ムラがとってきた立場である（拙著『つくられた放射線「安全」論――科学が道を踏みはずすとき』河出書房新社、二〇一三年）。「放射線の健康影響は甲状腺がん以外ほとんどない」という見方にも、「問題なのは放射線健康不安の精神的影響だ」という見方の双方については諸学問分野から異論が提示されている。

また、福島県で実際に精神保健的な支援活動に携わっている専門家も「放射線の健康不安の精神的影響」こそが問題というのとは異なる見方をしている。川上・安村両氏が以下のようにのべているとおりだ（2の叙述と重なるがあえて引用しておく）。

学術フォーラム当時、福島県会津保健福祉事務所の専門保健技師であった草野つぎ氏は、会津管内の九市町村における相双地域一〇市町村からの避難者約四四〇〇人の避難生活の支援経験から、住環境の変化が家族や地域の中での役割の変化、近所との関係の分断などのストレスを生んでいると語った。また、避難住民の困難の背景には、今後の生活の見通しの不確かさ、今まで築いてきた生活がいつ取り戻せるのか、何年たてば地域が「復興」できるのかがわからないという先の見えない不安がベースにあるとした。（八四頁）

不安の悪影響になおも固執するのはなぜか？

こうした事実があるにもかかわらず、「放射線の健康不安の精神的影響」こそが問題という前提にそった調査研究の枠組みを受け入れ、実態に触れても変更されない。それをナイーブに受け入れて、批判されてもそれを受け入れるように見せながら、実際はもとの枠組みを押し通そうとする。そこに政治的な力の作用を見るのは自然だろう。

それは、これまでの公害問題で国や自治体や企業や専門家の責任をうやむやにする方向で、「科学」的見解を提示していた科学者が少なくなかったことを思い起こさせる。国や自治体や企業や専門家に責任がないかわりに被災者自身に責任があることになる。福島原発災害の場合、もたなくてもよい不安をもつことによって、被災者は自ら健康被害に責任があることになる。

「エビデンス」は客観的であり、「エビデンス」があれば適切な対応策がとれるというのはあまりにナイーブな科学観である。研究の枠組みが隠された政治的方向性をはらんでいる場合があることを、歴史に学びながらよく省みる必要がある。精神保健や公衆衛生といった専門領域においては、避けて通れない考察課題だろう。

第5章　被災者の被る「精神的影響」と専門家集団

1．原発災害が誘引となった可能性のある自殺

原発事故後の福島県の自殺

二〇一七年三月八日、『河北新報』は「震災・原発対応で疲弊か――福島で職員九人自殺」と題する記事を掲載した。記事は「福島県と県内市町村の職員の自殺者が二〇一一～一六年度だけで九人に上ることが七日、自治労福島県本部のまとめで分かった。うち五人は今年一～二月に集中していた」と報じている。「東日本大震災と東京電力福島第一原発の複合災害への対応に追われていることなどが背景にあるとみて、県本部は「心のケアが急務だ」などと指摘する」という。しかも、「九人のうち県職員は二人。およそ半数が二〇代後半～三〇代半ばという」。同日の『福島民友』誌もこの問題にふれ、今野泰中央執行委員長が、「自殺の要因の一つに長時間労働があると推測し」、「地方公務員のおかれている過酷な状況は変わっていない」と述べたことも伝えている。

同時期に私はこれから帰還が始まるという浜通りの町村の職員から話を聞く機会があった。三〇歳代の女性職員は福島原発災害以後、住民とのやりとりでストレスが格段に高まったと述べていた。全住民が避難している地域の自治体だが、住民の側の求めるものと国や県が提示するものに食い違いが多く、直接住民に対応する各自治体の職員がいわば板挟みとなって苦労する。しかも、職員もそうした苦労が原発災害によるものであるにもかかわらず、職員は状況の改善を求めて訴えるすべもないということであった。自治体が地元に戻る二〇一七年春には、かなりの若手職員が辞めていくのではないかと憂えてもいた。

精神医学の立場から被災者のケアにあたっている医師らも、原発災害による被災者のストレスが深刻なものであり、うつ病や自殺などを引き起こしかねないものであることを懸念している。『週刊日本医事新報』四七九六号（二〇一六年三月二六日）は「福島の心のケア――廃炉まで四〇年、息の長い支援始まる〔震災五年　医療は今〕」と題する記事を掲載している。この記事は福島県で自殺が増えていることを示した論文の共著者である福島県立医大災害こころの医学講座の前田正治教授の研究成果について紹介している。この論文は二〇一五年五月の『ランセット』誌に掲載されたもので、岩手、宮城両県では自殺率が震災以前にもどっているのに、福島県では顕著に増大しているという。

前田は、震災後に福島県に新設された二つの大規模なメンタルヘルスに関する支援組織、福島県立医大放射線医学県民健康管理センターと、県内六ヶ所に設置された「ふくしま心のケアセンター」の両組織を主導している。「県民健康管理センターでは二〇一二年から、避難経験がある二一万人に「こころの健康度・生活習慣調査」を実施。これはコホート調査ではなく、県民を見守る健診という性格のもので、うつ病等が疑われた場合にはカウンセラーが電話支援を行う。このような大規模アウトリーチ型支援は日本で初めての取り組みだ。調査の結果、うつ病や不安障害が疑われる人は約一割。日本の平均より二～三倍高い値だという。

避難者・帰還者の自殺の例

二〇一七年一月九日のＮＨＫスペシャル「東日本大震災：それでも、生きようとした――原発事故から五年」は前田の見解とともに、県内で最も震災関連自殺が多い南相馬市でのＮＰＯのアウトリーチ支援、すなわち孤立化しがちな人々への訪問・相談活動を紹介し、その後、震災後に自殺した被災者の苦難を浮き彫りにしていった。南相馬市小高区で農業を営んでいた佐藤善也さん（八〇歳代後半）は、東京へ避難し、当初は同じアパートで子や孫とともに暮らしていた。そのころの日記からは、バラバラになった友人とも頻繁に連絡を取り悩みを相談していたことがわかる。ところが、次第に友人たちとの交流は疎遠になる。同居していた子供や孫も仕事を求めて離れていく。久しぶりに友人と一時帰宅した佐藤さんは車窓から、自らが耕作していた農地の至る所に除染廃棄物がうずたかく積まれているのを目にする。佐藤さんは東京に戻って五日後に自らのいのちを絶った。避難後、五年が経過していた。

ＮＨＫスペシャル「東日本大震災：それでも、生きようとした――原発事故から五年」は、自殺した若い夫婦についても取材していた。避難指示が解除されるとすぐにふるさとに帰還した川内村の遠藤満弘さんの家族である。遠藤さんは帰還後、しばらくして美代子さんと結婚し順調に農業経営を軌道に乗せているように見え、二〇一四年五月、ＮＨＫはこの家族の明るい表情を映し出していた。放射線量を下げるためのさまざまな努力を重ね、何とかそれに成功した。ところが、米の値段はなかなか上がらない。生活のため地元の採石場でも働いていたが、「農業で食べられるようになるまで頑張りたい」と語っていた。そんな時、避難先の叔父が自殺した知らせが届く。満弘さんの表情が暗くなり、家族の会話は減っていった。半年後、突然満弘さんが家族に旅行を提案した。母の松枝さんがずっと行きたいと言っていた青森・弘前への一泊二日の旅だった。一週間後、満弘さん夫婦は夜に車で家を出て集落を望む山でいのちを絶った。夫婦はいつしか孤立し、精神的に追い詰められていったようだ。二〇一五年の春のことだ。

放射線への不安こそ主要な問題か？

福島原発災害が被災住民にもたらした苦悩は深く重いものだが、それを把握し、苦悩の要因をとらえ、有効な対策を講ずるのは容易なことではない。ところが、政府や放射線の専門家、また精神医学者らの中には、比較的単純な前提を置いて、この問題に取り組もうとする傾向がある。たとえば、首相官邸ホームページの原子力災害専門家グループのページを見てみよう。二〇一五年二月三日付けで長瀧重信は「放射線の健康影響に関する科学者の合意と助言――今こそ日本の科学者の総力の結集へ」（2）という文章を寄稿している。長瀧はＵＮＳＣＥＡＲ（原子放射線の影響に関する国連科学委員会、略称・国連科学委員会）の「二〇一一年東日本大震災後の原子力事故による放射線被ばくのレベルと影響」（二〇一三年報告書）にふれながら、以下のように述べている（w.kantei.go.jp/saigai/senmonka_g76.html）。

福島の原発事故に関して上記の国際機関の報告書では、放射線の生物学的、医学的影響は現在何も発見されていないこと、将来も認識可能な程度の疾患の増加は期待されないことが書かれています。報告書の中では、委員会は過去五〇年以上にわたる科学的な知識に基づいて福島の事故を検証したと記載されています。

しかしながら、「放射線の影響はわからない、低線量被ばくの影響には不確実なところがある」という感覚からくる恐怖や、放射線から逃れるための避難生活などの具体的な影響により、精神的にも、肉体的にも、多くの被災者が苦しまれているのが現状です。

ここに見られるのは、「放射線による身体への健康影響はほとんど無視できるレベルのものだが、放射線の健康影響への不安や恐怖が大きな悪影響をもたらすので、放射線不安を低減するための対策に力を入れるべきだ」という見解で、政府や放射線の専門家、また精神医学者らが強く主張して実行に移してきたものである。第Ⅱ部で論じるように、このような考え方はチェルノブイリ事故後に始まっている。放射線影響研究所の理事長と長崎大学医学部教授を務め、笹川医療財団によるチェルノブイリ事故調査で主導的な役割を担い、福島原発災害後も住民の健康被害に関わる医学者および放射線健康影響専門家集団の中心となって活躍した長瀧重信は、この考え方を自著で繰り返し述べている（長瀧重信『原子力災害に学ぶ放射線の健康影響とその対策』丸善出版、二〇一二年）。こうした考え方が、その後、どのように広められ、福島原発災害後に影響を及ぼしているかについては、拙著『つくられた放射線「安全」論』（河出書房新社、二〇一三年）で論じている。

筆者はこのような見解に大きな問題があるとし、いくつかの論考をまとめてきた（本書第Ⅰ部第四、六章のもととなった諸論考、本書「あとがき」参照）。この章もそれらを引き継ぎ、さらに深めていこうとするものである。

2．放射線による健康不安対策に関する研究

何を知ろうとする研究だったのか？

「平成二四―二六年度環境省原子力災害影響調査等事業（放射線の健康影響に係る研究調査事業）」で「放射線による健康不安対策の推進に関する研究」という研究テーマが採択された。「福島県における放射線健康不安の実態把握と効果的な対策手法の開発に関する研究」調査研究チームが実施したもので、主任研究者は東京大学大学院医学系研究科保健学分野の川上憲人教授で、二〇一五年三月付で『放射線健康不安の中で生活する福島県の皆さんの心身の健康づくりのために』と題された報告書がまとめられ、ウェブ上で見ることができる（http://plaza.umin.ac.jp/heart/pdf/150801.pdf）。報告書を見ると三九人の研究協力者の名前が列記されており、福島医大医学部の公衆衛生学講座の安村誠司教授、同じく神経精神医学講座の矢部博興教授も名を連ねている。

報告書の「研究結果の概要」に「研究目的」、「研究結果」、そして「考察と結論」が記されている。まず、「研究目的」はこう述べられている。

> 原子力発電所事故の後の放射線健康不安が住民に与える影響のうち懸念されるものの1つは、放射線健康不安のための心身の不調が持続し、そのために住民の生活の質が長期に低下することである。本研究の目的は、（1）福島原発事故に伴う避難住民および福島県一般住民の放射線健康不安と心身の健康状態の実態を福島県外住民と比較し把握する。（2）放射線健康不安に伴う心身の不調を軽減するプログラムを開発し、その効果を評価し、普及する方策を確立することである。（四頁）

まず疑問に思われるのは、なぜ、「放射線健康不安が住民に与える影響」だけに焦点をあて、さらにそれによって「放

射線健康不安のための心身の不調が持続し、そのために住民の生活の質が長期に低下すること」のみを解明しようとしたのかということである。被災者が被っている困難にはさまざまな要因が考えられる。生活の質の低下はどのようにして起こってきているのか、それをどう改善すればよいのかについての考察はなされていない。このような研究目的を立てれば、生活の質の低下があるとして、それをすべからく「放射線健康不安」に結びつけることになりかねない。生活の質の低下があるとして、それがどのような要因になっているのかを問うことなく、ひたすら「放射線健康不安」に焦点を合わせているのは、論点先取により決められていた結論を「確証された」と述べるための研究と疑われてもしかたがないだろう。

被災者を苦しめるものは何だったのか？

他の要因との比較を行ったり関連を問うたりしていないことはこの研究の「結論」の妥当性を疑わせる重要な理由の一つである。そこには、「放射線への過剰な健康不安こそが主要な問題なので、それを減らしていけばよい」という前提が横たわっているようだ。研究結果の１は主に「放射線健康不安と精神健康の実態に関する住民調査」によるものだ。福島県仮設住宅避難区域住民（五二三人）、福島県一般住民（四四七人）、関東地方住民（六五七人）を対象とする質問票調査である。何がわかったのか。報告書は「福島県と関東地方住民の差は被災経験および放射線健康不安で説明できることを確認した」（四頁）という。「被災経験」による差が出るのは当然だろう。だが、どのような被災経験が影響したのか。ほとんど分析はなされていない。たとえば、放射線健康不安の評価尺度は、当初、７項目の質問を尋ねるものだった。

1. 将来、放射線の影響で深刻な病気にかかるのではないかと心配している。
2. 体の具合がわるくなるたびに、放射線を浴びたせいではないかと不安になる。
3. 放射線の影響が子どもや孫など次の世代に遺伝するものではないかと心配している。
4. 原子力発電所の事故に関する報道を見ると、とても不安、または不快になる。

5．自分が福島県に住んでいたために、他の人から差別された（不公平な扱いを受けた）経験がある。
6．福島県の住民であることを、なるべく人に話さないようにしている。
7．放射線が健康に与える影響について、家族と意見が対立して、もめた経験がある。

この7項目のうち、5〜7は必ずしも「放射線健康不安」ではない。原発事故に由来するが、「放射線健康不安」そのものとは異なる種類のストレス要因である。では、1〜4の要因と5〜7とはどう関係しているのか。また、5〜7のようなストレス要因はなぜ生じてきたのか。このような問いは、たとえば、これから紹介する辻内琢也の諸論考や成元哲の共著書では正面から問われているものである。だが、この共同研究ではこうした問いに向かわない。

後に質問項目は増やされて、9項目、14項目となる。だが、新たに付け加えられた項目のうちの5項目は「原発事故後の外部被ばくが心配だ」、「持続的な低線量の外部被ばくが心配だ」、「空気中の放射性物質を吸い込む内部被ばくが心配だ」、「飲み水や食品中の放射性物質による内部被ばくが心配だ」、「除染事業は、放射線の健康影響を小さくするのに役立っている」というものだ。前の4項目について回答者はしつこいと感じたのではないだろうか。これらに「はい」と答えるだけで、自分は「過剰」な不安を持っているのだろうかと思いたくなるかもしれない。だが、ほとんどで同じ問いを繰り返すことは調査の信憑性を失わせるものである。このようにして導き出された「放射線健康不安」の度合いと、うつ病やＰＴＳＤの尺度とを照らし合わせて関連があるという。あるいは活動性の低下と関連があるという。これは何か有益な事実関係を見出そうとする調査研究と言えるだろうか。

どうすれば被災者とケア者を支援できたのか？

次に、「研究結果」の２「放射線健康不安の健康影響の改善プログラムの開発」はどうだろうか。三つの「放射線健康不安の改善プログラム」が試みられた。①住民を対象とした情報提供（講義）と話し合いプログラム、②保健師を対象としたシアター（朗読と話し合い）プログラム、③住民を対象とした行動活性化プログラム、である。この②と③は不安とか心身不調とかストレス一般の改善に妥当するもので、とくに「放射線健康不安」という特定タイプの問題に対応したものではない。①の中には「リスクコミュニケーション」が含まれているが、実際、その種の活動に熱心に取り組んで目覚ましい成果を上げたというふうには見えない。

この三つのプログラムに参加するのは住民以上に保健師である。本文を読むと、この調査研究プログラムはそもそも保健師や看護師・臨床心理士の活動支援に関わるものであったことがわかる。では、参加した保健師や看護師や臨床心理士は、「放射線健康不安を取り除くためのリスクコミュニケーション」に大きな関心をもったのだろうか。たとえば、②の成果として、保健師の経験をまとめてある箇所がある（三九頁）。

> 長く続いた災害に関する問い合わせが落ち着いた後、保健師としての通常業務を開始した。開始された業務の多くは、母子保健に関することだったが、保健師はその業務の中から、未だ元に戻っていないということを知った。乳幼児を抱える多くの母親らは、汚染された環境に強い不安を抱えていることが見受けられ、事故後の長い間、屋内で引きこもって過ごしていた。保健師らは、不安定で動揺している母親らや気持ちを受け止め、正確な情報の提供を行い、母親自身がどうするのかを決めることができるように、最善の対処を行なった。正確で明確な情報を手元に置いておくことでもたらされる自信は、保健師らの気持ちの余裕を持つことを助けた。（三九頁）

「正確で明確な情報」とはどのようなものなのか、この報告書からは読み取れない。だが、もし「放射線による甲状腺の被害はほとんど出るはずがない」というような情報であったら、かえって住民の信頼を失い、不安やストレスを増すことになったかもしれない。

保健師たちは何を学んだか？

だが、次の箇所を読むとそういうことではなかったのではないかとも思われてくる。

「こうしなきゃいけないということはないと思うので、そのお母さんがここの線でこういう暮らしなら、ここで暮らしていけると思うラインというか、そこをこっちで認めてあげて、何かやっぱり不安だよねって、ちょっと情報もちょっとずつ大丈夫なんだけどねってことも、押し付けじゃなく、ちょっと提供しつつ、お母さんがここでも暮らしていけるんだったら、それでいいと思うよ、そうしていくといいかなということを丁寧に話ができるといいのかな」（Ｉ氏）

「自主避難にしろ、何にしろそうなんですねど、お母さんがなるべく笑顔でいられる選択をするということが、子どもにとっては一番なんだから、そこで決めたらやっぱりそこはお母さんが笑顔でいられる選択を必ず選ぶようにしてねという、何かいろいろ聞かれたときは、そういうには《（ママ）》私は言うようにしているのですけど」（Ｃ氏）

これらの記述を読むと、参加した保健師らは「不安をもつ必要はない」というような「リスクコミュニケーション」に大きな効果があると思っていたようには感じられない。むしろ、以下のような記述にこの調査研究に参加した保健師らの実感が込められているように思えるのだ。

インタビューを受けた保健師は、災害管理サイクルへの住民中心のアプローチに全身全霊をかけていた。大災害に原子力の側面もあるため放射能汚染による身体面・心理面への影響が続いており、これからも長く続いていく。長い間、保健師は孤立と情報不足の二重の脅威に直面していた。今後の災害への対応のために招集されるであろうすべての保健師のために、情緒的ニーズを満たし、効果的な感情面のケアによる彼らのモチベーションを保つことで、彼らの努力を支援することが重要である。（四六頁）

こうした叙述に私は共感を覚えるが、これは「放射線健康不安の軽減のためのプログラムの開発」といったこととはあまり関係がない。健康に影響を及ぼす災害によって生じる政府や行政や専門家と住民との葛藤、また住民同士の分断等のなかで、どう住民ケアをしていくかについて、保健師は学んでいるのであり、そのための支援のあり方こそが探求されるべきものであったと思う。

研究の前提は確認されたのか？

では、研究を進めることによって、「研究目的」にあった「放射線健康不安のための心身の不調」という仮説は実証されたのだろうか。「考察と結論」には、「福島県一般住民における精神的不調・身体症状の増加は軽度であり、被災経験と放射線健康不安がその理由と考えられた」とあるが、「被災経験と」とあるのはなぜか。「放射線健康不安」こそが重要という前提が崩れているからではないだろうか。では、対策についてはどうか。「福島県仮設住宅住民に対する心のケア（精神医療）および福島県一般住民に対するこころの健康づくり（心理社会的支援）が必要と考えられる」とあって、それは主に「放射線健康不安」を対象としたものなのかどうか、よくわからない。実際に行われていることは必ずしもそうではないからだろう。

にもかかわらず、主任研究者や報告書の最後のまとめを行い、この「研究結果の概要」をまとめた研究者はそのことを自覚していない。「研究結果の概要」は以下のようにしめくくられている。「今後の課題として、福島県の仮設住宅住民および一般住民の放射線健康不安と精神的不調の追跡調査を行いこれらの経時的変化を観察してゆく必要がある。また放射能健康不安の改善に関するプログラムのさらなる効果評価とモデル事業への展開が求められる」。あくまで「放射線健康不安」にこだわっている。何らかのドグマがあるように思われる。

3.　放射線健康不安ばかりを強調する捉え方の問題点

被災住民の苦難の心理的・精神的な側面

初めに示した自殺の例に見られるような被災住民の苦難を、心理的・精神的な側面から見ていくことは重要である。原発災害による被害のうち、身体的な健康被害はなかなか特定しにくい。広島・長崎の原爆被害の調査でも、低線量被ばくについては長い時間をかけてようやく健康被害の数量的な提示が可能になる。だが、それらを個々の住民の身体的健康被害として示すことはさらに困難である。原爆被害をめぐる訴訟が長引く所以である。福島原発災害による身体的健康への被害は、子どもの甲状腺がんが疑われているが、これも確実に放射線の影響であることが示されたのかどうか、微妙なところである。

だが、原発災害による心理的・精神的被害が広範に生じていることは衆目の一致するところだろう。『福島民報』は「原発事故関連死」という概念を提示し、それに関わる事例を数多く紹介している（福島民報社編集局『福島と原発3　原発事故関連死』早稲田大学出版部、二〇一五年）。そこでは原発災害による心理的・精神的ダメージの大きさ、また複雑とその多様な様態が描き出されている。心療内科医であり医療人類学者でもある辻内琢也はこの問題に関わって多くの論考を著している。その中には、「「過剰な放射線健康不安」を強調する見方の偏り」という副題があるものも含まれている。さらに、脳神経科学の博士学位をもつサイエンスライターの伊藤浩志は『復興ストレス』で「放射線健康不安」がもたらす健康阻害的な効果に焦点を合わせる考え方の誤りを鋭くついている。

ＰＴＳＤ（心的外傷後ストレス症状）の諸要因

まずは、辻内琢也（早稲田大学人間科学学術院・教授、精神科医）らがＮＨＫ福島放送局と共同で行った調査の結果の分析を見てみよう（辻内琢也他「福島県内仮設住宅居住者にみられる高い心的外傷後ストレス症状――原子力発電所事故がもたらした身体・心理・社会的影響」『心身医学』第五六巻七号、二〇一六年）。二〇一三年二月時点での一二自治体からの仮設住宅への避難者、二四二五世帯に配布し返送してもらった質問紙調査で七四五件の回答を得た。そのうち六六一件を対象とした分析で、ＩＥＳ‐Ｒ（改訂出来事インパクト尺度）の平均値が34.20 ± 2 − .56であり、ＰＴＳＤ（心的外傷後ストレス症状）の可能性に対する高いリス値を占めるカットオフ値24／25を超えた者が六二・五六％だった。

たとえば、二〇〇五年のＪＲ福知山線事故の乗客に対する事故後七か月の調査では、後者の値が四四・三％だった。一九九四年のバルチック海で起きたエストニア号事件ではフェリー乗客九八九名のうち死亡・行方不明者が八五二名だったが、三ヶ月後で四二点、一年後で三四点、三年後で三四点、一四年後でも三三点と高い結果が出ている。後者の場合、被害者への救済が行われずに不透明な状況が長引いていることが関係している可能性があると分析されている。辻内らは、「これらの例をみると、わが国で起きた原発事故災害において、事故責任の不透明さや、事故解決の遅れ、そして不十分な救済といった要因が高いＰＴＳＤ症状の要因である可能性がみえてくる」と述べている。辻内らはまた、チェルノブイリ原発事故後のWeisaethによる調査研究で、「原子力発電所の爆発は、典型的な心理的ショックでありトラウマ体験」だと論じられていることに言及し、以下のように述べている。

特に、事故に関する的確な情報が与えられなかったことや、政府機関に対する不信感、そして長期にわたり放射線障害発症の恐怖にさらされていることがトラウマ要因として挙げられている。本調査の自由記述においても、「国や東京電力への批判」が強く示されており、チェルノブイリの政府機関への不信感と同様にストレス要因となっている可能性がある。（七三二頁）

また、ＰＴＳＤ症状と社会的要因との相関について多重ロジスティック回帰分析で検討すると、「賠償の心配」のオッズ比が四・一六、「経済的困難」のオッズ比が二・二四、ソーシャルサポートの欠如を意味する「相談者なし」のオッズ比が一・九二だった。自由記述回答には、「被災者の立場に立っていない、不誠実だ、国が責任をとるべきだ」といった国や東京電力への批判が数多く記されており、賠償責任が曖昧にされている現実が重い精神的負荷の原因となっている可能性があるとしている。

構造的暴力による社会的虐待

辻内は他にも福島原発事故被災者への調査研究を重ねており、別の論考では（「原発事故がもたらした精神的被害：構造的暴力による社会的虐待」『科学』第八六巻三号、二〇一六年）、二〇一五年の調査の結果について次のようにまとめている。

「ＰＴＳＤの可能性」があるほどの強いストレスの要因としてあげられたのは、原発事故発生当初一週間に「死の恐怖」を感じたこと、福島県の「地元（ふるさと）を喪失」したつらさ、地域の人との関わりの中で避難者であることによって「嫌な経験」をしたこと、悩み・気がかり・困ったことを「相談できる人がいないこと」、「家族との関係」が現在うまくいっていないこと、「不動産の心配」や「生活費の心配」があること、といった７要因であった。ここには、「死の恐怖・ふるさとの喪失・嫌な経験」といった心理的要因だけでなく、「相談者がいない・家族関係に困難」といったソーシャルサポートに関連した社会的要因、そして「不動産の心配・生活費の心配」といった経済的要因が、精神的な苦痛に対して複合的に関係していることが示されている。（二四八–九頁）

辻内はさらに、原発事故、そしてその後の被災者への冷たい対応が重なり、各種の心理的・社会的・経済的要因が作用し、構造的暴力によるＰＴＳＤ、ひいては「社会的虐待（social abuse）」ともいうべき事態が生じていると述べている。

信頼喪失や分断という要因

こうした辻内の調査結果分析と同様の捉え方を、南相馬での診療経験から述べているのは、蟻塚亮二・須藤康宏『３・11と心の災害』（二〇一六年）である。蟻塚と須藤とが注目していることの一つは、原発被災者が「難民」として経験する困難である。

避難を転々と繰り返す途中で嫌な思いをくりかえしたり、やっとたどり着いた避難先の土地でもなかなかとけこめず、孤立感を感じて引きこもったなどという人は多い。故郷を喪失して避難した人たちは、避難先でも喪失体験を重ねる。／（中略）「フクシマだから」というスティグマに直撃された当人たちは、まるで自分が悪いことでもしたかのように沈黙するか、避難者であることを隠して生きる。／このように避難先で、「あなたたちはダメ」と全否定される体験は、幼児の「見捨てられ不安」を連想させる。母に駆け寄ろうとして逆に突き放されるという体験である（M・マーラー『乳幼児の心理的誕生』黎明書房、二〇〇一年）。／こういう体験を避難先で何度かくり返してこられた方たちのなかには、「他人に近づいて親しくしてもいいのだろうか」と不安になったり、「他人に相談したり、頼ったり、依存したり」することが罪悪であるように感じたり、さらにすすむと自分はいつも他人に迷惑をかけて生きていると確信したりする人が増えてくる。（一〇三頁）

避難者だけではなく、被災地にとどまった人や帰還した人も、近しい人と判断が分かれたり、放射線に対する不安を口に出せないことによって大きなストレスに苦しんでいる。

成元哲「福島子ども健康プロジェクト」

成元哲（中京大教授）らにより二〇一三年一～五月に行われた「福島子ども健康プロジェクト」という調査を見てみよう。これは福島県中通り九市町村で二〇〇八年に出生した子どもとその母親を対象としたものだ。対象者総数六一九一のうち二六二八人（二〇一三年一〇月時点）から回答が得られた。四〇％を超える回答率である。

この調査には母親の精神的健康を測定するための質問が組み込まれている。「うつ」症状と「ＰＴＳＤ」症状に焦点を当てて、災害後にリスクが高い人を見分けるための一二項目の質問に答えてもらうのだ。「寝つけなかったり、途中で目が覚めることが多い」、「憂うつで気分が沈みがちである」、「何かのきっかけで、災害を思い出して気分が動揺することがある」などの質問だ。うつの尺度では、事故直後が五二・〇%、事故半年後が四一・三%、事故二年後が二八・五%でだんだん減ってきてはいるが、それでも四分の一以上の回答者がまだリスクが高いと出る状態だ。

人間関係の亀裂や経済的負担感という要因

成元哲らは精神的健康に関するこの調査結果と原発事故後の生活変化に、どのような関連があるかを分析している。まず、「放射能の対処をめぐる認識のずれ」との関連を見る。配偶者、両親、近所や周囲の人との認識のずれがあるかどうかを問う。すると、「うつ」においても「PTSD」においても、認識のずれがある場合が、ない場合に比べて精神的不良の度合いが高いことが分かる。「うつ」では一・三九倍、「PTSD」では一・八七倍である。だが、それ以上に大きいのは、経済的負担感との関連である。それを感じる場合、感じない場合と比べて「うつ」では一・八二倍、「PTSD」では一・九五倍、リスクが高まる。成元哲らは以下のように述べている。

リスク対処行動にともなう経済的負担の増加は、家計を圧迫することでストレス源となりうる、また、人によっては自分が求めるリスク対処行動を経済的な理由で断念せざるをえないという意味でストレスを増幅している可能性もある。

興味深いのは原発事故後の避難経験があるかないかということと精神的健康のリスクの間には有意な関連が見られないということだ、二〇一二年の一〇月から一二月に回答してもらったものだが、約七割が避難経験があると答えている。そのうちの七割がすでに避難を終えて中通に帰っている。別の材料から、避難経験はストレス要因となったことが分かっている。だが、「現在中通りで生活する母親にとって、過去の避難経験よりも毎日の生活で生じる放射能対処をめぐる人間関係の亀裂や経済的負担感が、精神的健康の「不良」の継続に大きく関連していることと示唆している」と成元哲らは論じている。

射線健康不安ばかりを強調する捉え方の問題点

以下では、辻内琢也、伊藤浩志、成元哲らの業績に学びながら、放射線健康不安ばかりを強調する捉え方の問題点をまとめておきたい。

（1）不安と精神的影響の複雑性

辻内は福島原発災害後の六年間に同氏らの研究チームが行った福島原発災害後の被災者のストレスについての研究成果をまとめている。そのうちの5項目を以下に引く（辻内、一二一一三頁）。

（1）ストレスには身体・心理・社会・経済・住環境問題が複合的に関与しており、ストレスの改善には「こころのケア」だけでなく社会・経済・環境問題の解決、すなわち「社会的ケア」が必要である。

（2）ストレスには近隣関係の希薄化や低いソーシャル・キャピタルが強く関与しており、コミュニティづくりや人々の信頼意識やつながりの醸成が必要である。

（3）ストレスの持続には人為災害の特徴が現れており、事故責任の明確化や十分な救済が重要である。

（4）避難者というスティグマが存在しており、疎外や差別に対する対策が必要である。

（5）安全・安心神話によって価値観の対立が生じており、対話による双方の価値観の容認が課題である。

ここには原発災害後の被災者の心理的・精神的な痛みをもたらす要因の複雑さがよく示されている。それを無視して「放射線健康不安」、ひいては「過剰な放射線健康不安」ばかりを強調するのは事態を捉え損ねていることが明らかだろう。

（2）不安のポジティブな機能

辻内も「「過剰な不安」ではなく「正当な心配」である」と述べているが（辻内、一一頁）、脳科学や進化生物学の成果を引いて、不安や情動のポジティブな機能に注目するように促しているのは伊藤浩志だ。『復興ストレス』からこの点についてのさわりの叙述を引く。

不確実性下では、断片的な情報からさまざまなリスク要因を判断しなければならない。何度も似たような経験をするうちに、強い情動反応は強化され、弱い情動反応は排除されていく、情動反応の強弱は、生存にとってどの程度のリスクがあるかによって決まってくる。強化、または排除の過程には、おそらくドーパミンやセロトニンといった神経伝達物質による神経細胞の発火パターンの変化が関わっている。その結果、人は情動を利用することで、瞬時に自分にとって何がハイリスクなのかを見分けることができるようになる。（中略）

「感情的になるな、理性的たれ」といった理性中心主義では、感情を激しく揺さぶる情動（バイアス）は、理性的な判断を狂わせる邪魔者として扱われる。そのため、現行の科学的なリスク評価では「過度な不安」として排除され、政府の安全安心キャンペーンの対象とされてしまう。しかし、これまで見てきたように、不確実性が高い場合、情動反応は、理性より合理的な判断を行う可能性が高い。（伊藤、七九－八〇頁）

原発事故後、強制避難地域は誰も入れない時期が続いた。その中で、政府や専門家からは「直ちに健康に影響ない」という発言が繰り返された。そうしたなかで、被災住民たちは信頼できる情報を求めながら総合的な判断をしていった。そこにおいて、理性とともに不安などの情動はたいへん重要な役割を果たしている。それを「感情的で判断を誤っている」と決めつけてかかるのは適切ではない。

（３）不安を語ることへの抑圧

成元哲らによる「福島子ども健康プロジェクト」の調査結果をまとめた『終わらない被災の時間』には、「原発事故の人間関係への影響」を論じた章がある（第五章）。両親との認識のずれが「あてはまる」「どちらかといえばあてはまる」と答えた人を合わせると、「事故直後」で三五・三％、「事故半年後」で三一・一％、「事故後二年」で二四・五％に上る。「近所や周囲の人」とのずれでは、それぞれ三九・二％、三六・六％、二九・九％である（成、九〇－九四頁）。

自由回答には、以下のようなものがある。「福島の中でも放射線に対する考え方は温度差があります。放射線のことを口に出すのはタブーとされているのではないかと感じることがあります。自分の心の中を話すのをためらうことがあります。言葉に出すことで不安解消にもなると思うのでそのような場ができることをたのしみにしています」（同、九二頁）ところが、政府や専門家は「安全だ」「不安をもつ必要はない」とばかり言う。成は自由回答に以下のようなものが多数あったという（一三八頁）。

「県も市も、教育委員会も、すべて行事にしろ給食にしろ「安全です」で終わらせます」
「県と市は安全のアピールに躍起で、住んでる市民と子どもの声を聞かない」
「国や県が安全だとしか言わないことが一番に不安に感じる」
「県は安全、安心を合言葉のように使っているが、私は決してそうは思っていない」

成は「安全・安心」と「不信・不安」をめぐる自由回答からうかがえる母親の心情を次のように要約している。

事故後の対応は、国、東電、自治体すべてにおいて遅いし、不十分だ。とくに除染の遅れ、不十分さがそのことをはっきりと表している。そういう不満があるのに、、国、東電、自治体は安全・安心を言うばかり。これではかえって不信感が増す。安心できない。くわえて、東電は自分たちへの賠償を早々に終わらせようとしている。自分たちにとって問題は解決していないのに。（一三九頁）

不安を語ることへの抑圧が、むしろストレスと不安を強めてさえいる。成はそのように論じている。

4. 専門家が自由なコミュニケーションを抑圧する

被災者に責任を帰す論

原発事故後に顕著となった専門家による不安を抑えようとする姿勢は、過去の公害事件とも関わりが深いものだ（この節の叙述は、島薗進・伊藤浩志『「不安」は悪いことじゃない』第6章「不安が社会を脅かすという専門家」を用いている）。一九七二年四月、東京都で光化学スモッグにより多くの被害が生じ、五月二二日以降、石神井南中学が顕著な事例として注目された。この問題に対応する過程で「心因説」が唱えられ、それによって被害者をさらに苦しめるような事態に至った。その経緯について振り返っている熊倉伸宏の論考によって述べていく（熊倉伸宏『神経症の臨床病理』新興医学出版社、二〇一五年）。

東京都は五月の段階で「東京スモッグ対策研究プロジェクト・チーム」を組織し、調査を開始した。そして、五月二七日には都立豊島病院の精神科医をプロジェクト・チームの一員に加えた。その日、石神井南中学では三〇名を超える生徒が倒れた。症状群は大きく分けると二つで、①粘膜刺激症状（激しい流涙、激しい咳など）と、②全身症状（苦痛を伴う顔面紅潮、顔面筋の硬直、手足のしびれ感、疼痛を伴う全身けいれん、意識混濁など）だった（五八－五九頁）。

プロジェクト・チームは六月五日には「二七日以後の三回については、『心因的要素』がかなり強い……目やノド、ねん膜の刺激症状がほとんどなく、主として恐怖感と集団心理が作用した心因性によるもの」という公式見解を明らかにした。だが、その後も多数の生徒が症状を訴えるとともに、生徒や父兄から心因論に対する抗議の声が高まる。これらの抗議はまた、心因論を打ち出すこと自身が当事者の苦しみを増大させていることを露わにするものでもあった。これを受けて、プロジェクト・チームや学校や行政の側は「心因」という語を引き下げるが、かわって「過換気症候群」という心身症概念を用いるようになる。（三五－四〇頁）

被害者自身に責任を押し付ける心因論

熊倉は都立豊島病院の精神科医としてこの治療と原因特定過程に関わったのだが、身体的病因と神経症や心身症に類するような心因の二元論によって処理したことは誤りだったという。その理由の一つは、身体的病因が関わるかもしれない領域についてよく分からないことが多いにもかかわらず、あたかもそれは問題ないかのように扱って、「心因」だけを提示することによって患者を苦しめる結果をもたらしたことである。もう一つの理由は、心因論を打ち出すことは、生徒を管理し、日常的な学校業務に早く帰りたい学校や行政等に都合がよく、また、生じている症状の責任を被害当事者に帰するような機能をもっていることについてまったく意識されていなかったことである。

熊倉はこれと同様に、当事者が不安に駆られるなどして、被害を誇大化させたと医療側が判定するような事態が他の公害の事例でも見られ、責任の所在を示す機能をもつことから賠償問題とも関わるのが多いという。そして、福島原発災害においても、同様のことが起こっているのではないかと示唆しており（六二頁）、二〇一六年六月三日に行われた第一一二回日本精神神経学会学術総会（幕張メッセ）の法委員会シンポジウム「原発放射線被害と精神科医の役割」でもこの問題が論じられた。福島原発災害において放射線健康不安ばかりを強調する捉え方は、被害を及ぼした側や被害を低減させるための施策を講ずべき行政機構や医療機関や政治家の側の責任を免除、ないし軽減する機能を果たす。そしてそのことによって、被害当事者をさらに苦しめる一因ともなる可能性がある。

専門家が自由を奪う社会

ところが、放射線健康不安のマイナス効果を盛んに取り上げる側は、健康のための施策を十分に講じないこと、健康のための情報を十分に開示しないことがもたらすマイナス効果にとっては問わない。それは被害当事者をものが言えないようにし、孤立させて現状を甘受せざるをえないように追い詰める効果を及ぼしている可能性がある。この稿で取り上げた、成元哲や辻内琢也の論はその可能性を裏づけるとして読むこともできるだろう。

放射線の健康影響をめぐる問題であらわになってきているのは、専門家が「無用な不安を除去すべきだ」と主張して、市民を抑圧するという事態である。人々の孤独と不安が社会を脅かしていると捉える論考は、全体主義の時代から数多く積み重ねられてきた。だが、二一世紀に入り、「リスク社会」が問題になるようになって、新たに目立つようになってきたのは、専門家が適切なリスク認識を教えることで「不安」を統御すべきだと説く言説である。こう説くことによって、専門家が「市民」あるいは「大衆」の自由を抑圧するという事態が目立つようになってきた。エリートこそが自由の担い手で、大衆が足を引っ張るというのではなく、むしろエリートこそが「不安の排除」という形で、大衆と対立しつつ抑圧していくのである。

大衆とは誰か？――オルテガ『大衆の反逆』

こうした高度管理社会を予見させる考察は、ホセ・オルテガ・イ・ガセト（一八八三―一九五五）の「大衆」論に見られる。オルテガはスペインの哲学者で、その『大衆の反逆』（中央公論新社、二〇〇二年、原著、一九三〇年）は今もよく読まれており、倫理に関わる洞察に富む。ところが、部分部分は読みやすいように思えるのだが、全体としては読みにくい本だ。英語訳タイトルは *The Revolt of the Masses* となる。では、「大衆 masses」とはどのような人々を指すのか。

試みにウィキペディアを見ると以下のようなまとめがある。「大衆を批判し、貴族・エリートを擁護した。彼の定義によれば、大衆とは、『ただ欲求のみを持っており、自分には権利だけあると考え、義務を持っているなどとは考えもしない』、つまり、『みずからに義務を課す高貴さを欠いた人間である』という」。「そうか、『貴族・エリート』と『大衆』が異なる種類の人たちということだな」と分かった気になりそうだ。確かにこのように読める箇所がある。

さて、社会にはきわめて多様な作用、活動、機能が存在している。それらは、本来の性質からして特別であり、したがって、同様に特別な天賦の才なしには、これらをうまく運営することはできない。たとえば、芸術的な、また贅沢な特性をもつある種の楽しみ、あるいは政府の機能、公的問題に関する政治的判断などがそれである。以前には、これらの特別な活動は、資質に恵まれた――少なくともそううぬぼれている――少数の人々によって行われたものだ。大衆は、そういうことにあえて割り込もうなどという大それた気を起こさなかった。（中略）

すべての事実は、大衆が社会の最前列に進みでて、以前には少数者だけのものであった楽しみの場所を占拠し、その用具を使い、かれらの楽しみを享受する決意をかためたことを示している。たとえば、それらの場所がもともと群集のためを思ってつくられたものでないのは明らかである。（中略）大衆が大衆であることをやめぬまま、少数派にとって代わりつつある。（一一頁）

貴族・エリートと大衆

昔は少数者が静かに楽しんだ洗練された芸術の場に、あまり鑑賞力のない人々がどやどや入ってきて雑音を立てている。すぐれた頭脳をもつ科学者のみが理解できるはずの事柄に、よく分かってもいない借り物知識をひけらかす大衆が割り込んできて大声でがなり立てている。こんなイメージが浮かんでくるかもしれない。

ここで問うてみるべきことのひとつは、オルテガは「大衆」と「貴族・エリート」とは、どこにどのように存在していると見ていたのかということだろう。そこでまず次のような箇所を見ておこう。

はじめにお断りしたように《大衆》ということばを、とくに労働者の意味で理解してはならない。それは社会の一階級をさすのではなく、今日の社会のあらゆる階級のなかに見られ、それゆえに、大衆の優越し支配しているわれらの時代を代表する人間の種類、あるいは存在のあり方を示している。これから、その証拠をたっぷりお目にかけるとしよう。今日、社会的力を行使している者はだれか。この時代にみずからの精神構造を押しつけているのはだれか。いうまでもなくブルジョアジーである。では、このブルジョアジーのなかで、もっともすぐれたグループ、つまり現代の貴族と考えられているのはだれか。疑いもなく専門職、つまり技師、医者、金融家、教師などである。この専門職の集団のなかで、最高の位置を占めてもっとも純粋な形でかれらを代表する者はだれか。もちろん科学者である。（中略）

ところが、その結果、現代の科学者は大衆的人間の原型だということになる。しかも、科学者が大衆的人間であるのは、偶然の結果ではなく、またひとりひとりの科学者の欠陥によるのでもなくて、科学――つまり、文明の基盤――自体がかれらを自動的に大衆的人間に変えてしまうからである。いわば、科学者を原始人に、現代の野蛮人に変えてしまうのである。（一三五頁）

大衆としての専門家

どうしてこのような事態に至るのか。ここでオルテガは科学者の「専門化」に言及する。「科学そのものは専門分化主義ではない。もしそんなことになったら、それだけで真の科学ではなくなってしまうだろう」。だが、科学者たちの仕事は専門分化せざるをえない。そのために科学者は「しだいに科学の他の部門との接触を失い、ヨーロッパの科学、文化、文明と名に値するただ一つのものである宇宙の総合的解釈から離れてきた点が、重大なのである」（一三六頁）。

専門化は《百科全書》派が「教養人」とよばれた時代に始まった。だが、それを引き継ぐ一九世紀になるとだいぶ専門化が進み、各科学者は総合的教養を失い始める。これが第二段階。そして一八九〇年に第三の世代が覇権を握るが、そこで「われわれは歴史上、例のない新しいタイプの科学者に」出会う。「この人々は、思慮のある人間になるために知っていなければならぬことのうちで、特定の科学だけしか知らず、その科学のなかでも、自分が活発に研究している一握りの問題だけをよく知っている」。そして「自分が専門的に研究している狭い領域の外にあるものを知らないということを、一つの美点であると主張するほどになり、総合的知識に対する興味をディレッタンティズムと呼ぶようになった」。（一三七頁）

無知の自覚をもたない「知者」

だが、こういう狭い専門家こそが確かに科学を発展させていく。そのために「ひどく奇妙な人間の種族が創造される」。「むかしは、人間を、知者と無知の者、あるいはかなりの知者と、どちらかといえば無知である人に、単純に分けることができた。ところが、専門家は、この二つの範疇のどちらにも入れることができない」。「無知な知者」が多数生じるわけだが、「事は重大」だ。「というのは、この人は、自分の知らないあらゆる問題にたして、ひとりの無知な男としてではなく、自分の特殊な問題では知者である人間として、気どった行動をするであろう」からだ。

文明がかれを専門家にしたとき、かれみずからの限界のなかで満足させ、閉鎖的にしてしまった。しかし、自分がたのもしい価値ある人間だという内的感情それ自体が、自分の専門外のことまで支配したいという気を起こさせるであろう。（中略）

右のことは、根拠なしにいっているのではない。今日、政治、芸術、宗教、生と世界の一般問題について、《科学者》や、またそのあとに控えた医者、技師、金融家、教師などが、いかに愚かな考え方や判断や行動をしているかを、だれでも観察することができる。私が大衆的人間の特徴として繰り返しあげた、《人のいうことを聞かない》、高い権威に従わないという性格は、まさに部分的な資質をもったこれらの専門家たちにおいて、その頂点にまで達する。かれらは、今日の大衆による支配を象徴しており、また、大衆による支配の主要な担い手である。かれらの野蛮性こそ、ヨーロッパの退廃のもっとも直接な原因である。（一四〇頁）

この論は「大衆の反逆」の特殊な応用論なのではなく、典型的な、また核心的な事態のひとつと見なされている。科学者という「エリート」こそが、「大衆」の代表なのだ。これは福島原発事故後の専門家のあり方を問う者にとって分かりやすい捉え方だ。

第6章　「心のケア」の専門家と社会

誰が「心」の専門家なのか？

多くの人々の利害や日々の過ごし方に関わって、また、政策論の対象となるような公共的な討議において、「心」が大きな主題となる。これは現代社会で目立つ傾向だが、もしかすると日本でとくに顕著になっていることかもしれない。人々の心が社会の秩序や生産性に大いに関わることは、社会科学や人文学が長く強い関心を寄せてきた事柄だ。社会科学や人文学に親しんだ者が、一度はその学説について学んだことがある社会学者にマックス・ウェーバーがいる。ウェーバーは心の領域を「価値」や「意味」の領域として捉え、社会研究にとって決定的な意義をもつと考えた。人文学に目を向ければ、哲学や歴史学を学ぶ人々も研究対象としての心について忘れることはないだろう。

ところが、現代政治の場面で「心」が問題になるとき、その専門家として注目されるのは、心理学者や精神医学者だ。そこで、「心の専門家」とは何だろうかという問いが生じる。私がこの問題に注意が向くようになった一つの理由は、「心のケア」という語がある時期からたいへん広く用いられるようになったことだ。やがて学校で「心のノート」というものが用いられるようになったときは、これでよいのかとだいぶ気になった。

現代社会は「心の専門家」が大いに期待され、たくさんの役割を託される傾向があるらしい。その中には精神医学や臨床心理学の対象となるのが当然と考えられる領域がある。精神医学の場合は、統合失調症やうつ病などで病む人々の治療やケアが目指される。これはあまり違和感がない。だが、それを越えて精神科医や臨床心理士がケアすべき領域が広がっており、その限界がどのあたりなのか見えにくくなってきている。

宗教が関わる「心のケア」

このような事柄が気になる理由の一つは、私が宗教研究を専門としているからで、「心のケア」はそもそも宗教の領域と見なすこともできるからだ。かつて宗教に委ねられていた領域が、今では精神医学や心理学に委ねられるようになる。そしてそれは政治的な意志と密接に結びついている。宗教も政治的な意志と結びついており、政治的な支配を補完する機能を果たす側面があると見なされてきた。だが、精神医学や心理学も同様の批判を受けることがある。

宗教もそうだったが、精神医学や心理学が批判されるのも、認められるべき「心の自由」に介入して、それを脅かすということだろう。精神科医や心理学者ひとりひとりは政治的な意図からは自由であると確信していることが多いと思うが、それはいつの間にか形成されている専門領域の職業的見解であるのかもしれない。人文学や社会科学の方からの「心」や「心と社会」へのアプローチとの対話が求められるところだ。

もっとも現代の精神医学者や心理学者の中で、こうした問題を強く意識している人は少なくない。臨床心理士を志す人の大多数が所属する心理臨床学会に対して、「心と社会」の批判的考察を重視する臨床心理学会や社会臨床学会があるのはそのよい証拠だ。精神医学でも精神衛生学会や社会精神医学会や多文化間精神医学会があることが思い出される。だが、この領域はもっともっと充実し、学際的なアプローチを拡充することが望ましいのではないだろうか。

たとえば、終末期医療や災害時の支援活動において、「心のケア」あるいは「スピリチュアルケア」の領域は広い。自殺についても同様だ。これらの領域は狭い専門分野の中でのみ取り組みうるものではなく、さまざまな学問分野や文化資源が関わるのが自然な領域だ。東日本大震災後の日本では、こうした認識がだいぶ高まってきているように感じられる。

宗教者や宗教団体による支援が、終末期医療や災害支援や自殺防止（自死遺族ケアを含む）において一定の役割を果たしうることが認知されるようになってきた。欧米ではこうした領域にキリスト教徒やキリスト教組織が関わるのは、むしろ当然と考えられてきた。チャプレン制度があり、宗教教団・宗教伝統に支えられた社会支援が大きな役割を果たしてきたからだ。そうした記憶が乏しい近代日本では、宗教が社会的支援活動において一定の役割を果たしうるという認識が低かったが、ここへ来て変化する兆しがある。

放射能の健康影響に関わる「心のケア」

他方、放射能の健康影響については、医学側からの「心のケア」への強い要請がなされている。福島原発事故による放射能の健康影響はたいへん小さいはずで、それよりも放射能を怖れることによる悪影響が懸念されるので、それに対処すべきだと医学者や放射線健康影響学の専門家が主張し続けている。政府はその主張にそって「心のケア」に大量の予算を投入ている。しかし、その妥当性は大いに疑われてしかるべきだ（拙著『つくられた放射線「安全」論』河出書房新社、二〇一三年）。こうした問題は本来、多様な学問分野が関わり、開かれた公共的討議によって議されるべき事柄だろう。

私の見るところ、「放射能を怖れることによる悪影響」というのはほとんど学術的な検証の対象とされてはいない。だが、「放射線の健康影響」に対する十分な防護措置をとらなくてもよいとする立場と表裏一体になって主張されている。どこまでが「科学」なのか、どこからが政治的な主張なのかよく分からなくなっている。こうした問題は、医学とりわけ疫学によって取り組まれる問題、また精神医学や臨床心理の問題であるとともに、「心と社会」をめぐる幅広い学問分野で取り組まれるべき事柄だ。医学者は確かに健康の専門家だ。だが、「心と社会」をめぐる問題はまことに広く、社会における心の健康についても、専門家を医学者や心理学者に限るのは狭苦しい考え方だろう。

「心の専門家」の役割は公共的な討議の中で問われ続けるべきものだ。この認識は、政治家にも厚労省、文科省、環境省といった官庁にも求めたいし、マスコミにも求めたい。だが、まずは医学や心理学の教育課程に組み込まれるべき事柄ではないだろうか。一般社会が医学や心理学についてリテラシーを高めていくことが求められるとともに、「心のケア」の専門家とされる人々が、その「専門」とはどういうことなのかを市民とともに考え、対話し、自覚するようなシステムを高めていくべきところに来ているのではないだろうか。

第Ⅱ部　放射線被ばくをめぐる科学と倫理

第1章　加害者側の安全論と情報統制
——広島・長崎から福島へ

原子力災害専門家グループ

首相官邸ホームページを見ると最初に大きく「東日本大震災↓首相官邸災害対策ページ」と並んで「東電福島原発事故↓放射能関連情報ページ」とある。そこをクリックすると、原発事故・災害関係の諸情報が掲載されるとともに、「原子力災害専門家グループからのコメント」という欄がある。また、そこをクリックすると、以下の諸氏の名前があげられている。

- 遠藤啓吾　京都医療科学大学学長
- 神谷研二　広島大学原爆放射線医科学研究所所長
- 児玉和紀　(財）放射線影響研究所主席研究員
- 酒井一夫　(独）放射線医学総合研究所放射線防護研究センター長
- 佐々木康人　(社）日本アイソトープ協会常務理事（前放射線医学総合研究所理事長）
- 長瀧重信　長崎大学名誉教授（元（財）放射線影響研究所理事長、国際被ばく医療協会名誉会長）
- 前川和彦　東京大学名誉教授（(独）放射線医学総合研究所緊急被ばくネットワーク会議委員長、放射線事故医療研究会代表幹事）
- 山下俊一　福島県立医科大学副学長、長崎大学大学院医歯薬学総合研究科長

そして、その下に二〇一一年四月九日からこの稿の執筆時点である二〇一五年六月九日まで八二のコメントが掲載されている。たとえば、第三回の「チェルノブイリ事故との比較」（四月一五日）は広島の放射線影響研究所（後述）の所長や長崎大学医学部の教授を歴任した長瀧重信によるものだが、次のように記されている。

チェルノブイリでは、高線量汚染地の二七万人は五〇ミリシーベルト以上、低線量汚染地の五〇〇万人は一〇〜二〇ミリシーベルトの被ばく線量と計算されているが、健康には影響は認められない。例外は小児の甲状腺がんで、汚染された牛乳を無制限に飲用した子供の中で六〇〇〇人が手術を受け、現在までに一五名が亡くなっている。福島の牛乳に関しては、暫定基準三〇〇（乳児は一〇〇）ベクレル／キログラムを守って、一〇〇ベクレル／キログラムを超える牛乳は流通していないので、問題ない。

「二〇ミリシーベルトは安全」の衝撃

そして、「福島の周辺住民の現在の被ばく線量は、二〇ミリシーベルト以下になっているので、放射線の影響は起こらない」と付け加えられている。この「二〇ミリシーベルトは安全」というのは、四月一九日に文部科学省と厚生労働省が示した「福島県内の学校等の校舎・校庭等の利用判断における暫定的考え方」にそったものである。

このようなチェルノブイリの被害評価が適切なものであるかどうか、たとえば広河隆一の『チェルノブイリから広島へ』（岩波ジュニア新書、一九九五年）や京都大学原子炉実験所の今中哲二の「チェルノブイリ事故による死者の数」（http://www.rri.kyoto-u.ac.jp/NSRG/tyt2004/imanaka-2.pdf）という文章を見るとよい。異論の余地はかなり大きいものであることが分かるだろう。

実際、この「暫定的考え方」が大いに問題をはらんだものであることは、あまり時を経ずに明らかになった。四月二九日に内閣官房参与を任じられていた原子力安全学の小佐古敏荘東大教授が参与の辞任の意を表明したのだ。小佐古が公表した「内閣官房参与の辞任にあたって」において、同氏は「年間二〇ミリシーベルト近い被ばくをする人は、約八万四千人の原子力発電所の放射線業務従事者でも、極めて少ないのです。この数値を乳児、幼児、小学生に求めることは、学問上の見地からのみならず、私のヒューマニズムからしても受け入れがたいものです」と述べ、「小学校の校庭の利用基準に対して、この年間二〇ミリシーベルトの数値の使用には強く抗議するとともに、再度の見直しを求めます」と述べた。

だが、このような疑問が示されたことについて、首相官邸ホームページはその後まったくふれることはない。その後もひたすら放射能の心配をする必要はないという「安全」論の立場からの文章が寄せられていく。原子力災害専門家グループの八人の間ではまったく意見が一致しているようである。

放射線医療専門家の異なる見解

では、放射線の影響に詳しい医学者が皆、これと同じ見解をとっているかというとそうではない。たとえば、北海道がんセンター院長で放射線治療科の西尾正道は「福島原発事故における被ばく対策の問題——現況を憂う」(『医療ガバナンス学会メルマガ（ＭＲＩＣ）』一九五、一九六号 http://medg.jp/）で次のように述べている。

政府は移住を回避するために、復興期の最高値二〇ミリシーベルトを採用したのである。しかし原発事故の収拾の目途が立っていない状況で住民に二〇ミリシーベルト／年を強いるのは人命軽視の対応である。

この線量基準が諸兄から「高すぎる」との批判が相次いだ。確かに、年齢も考慮せず放射線の影響を受けやすい成長期の小児や妊婦にまで一律に「年間二〇ミリシーベルト」を当てはめるのは危険であり、私も高いと考えている。しかし私は、「年間二〇ミリシーベルト」という数値以上に内部被ばくが全く計算されていないことが最大の問題であると考えている。

政府をはじめ有識者の一部は一〇〇ミリシーベルト以下の低線量被ばく線量では発がんのデータはなく、この基準の妥当性を主張している。しかし最近では一〇〇ミリシーベルト以下でも発がんリスクのデータが報告されている。

広島・長崎の原爆被爆者に関するPrestonらの包括的な報告では低線量レベル（一〇〇ミリシーベルト以下）でもがんが発生していると報告され、白血病を含めて全てのがんの放射線起因性は認めざるを得ないとし、被爆者の認定基準の改訂にも言及している。

このように、かんたんに手に入る解説書やネット上で容易に異論を見ることができるにもかかわらず、首相官邸ホームページはそのような異論があることについてまったくふれないで自らが「正しい」とする安全論を繰り返すばかりである。多くの人々が重大な健康問題だと考えることに対して、このような姿勢で一つの考え方を押しつけようとすれば信頼を失うことは当然である。

広島・長崎の被ばく影響データから

では、そもそも「一〇〇ミリシーベルト以下の低線量被ばく線量では発がんのデータはない」という説は何を根拠に主張されているのだろうか。これについて、長瀧重信は次のように述べている。

現在、国際的にも通用している大切な調査結果は、被曝線量が増加するほど癌に罹患するリスクが増加すると言うことです。原爆被爆は一瞬ですが、このようにたくさんの男も女も、子供も老人も含んだ、しかも少量から大量までの放射線を浴びた集団は世界にありませんので、この結果が世界でも引用され、放射線の影響の基本となっています。国連科学委員会（ＵＮＳＣＥＡＲ）、国際放射線防護委員会（ＩＣＲＰ）でもこの原爆被爆者の調査結果を利用して、放射線に被曝すると、被曝線量が増えると癌のリスクが直線的に増加する。そして一〇〇ミリシーベルトの被曝により、生涯に癌で死亡するリスクが一〇％増加するとしています。（「放射線の正しい怖がり方」『正論』

二〇一一年八月臨時増刊号）

要するに広島・長崎の原爆被害の調査が唯一の根拠なのである。放射線被ばくに対する防護基準の変化の歴史について調べた故中川保雄は、その著書『放射線被曝の歴史』（技術と人間、一九九一年、増補新版、明石書店、二〇一一年）で「ＡＢＣＣは広島・長崎の原爆被爆者を対象とした放射線の晩発的影響に関する研究は、一〇万人規模の集団を三〇年以上の長期にわたって追跡調査した唯一無二にして精緻な研究であると誇ってきた」と述べている。ＡＢＣＣとは原爆傷害調査委員会の略称だが、これはアメリカが広島にもうけた機関で広島・長崎の原爆被害の調査の枠組を作り実行してきた機関である。

中川保雄によるＡＢＣＣ批判

では、この調査の結果にどれほどの信憑性があるものなのだろうか。中川保雄はこの調査は「数々の問題点を含んでいる」という。問題点を整理すると、次のようになる。

第一に、被爆後数年の間に放射線被爆の影響で高い死亡率を示した被爆者の存在がすべて除外されている。

第二に、爆心地近くで被爆し、その後長く市外に移住することを余儀なくされた高線量被爆者が除外されている。

第三に、ＡＢＣＣが調査対象とした直接被爆者は一九五〇年の時点で把握されていた直接被爆者数、二八万三五〇〇人のおよそ四分の一ほどでしかなかった。しかも、調査の重点は二キロメートル以内の被爆者におかれ、遠距離の低線量被爆者の大部分は調査の対象とすらされなかった。

第四に、そのうえでＡＢＣＣは高線量被爆者と低線量被爆者とを比較するという誤った方法を採用して、放射線の影響を調査したのであった。

第五に、年齢構成の点においてもＡＢＣＣが調査対象とした集団は、若年層の欠けた年齢的に片寄った集団であっ

た。（初版、九六－七頁）

この第一の点がとくに重要だが、その詳細について中川は次のように述べている。

……調査対象時期を一九五〇年一〇月一日以後としたことから、つぎのような問題が生まれた。第一にアメリカ軍合同調査委員会とＡＢＣＣ〔原爆傷害調査委員会〕は放射線による急性死は原爆投下後ほぼ四〇日ほどで終息したと評価したが、それ以後もおよそ三ヶ月間引き続いた急性死がそこでは切り捨てられている。……第二に急性死と急性障害の時期を生き抜いたとしても……骨髄中の幹細胞の減少によるリンパ球、白血球の減少は避けられない。……それらの減少は免疫機能の低下をもたらし、その結果感染症等による死亡の増加となって現れたにちがいない。

また、骨髄中の幹細胞に残された障害による突然変異に起因して、晩発的影響である白血病、再生不良性貧血や血液・造血系の疾患が発生する。このように、感染症等にかかって死亡する被爆者が一九五〇年以前には多数存在したと考えられるが、ＡＢＣＣの調査にはそれらの死亡は全く考慮に入れられていないのである。言い換えれば、原爆投下後の高い死亡率が避けられなかった時期を生き延びた、相対的に健康な被爆者を対象として、ＡＢＣＣがガン・白血病等放射線による晩発的影響関係調査を行ってきたのである。（初版、九一頁）

加害者アメリカによる原爆被害調査

このように多くの問題を抱え批判を受けているのは、そもそもアメリカという加害者側が原爆被害を低く見積もろうとする意図をもっていたと疑われること、当初アメリカは放射性降下物による被害をないものと仮定してかかったこと（高橋博子『封印されたヒロシマ・ナガサキ』凱風社、二〇〇八年）などが影響していると論じられてきている。

ＡＢＣＣは一九七五年に日米共同研究機関の放射線影響研究所（放影研）へと形態を変える。しかし、アメリカ主導に形成された調査の基本は変更されることなく、予算的にも日米共同で運営されていく。加害者側の立場による調査の枠組を根本的に見直す作業は行われてきていない。

だが、原爆投下後に被爆地に入った人々、すなわち入市被爆者をめぐる訴訟では、放射線によって健康に影響は受けなかったとされて来た人々が被爆者と認定される例が次々と現れている。そこでは、放影研が土台とするＤＳ８６とよばれる、アメリカの核施設での実験による放射線量評価基準の妥当性が疑われている。

放射線量評価基準への批判

たとえば、二〇〇七年の七月三〇日の熊本地裁の判決について、原告側弁護士の板井優は次のように述べている。

今から約五ヶ月前に、熊本地裁民事第３部（石井寛裁判長）は、原告被爆者二一人中一九人の原告を原爆症でないとした処分を取消す判決を下しました。判決は、総論的にはこれまでの五つの判決と同様、これまで行政が原爆症と認めた処分は正当とした上で、裁判を提起されているＤＳ８６や原因確率論による却下処分は違法との判断を下しています。

要するに、判決は、ＤＳ８６は遠距離被爆を過小評価している、原因確率論は考慮要素の一つに過ぎないという厳しい判断をした上で、誘導放射線や放射性降下物による放射線被爆、さらに残留放射線による内部被爆も正確に評価しており、原爆症行政がこれまで全く相手にしなかった放射線被爆の実態にさらに迫るものになっています。

この熊本判決を受けて、安倍晋三前首相は、今年八月五日に「原爆症の認定基準の見直しを、厚生労働省に検討させる」と広島で発言しました。最早、厚生労働省の原爆症認定行政が放射線被爆の実態に反することは国民的な常識なのです。そして、問題はどのような認定行政に改めるかが焦点になってきました。すなわち、厚労省の専門家の見解の範囲内での変更か、それとも各裁判所の判決に基づく変更なのかが問われているのです。（「熊本判決の意義と全面解決に向けた闘いの到達点と課題」二〇〇七年一二月一八日、http://itaimasaru.exblog.jp/7843548/）

このように基本的なところで、調査資料に、またそこから導き出される結論に疑問が投げかけられて来たにもかかわらず、それを絶対的な「科学的根拠」として示してきたのがＩＣＲＰ（国際放射線防護協会）だった。そして、首相官邸ホームページに名前が連ねられている原子力災害専門家グループは一様にその立場を支持してきた。それに対する疑問に応ずる姿勢をほとんど見せていない。

強い政治的影響力をもつ専門家集団

首相官邸にずらりと名を連ねる、政治的に強い影響力をもつ科学者群が、論争がなされている諸学説の中で一つの学説を一致して支持し、異論に応じようとしないというのはたいへん異様な光景である。では、いったいなぜそのようなことが起こるのだろうか。この疑問を解くために、本書ですでに度々登場している故長瀧重信（二〇一六年一一月逝去）にまた、登場していただこう。長瀧は首相官邸ホームページの「原子力災害専門家グループからのコメント」の第一四回（八月二三日）に「放射線の健康影響を巡る「科学者の社会的責任」」という文章を載せている。

三月一一日から五か月。放射線の健康影響について社会の関心が更に高まる中、私見ですが、改めて《科学》と《社会》の関わりについて考えます。

この分野に関しては、いろいろな内容の研究成果が膨大に存在しています。そのため、ある特定の個人的あるいは社会的立場から主張を行う人が、それにちょうど良く合致する研究成果を選び出せば、いろいろな立場を「科学的に正しい」と主張できてしまいます。そのようにして、各々の科学者による「科学的に正しい」主張が林立するばかりでは、社会は混乱してしまいます。

放射線の健康影響という《科学》は、原子力の利用にとどまらず、産業や医学における放射線の利用、放射線の防護、被ばくの補償といった問題まで、《社会》と密接にかかわっています。特に、今回のような現実の原子力災害に際しては、科学的な提言は、否応なく社会に大きな影響を及ぼすことになります。

ここまでは多くの読者が違和感なく理解できるところだろう。

専門科学者だけに限定して議論すべきという主張

だが、長瀧の論はここから公共哲学的、あるいは社会政策的な主題に移っていく。ただし、その前提は長瀧独自の考え方である。多様なステークホルダーが関与する科学的な問題領域について、特定専門家に特別の地位を与えるべきだと主張する。ここに政治的排除の意思が働いていることに違和感をもつ読者は多いのではないだろうか。

もちろん、学問上の議論は、科学の進歩のためにも大いに推奨されるべきです。しかしこのように《社会》に影響が直接に伝わる状況下では、《科学》的な結論が出るまでの議論は、まず責任を持って科学者の間で行うべきです。その上で、社会に対して発せられる科学者からの提言は、一致したものでなければならない。特に、原発事故が収束していない現状においては、そう強く思います。

科学者にまず求められるのは、国際的に合意が得られている過去の知見を、分かりやすく社会に示すことです。科学的事実とされるもののうち、①「国際的に合意に達している事項はどこまで」と明確に表明し、②合意に達していない部分は「科学的に不確実、あるいは不明である」と一致して社会に示す必要があります。現状では、①と②が混然一体となって社会に出回り、一般の方々に「何を信じればよいのか」という不安感をもたらしています。②について「不確実だから語らない」という姿勢が、「不都合だから語らない（隠している）」という誤解を招いたりもしています。科学者は、こうした情報の混乱が起きぬようにする社会的責任を負っていることを、十分に自覚すべきです。私は、一人の科学者として常にこのことを念頭に置いて行動しています。

混乱を避けるために科学的見解を統一する

ここで長瀧が述べている考え方は、科学者集団はそれぞれの追求してきた科学的手順に基づく見解を留保して、政治的な必要のために一致した見解を述べるべきだというものである。ある種の科学的情報は政治的に統制されるべきだということになる。

科学的見解が分岐するとき、異なる見解があることを隠す、あるいは異なる見解の表明をしないようにする――長瀧は科学者が社会的責任を負うとき、そのような政治的統制をすべきだと述べていることになる。

これは学問の自由とか学問的良心という言葉とは一致しない考え方である。だが、これを軍事的目的のために、あるいは国家や巨大組織体の利益にそって行われてきた「科学」や情報提示のあり方だと考えればさほど奇異ではない。核兵器、生物兵器といった領域で、情報統制の下での科学技術の開発が進められてきた。放射線の健康影響をめぐる科学研究はマンハッタン計画のなかから、「保健物理」という特殊専門領域として進められてきた。ＡＢＣＣ（原爆傷害調査委員会）から放射線影響研究所へと引き継がれた疫学調査研究は、まさにそのような専門分野の科学研究だった。

長瀧は原発による放射線健康影響の分野では、そうした閉鎖的な専門家集団による研究の独占状態が継続すべきだと主張していることになる。第二次世界大戦中から冷戦期へと引き継がれた科学や科学情報の統制が福島原発災害にまで持ち越されていると見るべきだろう。

このような情報統制をどのように超えていくことができるだろうか。三・一一以後の私たちに課せられた大きな課題である。

第2章　多様な立場の専門家の討議、そして市民との対話
――権威による結論の提示か、情報公開と社会的合意形成か

福島原発事故への科学者の関与

東日本大震災とともに引き起こされた福島原発災害は、人災としての側面が大きい。その人災が引き起こされるまでには、政界、官界、財界、報道界とともに学界が大きな役割を果たしたことはまちがいない。ところが事故後も原発に関与した科学者から、安全のための努力が足りなかったことを反省する言葉を聞く機会は少なかった。それよりも、事故の影響が少ないことをひたすら強調する言説が目立った。これは科学者の社会的責任という観点から問い直されるべき重要な事柄である。

特定の立場の利害関係に大きく巻き込まれ、真理の追究という科学本来の使命に背くような科学の体制がどのようにして形作られたのか。原爆の開発、及び「原子力の平和利用」に科学者が関わってきた歴史を丁寧にふり返る必要があるだろう。日本学術会議はこれにどのように関わってきたかを問い直すことも重要な課題である。また、こうしたことが今後起こらぬようにするには、科学と社会の関係をどのように改めていかねばならないのか――こうした問題について今後、粘り強く考え、討議していかなくてはならないだろう。

この問題を考える上で格好の論題は、低線量放射線のリスク問題である。

1.　放射線の健康影響の専門家が考える「科学者の社会的責任」

原子力災害専門家グループ

第１章でも述べたように、福島第一原発事故後、首相官邸災害対策ページに原子力災害専門家グループというセクションが設けられ、二〇一一年四月七日から二〇一五年六月九日に至るまでの四年余りの間に、八二回にわたって「原子力災害専門家グループからのコメント」が掲載された（http://www.kantei.go.jp/saigai/senmonka_g14.html）。原子力災害専門家グループというのは、主に原発災害に関わる放射線被ばくの問題について、随時、助言を行う八人の科学者たちだが、放射線被ばくに関わる政策を方向づけてきた人々である。その一人であり、八人の中でももっとも政策決定に関与する度合いが大きかったのが、元放射線影響研究所理事長、長崎大学名誉教授の長瀧重信であり、そのコメントは一三回に及ぶ（翻訳も含む）。

その中には、「放射線の健康影響を巡る「科学者の社会的責任」」（第一四回）、「サイエンス（科学的事実）とポリシー（対処の考え方）の区別」（第一六回）、「東京電力福島第一原発事故からの一年を振り返って」（第二三回）、「福島の五〇年後を見据えて――日本の科学者としての責任」（第三四回）、「原子力災害専門家に就任して四年目を迎えるにあたって～三年間を振り返って」（第六四回）、「放射線の健康影響に関する科学者の合意と助言（１）～専門家会議座長を務めた経験から」（第七五回）、「放射線の健康影響に関する科学者の合意と助言（２）～今こそ、日本の科学者の総力の結集へ」（第七六回）といったように、「科学者の社会的責任」に関わるものが多い。これは長瀧がこの問題に関わる政府の審議会・委員会・有識者会議等の座長を度々務めたこととも関わりがある。一九三二年生まれと、高齢であるにもかかわらず、進んで科学的知見を踏まえた政治的意思決定に関わる会議の座長という重い役割を担おうとした。二〇一一年の夏にお目にかかり、私も直接、長瀧の強い意欲に触れたことがある。その無理もたたってか、二〇一六年一一月に逝去している。八四歳だった。

科学者の提言は一致すべき

「科学者の社会的責任」についての長瀧の考え方は、「放射線の健康影響を巡る「科学者の社会的責任」」（第一四回）を引く形で第1章でも紹介してきたが、ここでは、二〇一二年に刊行された長瀧の著作、『原子力災害に学ぶ放射線の健康影響とその対策』（丸善出版）から同趣旨の論を引用する。

放射線の健康影響に関して、被害者が患者の場合は、医師として医学以外の諸因子を考慮しながら治療を進めるが、科学者集団として社会に提言する場合も根本は同じではないかと考える。／何度も繰り返すが、科学的に不確実な範囲で、科学者、専門家が、無秩序に個人の意見を社会に直接発表すれば、社会は混乱する。学会という範囲内での発表は科学者として自由である。しかし、低線量の放射線の影響のように、社会に膨大な影響がある分野においては、科学者の提言は一致すべきであり、国際的にもそのルールができあがっている。（一一五頁）

このような「ルール」がある科学分野は放射線の健康影響以外にあるだろうか。科学が政治的・軍事的に統制されているという核・原子力分野であるからこそ、このような「ルール」が成立したと考えるべきだろう。

要約すれば、社会に対しては、国際的な合意を提言すべきで、国際的な提言に比べて科学的に比較にもならないようなレベルの内容の個人の業績を主張するようなことを慎むのが真の科学者の責任である。また、この科学的に不確実な範囲の対応は、科学ではなく人間の智慧ともいうでき考え方、ポリシーによる。（同上）

福島原発事故以後の放射線の健康影響についての科学者の発言として、たとえば、study2007という匿名でいくつかの論文を『科学』誌に、また『見捨てられた初期被爆』（岩波書店、二〇一五年）という著作を発表した科学者がいる。このすぐれた業績を残した科学者は二〇一五年一一月にがんの悪化により世を去っている。長瀧の立場からすれば、この科学者は「科学者の責任」に背いたことになるのだろう。

強いて統一見解を示すことの無理

この言説は、専門領域の少数の「科学者」に強い権威を付与することを求めるものだ。多様な見方があるとしても、それらを認めて諸説が林立するのは好ましくない。「社会」にはさまざまな立場があり、それらに影響されると社会は混乱してしまう。そうした社会的な立場に影響される前の純粋な「科学」において統一見解を示すべきだ。それこそが科学者の社会的責任を果たすことになるのだという。

科学には統一できる部分とそうできない部分がある。そして後者の領域はきわめて大きい。低線量被ばくの人への健康影響は分かっていることが十分多くなく、まさに科学的な知見を統一できない領域である。原爆の疫学調査、チェルノブイリ事故の影響、さまざまな原発事故の影響、ウラン等の採鉱・濃縮・再処理等による被害の実態等、それぞれについて多様な評価があり、また軍事的な理由による秘密や情報隠蔽によって事実関係が明らかでない事柄も多く、科学的評価が分かれるのはやむをえない領域である。

それを知ってか知らずか、無理矢理統一して、異論を排除すれば、人々の信頼を失うことは必定である。事実、そうなった。長瀧重信だけでなく、長瀧が統一見解を分かち合える専門的な科学者と言えそうな山下俊一、神谷研二、中川恵一など、放射線医学や放射線影響学の専門家たちの言うことは、厳しい批判にさらされ続けてきた。そのような批判に応じて開かれた討議に加わることこそ、科学者の社会的責任を果たすことではないだろうか。

対話や討議を避ける「科学者」

だが、放射線医学や放射線影響学の専門家はそのような機会をもうけようとせず、相互的な討議の場に加わるよう促されても、それを避けてきているようで、そうした討議の記録は乏しい。私も加わった『低線量被曝のモラル』（一ノ瀬正樹、伊東乾、影浦峡、児玉龍彦、中川恵一、島薗進、河出書房新社、二〇一二年三月）があるが、これはほとんど唯一の討議記録だろう。

長瀧の専門家だけで統一見解を作るのが科学者の社会的責任という立場は、対話や討議に消極的で、狭い範囲の専門家だけによるムラ的な環境での科学的活動を行ってきたという事実と関わりがあるだろう。批判的な立場の人々には大学での上位のポストが与えられないとか、批判的な立場の研究者との学術的な場での討議の記録が乏しいのはこのためだ。

このような対話や討議に対する消極性が放射線医学や放射線影響学の何らかの特異性によるのか、それとも現代の科学に広く及んでいる特徴なのか丁寧に調べて見なくてはならない。だが、私は確かにこれほどの異様さは特殊であるとしても、このような傾向は広く及んでいる、つまり後者である可能性が高いと考えている。これは製薬会社と医学の癒着のような事例、また世界的には軍事研究がなお大きな影響力を持ち続けている現状を思い浮かべれば、ある程度は納得していただけるだろう。W・ラフルーア、G・ベーメ、島薗進編『悪夢の医療史――人体実験・軍事技術・先端生命科学』（勁草書房、二〇〇八年）は医学に限定しているが、そのような観点から編まれた書物である。

2．専門家と国民・住民の関係

確率論に疎い市民が問題という理解

長瀧が前川和彦元東大医学部教授とともに主査を務めた低線量被ばくのリスク管理に関するワーキンググループは、二〇一一年一一月九日から一二月一五日まで八回にわたり会合を開いて審議を行い一二月二二日に報告書をまとめている。第六回の会合で発表を行った福島県立医大副学長の神谷研二は「国民、特に福島県民の方々がご理解頂けるように、できるだけ平易な言葉で先生のご意見を四〇〇字程度でまとめて下さい」という要請に従って、興味深い文章を提示している。その前半は次のとおりだ。

福島原発事故後、放射線の単位や放射線情報が氾濫した。しかし、住民には、放射線データの意味や評価が十分に説明されず、専門家の意見も異なった。即ち、リスクコミュニケーションの不足が、住民の健康に対する不安を増幅した。ＬＮＴモデル（これが何を指すかについては後述）による低線量放射線のリスク推定は、その可能性の程度を確率的に推定するものである。従って、リスクを確率論的に捕らえることと、リスクの比較が重要であるが、国民はそれに慣れていない。国民もメディアも、シロかクロかの二元論でとらえる傾向があった。これを克服するためには、国民全体の放射線リテラシーが必要。

これは専門家とメディアと国民のそれぞれに不十分な点があったと認めている文章のように見える。前半は専門の科学者のリスクコミュニケーションが足りなかったと言っているようだ。だが、それについては科学者としての反省や是正策は示されていない。後半は国民やメディアに責めがあるとし、何をすべきかについては国民を導くことが説かれている。国民を導くのは専門の科学者だろう。結局、マイナス面の責めは国民やメディアの側にあり、それを是正するのが科学者の責任だと述べていることになる。国民は適切なリスク情報の受動的な受け手と捉えられている。

住民が意思決定過程に参加する

だが、このような「上から目線」で住民の理解が得られるとはとても思えない。神谷もそのことは意識しているようで、以下の後半部分では「住民が主体的に意思決定過程に参加すること」にふれている。

福島原発事故では、放射線防護、及び健康監視と管理が不可欠である。これらを成功させる秘訣は、住民が主体的に意思決定過程に参加することと行政との連携である。

住民参加を促進し、住民のコミットメントを獲得するためには、リスク情報の共有化と意思決定過程の透明化が必要である。福島県の県民健康管理調査が始まっているが住民の参加者数は伸び悩んでいる。健康管理や防護に住民が主体的に取り組める環境を提供する必要がある。その一法が、個人が能動的に係わることができる放射線モニタリング体制の強化である。個人の積極的な取り組みを促進するためには、地域に密着したきめ細かい情報の提供とリスク情報の共有化が重要である。

ここで述べられている「住民参加」や「住民のコミットメント」は具体的にどのようなことを意味するのだろうか。ここでは県民健康管理調査に加わることと放射線モニタリングがあげられている。また、その前提として「意思決定過程の透明化」と「リスク情報の共有」があげられている。「意思決定過程の透明化」はたいへん重要な事柄だが、原発災害についてはそれが十分でなかった。情報の提示もまったく不十分だったし、放射線対策の決定においても住民はほとんど蚊帳の外に置かれてきたと感じている。だからこそ、県民健康管理調査にも協力が得られにくいのだ。だが、これについて神谷は何も具体策を示していない。

「リスク情報の共有」とは？

もう一つの「リスク情報の共有」についてはどうか。これも具体的にはわずかに「地域に密着したきめ細かい情報の提供」が提示されているにすぎない。だが、その背後にはリスク情報に「慣れていない」国民に教え込むこと、すなわち「放射線リテラシー」の向上が目指されているようだ。

こうした考えを理解すると、結局、神谷は国民が専門家によって放射線情報について教えられ、専門家が伝える情報を正しく理解して「リスク情報を共有」すれば住民参加が可能になると考えていることになる。だが、ここで「共有」されることが望まれているのは、「情報」とともに「評価」である。「情報」と「評価」は切り離しがたく結びついており、それ故にこそ多様なリスク認識が生じているのである。神谷はそれを認めないので、間違った情報を受けとったり、情報の受けとり方が未熟である国民・住民の「リテラシー」を高め、専門家の考えをそのまま受け入れることができるようになるのが、「参加」の条件だと考えているようだ。

このような考え方は「情報」や「評価」の多元性を認めない特異な「科学」観であり、「社会」観である。リスクコミュニケーションは「科学」と「社会」の双方に深く関わるコミュニケーションであり、また、科学者と市民とがそれぞれの知識や前提を示し合いながら深めていくべきものである。情報の提供者から受容者へと一方的に伝わるというのではなく、双方向的・相互作用的なものである。そのような相互作用を通してこそ、科学者・専門家の責任が果たされていくべきものだ。

３．リスクコミュニケーションとは何か

リスクコミュニケーションの二領域

この点について、リスクコミュニケーションの研究者である吉川肇子は次のように述べている（『科学』二〇一二年一月号）。吉川の論は第Ⅰ部第３章でも紹介しているが、ここでは科学者・専門家と社会の関りという観点からより詳しく取り上げる。

リスク・コミュニケーションの定義は、一九八九年の米国研究評議会によるものが代表的である。原文は長いので要点のみ述べると「個人、機関、集団間での情報や意見のやりとりの相互作用的過程」となる。この定義で重要なのは、リスク・コミュニケーションを送り手と受け手との相互作用過程であるとしているところである。つまり、リスクに関する情報が、送り手から受け手へ一方向的に送られるばかりでなく、受け手から送り手へも、たとえば意見というような形で、情報が送られる。この点で、リスク・コミュニケーションは、一方向的な「リスクの情報伝達」とは、明確に区別される。また、それは単なる意見と情報の交換ではなく、「相互作用的」に行われなくてはならない。単なる双方向の情報交換だけではなく、相互に働きかけて影響を及ぼし合うのが、相互作用である。

さらに吉川は、リスクコミュニケーションの領域として、「社会的論争の領域」と「個人的選択の領域」があるという。「個人的選択の領域」は医療における治療法の選択の場合を思い浮かべるとよい。この場合、必ずインフォームドコンセントが必要となる。そのためには、医療側が治療法の選択肢について十分に説明するとともに、患者側の事情や考え方について十分に聞き取った上でともに判断することが望ましい。他方、「社会的論争」とは「多くの人々の関心を喚起し、その問題をなんらかの公的なルートを経て解決することが求められる問題の領域」を指す。吉川は「原子力発電や環境問題は、その代表的なものである」と述べるが、放射線リスクの問題も「個人的選択の領域」の事柄であるとともに、当然「社会的論争の領域」に含まれる。

「正しい情報」への固執

だが、長瀧や神谷のリスクコミュニケーションについての言説を見ると、「個人的選択の領域」においても「社会的論争の領域」においても、相互作用を欠いたものが思い描かれていることに気づかされる。吉川は長瀧や神谷のことを意識しているわけではないが、原発事故以来の放射線リスク問題について科学者（専門家）が適切に社会的責任を果たしえたかどうか、たいへん疑わしいと見ている。吉川はその主要な理由を「「正しい情報」への固執」という語でまとめている。

原発事故以降、放射線リスクに関して、「正しく怖がる」という表現がしばしば使われている。この表現がリスク・コミュニケーション上問題になるのは、（放射線）リスクについて、人々が合意しないのは、適切な科学的知識を欠いているからであるという「欠如モデル（deficit model）」が含意されているからである。「正しい」とか「正確な」という表現は、あたかもこの問題に対して合意された正解があるように錯覚させる。しかし、健康影響の問題の焦点である低線量放射線の晩発的影響については、現状で正解が得られているとはいいがたい。これから情報を蓄積し、議論を積み重ねていくしかないが、それを専門家や行政のみが独占してよいものではない。多くの人の参加が欠かせない。

「確率論的な考え方」の危うさ

ところで、神谷は「リスクを確率論的に捉えることと、リスクの比較が重要であるが、国民はそれに慣れていない」と述べていた。神谷がリスクコミュニケーションを一方向的なものと考える際、背後にはこのような「国民」の能力不足についての認識（欠如モデル）があったと思われる。では、これは妥当な見方だろうか。

これについてはじっくり議論を重ねる必要があるが、スペースも限られているので、一つの素材だけを取りあげたい。私は確率論にはたいへん疎いことを正直に認めるが、それでも神谷の方でも「リスクを確率論的に捕らえることと、リスクの比較」が適切になされているか、疑わしいと思うことがある。たとえば、ヤクルトが刊行している『ヘルシスト』という広報誌（八〇四号、二〇一一年七月）の次のような箇所である。

a．このコホート研究における最も重要な所見は、被ばくした放射線の量と、がんを発症するリスクとの間に、被ばく線量の増加に伴い発がんリスクも直線的に増える相関関係が認められることです。ただし、その相関関係が観察される放射線の下限は0ではありません。（三頁）

b．他方、被ばくをして時間が経ってから出る障害を晩発性障害と言い、がんや白血病のリスクは、被ばく線量に相関して増加しますが、一〇〇ミリシーベルト未満ではその増加は統計的に有意なレベルではありません。（四頁）

これらはＩＣＲＰ（国際放射線防護協会）が妥当とするＬＮＴ（直線しきい値なし）モデルに対して、しきい値があることを示唆したり（ａ）、がんのリスクが一〇〇ミリシーベルト以下でも直線的に下がっていくという形で存続し続けることを否定するようないい方である（ｂ）。

米国電離放射線の生物学的影響に関する委員会の見解

だが、ＩＣＲＰが重要な情報源としているアメリカ科学アカデミー電離放射線の生物学的影響に関する委員会（ＢＩＲ）の二〇〇五年の報告（ＢＥＩＲⅦ）は次のように述べている。

それら（原爆疫学調査対象——島薗注）の生存者のうち六五％が低線量被曝、すなわち、この報告書で定義した「一〇〇ミリシーベルトに相当するかそれ以下」の低線量に相当する。放射線にしきい値があることや放射線の健康へのよい影響があることを支持する被爆者データはない。他の疫学研究も電離放射線の危険度は線量の関数であることを示している。さらに、小児がんの研究からは、胎児期や幼児期の被曝では低線量においても発がんがもたらされる可能性があることも分かっている。例えば、「オックスフォード小児がん調査」からは「一五歳までの子どもでは発がん率が四〇％増加する」ことが示されている。これがもたらされるのは、一〇から二〇ミリシーベルトの低線量被曝においてである。（http://archives.shiminkagaku.org/archives/2006/07/beir.html）

神谷が述べていることとＢＥＩＲⅦが述べていることには大きな開きがあるようだ。これについて神谷はどのように考えているだろうか。そう聞きたいのは私だけではなく、多くの国民、市民である。このような問いかけに対して応じ、自らも学びながら相手の疑問に答えようとすること、これが専門家のリスクコミュニケーションのあるべき姿であり、科学者の責任ではないだろうか。

第3章　閉ざされた科学者集団は道を踏み誤る
――放射線健康影響の専門家の場合

流出した放射性物質の健康影響問題にどう対処するか？

福島原発事故の直後に、原子力発電や放射線の健康影響に関わる科学者（科学技術に携わる人々）集団がどのような態度をとったかはよくよく吟味する必要があるだろう。科学者が科学者にふさわしい行動を取ってきたかどうか。そのことが市民と科学者集団との信頼関係を損ねるようなものでなかったかどうか。こうした問いに取り組んでいくことで、科学者の倫理性・道義性について、またそれを高めるための制度や仕組みについて考えていく手がかりが得られるだろう。ここでは、福島原発事故により流出した放射性物質の健康影響の分野の科学者集団の行動のある局面に光を当てていく。

日本学術会議は東日本大震災後、放射線健康影響問題について早い段階で「放射線の健康への影響と防護分科会」を立ち上げた。この分科会の「設置目的」は次のように記されている。

平成二三年三月一一日に発生した東北地方太平洋沖地震及びそれに起因する津波により東京電力福島第一原子力発電所は甚大な損傷を受けた。その結果、同発電所から放射性物質の流出という事象が発生し、周辺住民への避難指示等が出されるとともに、農産物、浄水場の水、海水等から同発電所を発生源とみられる放射性物質が検出されている。

国民は、政府等による発表、マスメディアによる報道、Web 等からの大量の情報をどのように理解し、行動したらいいのか戸惑っており、また、我が国にはリスクコミュニケーションがあまり根付いていないため、健康や生活に対して大きな不安を抱いている。

このため、日本学術会議が、正確かつ役に立つ情報を国民に向けて発信することにより、国民が正しい知識に基づく行動を起こすことを支援するとともに、国民から健康や生活への不安を取り除くことを、この分科会の設置目的とする。

二ヶ月以上、討議しなかった

この分科会は二〇一一年三月一一日以後学術会議執行部が、東日本大震災対策委員会の緊急かつきわめて重要な課題を扱うため、同年九月末までの時限をつけて設けた三つの分科会の一つだった。他の二つは「被災地域の復興グランド・デザイン分科会」と「エネルギー政策の選択肢分科会」である。これら二つの分科会は四月二〇日に最初の会議をもち、精力的に七回の会合を開いて課題に取り組んでいる。

ところが、放射線の健康への影響と防護分科会の最初の会合はようやく六月二四日に開かれ、そこで委員長を決めている（議事録は「各委員自己紹介に続き、佐々木康人委員を委員長に選出した」と記している）。そしてその後二回、あわせて三回会合を開いたにすぎない。六か月足らずの時限がある分科会であり、新たに一二人の特任連携会員を加えて設けられたものだ。にもかかわらず、設置後二ヶ月半余りは会合を開かなかった。ちなみに日本学術会議は約二百人の会員と二千人の連携会員からなっている。会員・連携会員で分科会を構成するが、特別に必要という場合は特任連携会員を新たに任命するよう、日本学術会議に要請することができる。

第一回会合では何が話し合われたのか？

では、六月二四日の第一回会合では何が話し合われたのか。この分科会は六月下旬まで一度も会合を開かなかったが、それまでの活動はゼロだったわけではない。では、活動にあたってどのように分科会の意志を決定したのか。それにつ

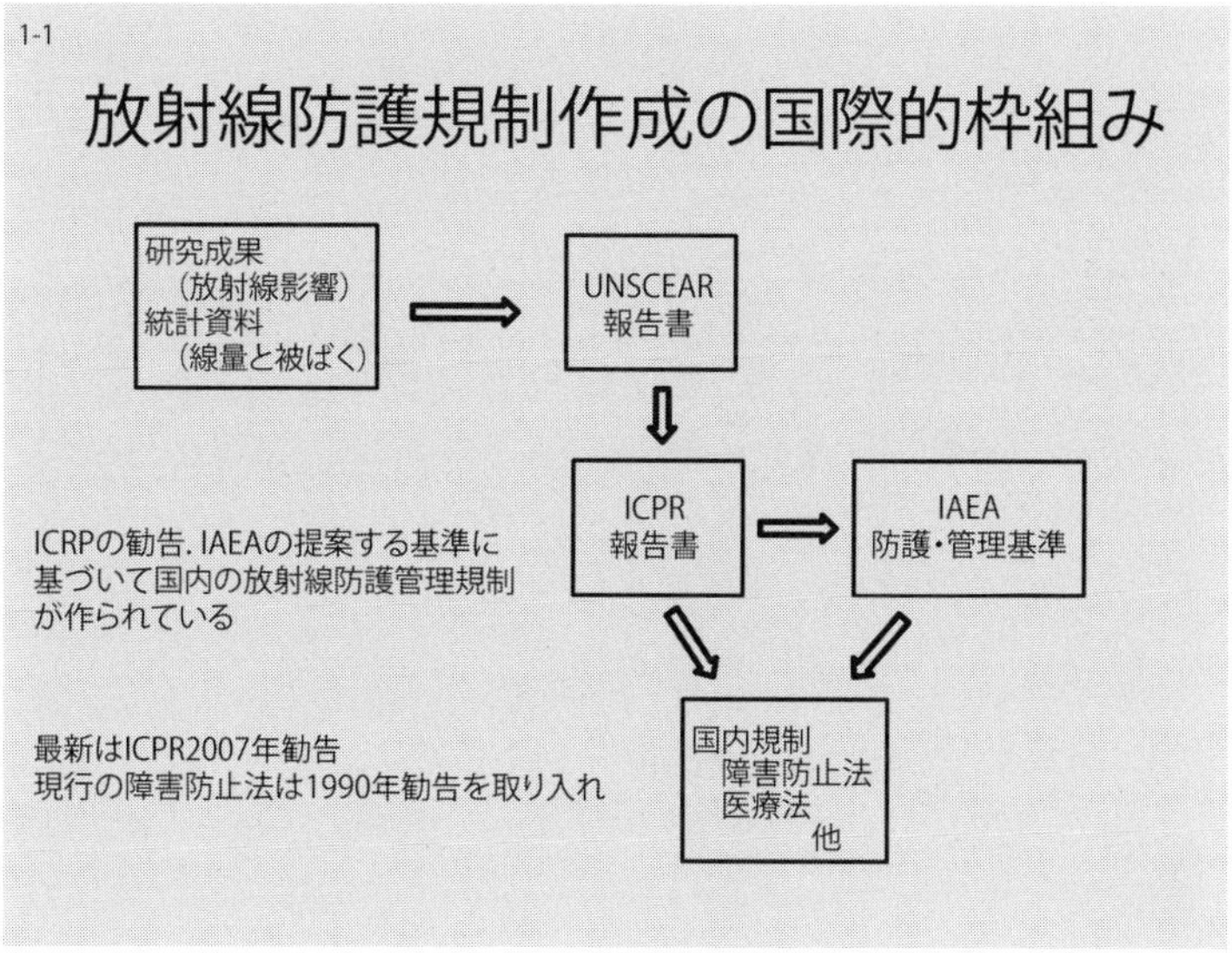

いて公表された記録がない。第一回会合の議事録には、委員長の説明があったとしてこうまとめてある。「当分科会は、国民への迅速な情報提供を、目的とする」、「発足当時は週一回程度ＨＰ更新を予定し、まず資料五のような四コマスライドを掲載した」。四コマスライドとは上図のようなものである。

このスライドの内容はとても市民の理解に資するようなものではないことが明らかだったので、私は五月一九日のブログ記事でその内容を批判した（http://shimazono.spinavi.net/?m=201105）。その経緯については、拙著『つくられた放射線「安全」論』（河出書房新社、二〇一三年）の第一章にもあらましを記述している。

これには日本学術会議内部でもかなりの反響があった。そのことについて、六月二四日の第一回会合では、「しかし、予想以上に批判的な反応が多かったことと分科会発足時ほどの緊急対応を必要としない現状を考慮し、分科会の活動を再考する」とある。また、資料一〜七の次に以下の記載がある。「その他資料（資料番号無し）、島薗進　宗教学とその周辺（ブログ）・日本学術会議会長は放射線防護について何を説明したのか？　福島原発事故災害への日本学術会議の対応について」。私のブログ記事をコピーして配布したのだ。

討議する前から決まっていることとは？

つまり、ようやく六月二四日になって開かれた最初の会合で私などの批判を受けて対応を協議したということだ。「緊急だから」という理由によるのだろうか、討議はせずに、あるメンバーの意志でよく分からない情報発信をした。だが、批判があったこともあり、その後そのような発信はやめ他の形での発信もまったくしなかった。そして二ヶ月以上経過して、初めて会合をもち、対応策を協議した。

委員の自由な発言がまとめられているが、最初のものには「本会は、金澤前学術会議会長の強い意向を受けて発足した」とある。そして金澤一郎会長の意見は「……非科学的な恐怖が多すぎる。科学的根拠に基づき、「正しく怖がる」という提言が必要」というものだったという。会長がその意志をもっているので、それに従おうと示唆するものなのだろうか。またこの委員は、四コマスライドは分かりにくいという批判はもっともだが「放射線を怖がっている人からの反応が多かった」とも述べている。「低線量の長期被曝については過去の事例を含め、情報が少ないことが問題との意見もあった」という。だが、それについて討議した記録は残されていない。

討議らしい討議はないのだが、次に何をやるかはこの会議の前に決められていた。議事録には、「七月一日に緊急講演会（資料七）を予定している。このような、市民との対話が当分科会の重要命題と考えている。なお、この講演会をリスクコミュニケーションの場と位置づけており、異なる意見を持つ講演者に依頼した」とある。もちろん開催一週間前のこの時までには講演者は決まり依頼もすんでいるはずだ。いったい誰がどのようにしてこの案を決めたのか。

緊急講演会「放射線を正しく恐れる」

では、七月一日の緊急講演会とはどのようなものだったか。日本学術会議緊急講演会「放射線を正しく恐れる」だ（http://t.co/F5UaxE6Iqw）。その開催主旨には「東日本大震災後、放射能や放射線に関する様々な情報が大量に発信され、多くの国民は放射線の身体への影響等に関する漠然な不安を日々感じている。本緊急講演会は、放射線に関する第一線の研究者の講演並びにパネル討論により、国民へ現時点での正しい情報を伝え、国民の不安の解消を図るとともに、国民の放射線へのリテラシーの向上を図ることを目的とする」とある。

この主旨文について科学技術社会論を専攻する東京工業大学の調《しらべ》麻佐志教授が批判的に取り上げている。（「奪われる「リアリティ」―低線量被曝をめぐる科学／「科学」の使われ方」（中村征樹編『ポスト3・11の科学と政治』ナカニシヤ出版）。調によると、この「講演会は、「科学知識の獲得が不安・懸念を減らす」といういわゆる「欠如モデル」として「批判されているような市民（知識・情報の受け手）像に基づいて企画されている」。

「欠如モデル」とは科学者が確かな知をもっているが、市民はそれが欠如しているという前提の下に「正しい情報」を教えて導くという考え方で行われるコミュニケーション・モデルだ（藤垣裕子「受け取ることのモデル」藤垣裕子・廣野喜幸編『科学コミュニケーション論』東京大学出版会、二〇〇八年、吉川肇子「危機的状況におけるリスク・コミュニケーション」『医学のあゆみ』第二三九巻一〇号（長瀧重信企画「原発事故の健康リスクとリスク・コミュニケーション」二〇一一年一二月））。市民に「欠如している放射線へのリテラシーの向上」を目指す、あるいはそれ以上に専門家の言うことをそのまま受け入れて、それによって「漠然な不安」の「解消」を図るものだ。

国民の不安の解消を図る

調はここでは、「当時の日本の状況において、放射線について「漠然な」不安がないことこそが正しい状態であるという日本学術会議の判断が開陳されている」と述べている。講演会では山岡聖典が放射線ホルミシス効果（低線量放射線は健康によい作用があるとの説）について述べている。調は言う。「まとめると、緊急講演会において主催者は、定説とみなされる段階にはまったく至っていない放射線のポジティブな影響を示唆する仮説を動員し、しかも、それよりは有力とされるネガティブな影響を示唆する仮説が存在するにもかかわらず同等に扱わないまま、〝国民への現時点での正しい情報を伝え、国民の不安の解消を〟試みたのである」。

このような講演会は学術機関として適切といえるだろうか。調は「国民の不安を解消すること、それ自体が緊急講演会の主目的であり、「正しい情報」はよくいえばその手段、悪くいうと方便であったとみなされても言い訳のしようがない」と論じているが妥当な論評だろう。

「不安の解消」が「不信の増大」を招く

しかし、このようなやり方で市民の不安がやわらげられただろうか。「不安の解消」が目的に掲げられているが、多様な見方があることを隠し、異なる立場の専門家や学者を排除し、ある立場から一方的に「正しく恐れる」ように市民を導こうとするのは逆効果かもしれない。何かが隠されていると感じる市民はそのことで「権威ある」立場からの情報提供に不信感をもち、実際にはかえって不安を強めるかもしれない。そもそも健康影響があるかどうかという疑問が起こる可能性を排除した情報発信なので、そのことについて学びたい市民のニーズにそっていないのだ。

はっきりしているのは、(1)この分科会はほとんど討議していない、(2)放射線の健康影響につき注意すべきだという立場の学者をメンバーにしようとした形跡がない、(3)「正しく怖れる」ための情報発信を是とする立場への異論はまったく記録に残っていないということだ。討議を行わない、また、共同の場での異なる立場からの発信を排除することは科学・学術のあり方として適切でないし、リスクコミュニケーションのあり方としても拙劣といわなくてはならない。リスクを前に医師の判断を押しつけるのではなく、当事者に十分に情報を提供し、その判断を尊重することがインフォームドコンセントの大前提であるとすれば、医療倫理、生命倫理の基本にも背くものと言わなくてはならない。

日本学術会議はこの分科会が設置の趣旨にそった活動を行ったかどうか、批判的に問い直す必要があるだろう。そして、適切でなかったとすれば、どこに問題があったのかを明らかにして、どうあらためていくか検討し公表すべきだろう。科学・学術の倫理の基本に関わることだろう。

首相官邸原子力災害専門家グループの記述

日本学術会議でこの問題の反省はまだ十分になされていないが、首相官邸ホームページを見ると関連する記事があることに気づく。本書でこれまでも何度か取り上げてきている「原子力災害専門家グループからのコメント」というページだ。その中の「国民への知見の提供――日本学術会議の取り組み」（第二九回）という二〇一一年九月二五日付けの記事で、執筆者は佐々木康人（（独）放射線医学総合研究所前理事長、日本学術会議臨床医学委員会放射線防護・リスクマネージメント分科会委員長）、遠藤啓吾（京都医療科学大学学長、日本学術会議臨床医学委員会放射線・臨床検査分科会委員長）、山下俊一（福島県立医科大学副学長、日本学術会議臨床医学委員会放射線・臨床検査分科会副委員長、日本学術会議臨床医学委員会放射線防護・リスクマネージメント分科会委員）である。肩書は首相官邸ホームページに記載されたものをそのまま書き写している。

そこには、「震災発生後、……日本学術会議は震災・原発事故・復興の諸課題に積極的に取り組み、種々の活動を展開しています。一七名の委員からなる東日本大震災復興支援委員会（委員長：大西隆会長）が設けられ、「災害に強いまちづくり分科会」、「産業振興・就業支援分科会」、「放射能対策分科会」などがそれぞれ活動を続けています」とあり、「震災当時の会長だった金澤一郎先生は、昨年六月、「放射線防護の対策を正しく理解するために」と題する会長談話を発表しました」とあるが、これは混乱を招くものだ。

すでにふれたように、日本学術会議は震災当時、金沢一郎（医学）が会長を務め、東日本大震災対策委員会を設け、「被災地域の復興グランド・デザイン分科会」、「エネルギー政策の選択肢分科会」、「放射線の健康への影響と防護分科会」の三分科会を設けた。その後、六月に金沢が定年で会長を辞め、残りの九月末までの任期を広渡清吾（法学）が務めた（このあたりの経緯は、広渡清吾『学者にできることは何か』岩波書店、二〇一二年、参照）。そして、一〇月から新たに大西隆（都市工学）が会長となり二〇一四年九月までの任期を務めている。二〇一四年四月から九月まで「東日本大震災対策委員会」が設けられ、その三つの重要な分科会のひとつとして「放射能対策分科会」があり、二〇一一年一〇月から東日本大震災復興支援委員会が設けられていたが、その下に新たに「放射能対策分科会」が置かれたのだ。

二〇一一年四月から九月にかけての空白

首相官邸ホームページの「国民への知見の提供――日本学術会議の取り組み」では、「低線量放射線の健康影響をどう国民に伝えたらよいか／風評被害を克服するにはどうすればよいか／放射線によるリスクをどう理解してもらえばよいか／等を検討しています。昨年の原発事故後、多くの国民が放射線・放射能に対して不安を抱いています。科学者の間でも、見解の相違は当然ありますが、科学的そして客観的な知見を重要視し、国際的なコンセンサスも充分に吟味しながら、《国民が安心して安全に生活できる》ための良い提案を、これからも発していけたらと考えています」と述べられている。

筆者の筆頭は佐々木康人だが、同氏は「放射線の健康への影響と防護分科会」の委員長だった。「低線量放射線の健康影響をどう国民に伝えたらよいか」という問題がきわめて重要だった二〇一一年四月から九月の時期、その責任者を務めた（選出されたのは六月後半だが）専門家が、その間のことにはまったくふれずに、二〇一一年一〇月以降に始まった「放射能対策分科会」のことだけ述べているのは理解に苦しむところだ。

なお、「低線量放射線の健康影響をどう国民に伝えたらよいか」とか、「放射線によるリスクをどう理解してもらえばよいか」という捉え方は、そもそも権威主義的な科学観にのっとったもので不適切だと論じられてきた「欠如モデル」に基づくリスクコミュニケーション観を想起させるもので、当事者の理解や意思を重視した双方向的なリスクコミュニケーション観への転換が筆者の頭の中ではまだなされていないのではないかとの懸念を招くものだ。なお、執筆している三氏の肩書に見える日本学術会議臨床医学委員会の下の「放射線・臨床検査分科会」と「放射線防護・リスクマネージメント分科会」だが、これらは福島原発災害に対応する活動を積極的に行っている様子が見えない。

また、日本学術会議を「日本の全ての研究分野を代表する人々が選ばれていて、わが国の科学界を代表する最も権威のある団体と言えます」と説明している。放射線の健康への影響と防護についての日本学術会議の取り組みが、佐々木らの考え方にそったものであるかのように受け取られかねない叙述だが、実際はだいぶ異なる。二〇一一年の五月以来、日本学術会議では、この問題についての専門家の取り組みが大いに問題にされ、佐々木康人や山下俊一らの行動や発言、そして金沢一郎会長の退任直前の「会長談話」「放射線防護の対策を正しく理解するために」が適切であったかどうか、繰り返し問われているというのが実際だ。このことは、広渡清吾『学者にできることは何か』や拙著『つくられた放射線「安全」論』（河出書房新社、二〇一三年）にその経緯が述べられている。

倫理性・道義性を逸脱してしまう科学者集団

以上、見て来たように、佐々木康人を初めとする科学者たち――「放射線の健康への影響と防護分科会」や首相官邸原子力災害専門家グループに名を連ねる科学者たち――の三・一一後の言動には科学性という点からも倫理性・道義性という点からも求められる基準に達しないものが多い。それは討議を行わず、委ねられた任務に向き合わなかったこと、討議もせずに集団の意志決定がなされていること、そのことについて問題があると自覚しているふしが見えないこと、そのような事態が明らかであるにもかかわらずそのことにまったく触れずにすませようとしていること、によって明らかだろう。

ここでは、放射線の健康への影響と防護分科会に関わる範囲のことだけを取り上げた。しかし、この科学者集団の問題ある行動は多岐にわたっている。それは三・一一以前から行われており、三・一一後にもいっそう顕著に行われたものである。その一部は、拙著『つくられた放射線「安全」論』や本書のここまでの論述で示してきた。

この分野の科学の世界的な歪み

では、どうしてそのような行動や言説が積み重ねられていったのか。まず、（1）これらの科学者たちが強い政治的意志を共有していることによるだろう。放射線の健康影響が小さい、あるいは無視できるという主張によって利益を得る集団と政治勢力があり、それらの影響下にあるということだ。また、（2）これらの科学者たちが閉ざされた集団を構成しており、開かれた自由な討議を避けるような考え方をもっていることにもよるだろう。これは科学のあり方としても異様であり、民主主義社会において多様な個々人からなる集団の意志決定を行う仕方から見ても異様である。

このような集団は日本だけに特有なものなのだろうか。どうもそうでもないようだ。こうした科学者たちの背後には、日本の政府だけでなく、ＩＡＥＡ（国際原子力機関）やＩＣＲＰ（国際放射線防護委員会）、原子放射線の健康影響に関する国連科学委員会（ＵＮＳＣＥＡＲ）といった組織も控えている。核（原子力）は国際的な軍事支配体制に関わっており、原子力開発もその体制から自由ではない。そうだとすると、世界の科学において、倫理性・道義性を逸脱するような制度枠組みが維持されてきたし、今も維持されてきていると見なくてはならない。そしてその体制は崩れていく途上にあるのではない。むしろ強化されつつあるのかもしれない。注意深く調べ、分析し、そこから脱する道筋を考えていかなくてはならない。

第4章　チェルノブイリ事故後の旧ソ連と日本の医学者
――イリーンと重松の連携から見えてくるもの

1．レオニード・イリーン、重松逸造、山下俊一

中川保雄『放射線被曝の歴史』を引き継ぐ

中川保雄『放射線被曝の歴史』（一九九一年、増補版、二〇一一年）は放射線健康影響についてのＩＣＲＰなど国際機関の「科学的」見解が、どのような政治動向を反映して変遷してきたかを示した名著である。だが、この書物が対象としているのは一九九〇年頃までであり、チェルノブイリ事故をめぐる事態の展開が、その後の放射線健康影響・防護の動向にどのように関わっているかについては述べられていない。

では、チェルノブイリ事故をめぐる放射線健康影響・防護の展開について、またそれが三・一一後の放射線対策に及ぼした影響についてはどのようにして知ることができるだろうか。中川が行ったような本格的な調査研究はとてもまねができないが、それでも大いに参考になる手頃な書物がいくつかある。

いずれも、チェルノブイリと福島原発の事故後に政府側から強力な指導力を行使し、また論陣を張った三者の著書、すなわち、重松逸造『日本の疫学――放射線の健康影響研究の歴史と教訓』（医療科学社、二〇〇六年）、長瀧重信『原子力災害に学ぶ放射線の健康影響とその対策』（丸善出版、二〇一二年）、そしてレオニード・イリーン『チェルノブイリ：虚偽と真実』（長崎・ヒバクシャ医療国際協力会、一九九八年）である。

ここで日本人の著作二点をあげたのは、外国語文献をよく調べていないという私の力の限界にもよるが、それだけに

よるのではない。チェルノブイリ事故後の放射線対策については旧ソ連地域で主にロシア語で著された文献が重要であるはずだが、それらが世界に知られるようになるまでに時間がかかる。他方、日本からチェルノブイリ支援に入った医学者はたいへん珍重され、大きな仕事を託された。とりわけ、重松逸造、長瀧重信、山下俊一らがそうである。

イリーン『チェルノブイリ：虚偽と真実』

広島・長崎の原爆による放射線健康影響について多くの知識をもち経験をもっているはずの科学者として、彼らはチェルノブイリ事故による放射線健康影響の調査研究で重要な役割を果たす任務を託された。その経過や調査結果について、分かりやすく述べたのが、『日本の疫学』や『原子力災害に学ぶ放射線の健康影響とその対策』である。

他方、旧ソ連側の医学者はどのようにこの問題に取り組んだのか。その点で、イリーンの『チェルノブイリ：虚偽と真実』（一九九四年刊のロシア語原本の英訳版を日本語に訳したもの）は格好の書物である。一九二三年生まれのＬ・Ａ・イリーンはチェルノブイリ後のソ連の放射能対策で指導的な役割を果たした医学者だ。

このイリーンの書物は、現在、ウェブ上（http://www.nashim.org/jp/pdf/index.html）で見ることができるものの、書物として入手するのは困難である。しかし、二〇一一年三月一一日以後の日本で、放射線健康影響・防護の専門家が、なぜ市民にとって、とりわけ被災地住民にとって分かりにくい施策をとってきたか、その際、チェルノブイリ事故後の旧ソ連の放射能対策がこの問題にどのような影響を及ぼしたかを知る上できわめて重要な資料である。そこで、この大著の内容をその側面にしぼって紹介していきたい。

「不安をなくす」ことを最優先する考え方の背景

まず要点を述べておくと、『チェルノブイリ：虚偽と真実』（日本語訳一九九八年刊）を見ることで、長瀧重信や山下俊一らが主導して「不安をなくす」ことを最優先する考え方の背景が見えてくる。チェルノブイリで旧ソ連政府側医学者がとった姿勢が、そのまま長瀧や山下に引き継がれている。その考え方がどの程度科学的な根拠があるものなのか、政治的な都合に基づくものなのか。どのような政治的意志と対立があったのか。これらを理解する材料として大いに参考になる書物なのだ。

訳書監修は重松逸造・長瀧重信の両氏、山下俊一他七名が訳者、そして長崎・ヒバクシャ医療国際協力会が発行所となっている。長崎・ヒバクシャ医療国際協力会（ＮＡＳＨＩＭ）については以下のウェブサイトでおおよそが分かるが(http://t.co/WEXcwc6M)、長崎大医学部が全面的に関与して設立されたものだ。また、重松、長瀧、山下の三氏は笹川チェルノブイリ医療協力（一九九一－九六）でチームを組んだ科学者集団のリーダーたちだ。

「監修後記」（正誤表では「監訳後記」）は山下が執筆していることからも分かるように、山下が訳者の筆頭格だ。その山下俊一の「監訳後記」では、まず一九九二年にＮＡＳＨＩＭが設立された主旨が説明されている。出版もその主要な活動の一つだという。そして山下は次のように述べる。

「チェルノブイリ：虚偽と真実」は従来のチェルノブイリ関係の翻訳からすれば、かなり異色のものとなりました。それは旧ソ連のまさに体制の中にいた、いや今でもモスクワ放射線物理学研究所の最高権威であり、国の代表として長年放射線関連プロジェクトの中枢にいるイリーン博士そのものの作によるものだからでしょう。厳しさの中にも、誠実で温厚なお人柄ですが、激しいマスメディア関連の非難の矢面にたたされても決して臆することなく、堂々と論陣を張られた姿勢が、本書の中にもたびたびでてきます。また旧ソ連邦の放射線科学の歴史と世界の放射線関連の科学界との関わりを知るにも格好の書となっています。立場上、発言の制限や自己中心的な表現が散見されますが、ご理解いただきたいと存じます。その為、ジャーナリストの作とは異なり、いわゆる体制側と言われている代表者の代弁のきらいも否定できません。しかし、真実を見極めるためにはこれらの発言に耳を傾ける謙虚さも必要でしょう。（四六四－五頁）

イリーンの論に距離を感じていた山下俊一

山下が「自己中心的な表現」とか「いわゆる体制側と言われている代表者の代弁のきらいも否定できません」と述べているのは、日本語訳が刊行された一九九八年の時点では、山下がイリーンの立場にすっかり同調するつもりはなかったことを示している。福島原発以後は、山下が「いわゆる体制側と言われている代表者」（なお、「代表者の代弁」は文意が取りにくい）と見なされているのは、まことに皮肉なことである。

山下「監訳後記」は、また「そこで、正しくチェルノブイリを理解する一助となると考え、あえてNASHIMの放射線ヒバクシャ医療出版事業に取り上げさせていただきました」とも述べている。「あえて」翻訳出版したということは、イリーンの立場に山下は全面的には賛同できないということが匂わされている。どう賛同できないのか、福島原発事故後の発言と照らしあわせて説明していただきたいものだ。現在はイリーンの考え方をそのまま貫き通そうとしているように見える山下だが、この記述は、訳書刊行当時、イリーンの立場に批判的である長崎や広島の医学者の視線を意識した形跡と見ることもできるかもしれない。

イリーンの同盟者、重松逸造

同書には監修者の一人、重松逸造（一九一七－二〇一二）の「巻頭言」も付されている。放射線影響研究所（放影研）の理事長を一六年にわたって務め、チェルノブイリでは被害を小さく見積もろうとするソ連政府側のイリーンに全面的に協力し、一九九一年にIAEAの国際チェルノブイリ・プロジェクト報告書を国際科学者集団の長として作成した重松こそが、日本語版刊行の立役者であることをうかがわせる文章である。

そこには重松のイリーンへの敬意と同盟者意識が強く出ている。チェルノブイリ事故当時のソ連のペレストロイカ（改革）、グラスノスチ（情報公開）にふれて、こう述べている。

このような政治的、社会的混乱は、事故による健康影響を心配している周辺住民に非常な不安をもたらしたことは事実のようで、当初は情報不足によるいろいろなデマが横行し、グラスノスチの進行とともに、今度は情報過多の現象が現れたと伝えられた。要するに、専門家だけでなく、政治家やマスコミ関係者などが過小から過大にいたる両極端の間で、各自の評価や推測をばらばらに住民に伝えたために、住民の間に大きな戸惑いが生じたのも無理からぬことであった。これらの情報はマスコミやルポライターと称する人達の報告などを通してわが国にも伝えられ、真偽が確かめられないままにチェルノブイリ事故の真相として国民の間に定着する傾向がみられた。（iii－iv頁、頁数が打たれていないので、島薗が仮につけたもの）

健康影響の不安は何よりも放射性物質の拡散によるもので、「政治的、社会的混乱」が二次的な要因だったはずだが、後者の批判に力点を置くのが重松の見方である。

イリーン［生物物理学研究所］所長とは、私がソ連政府の招聘でチェルノブイリ調査に訪れた一九八八年秋にモスコーで面談したのが初対面であった。（中略）私も、彼とはかなり頻繁に学友として交流を続けながら今日に至っている。（iv頁）

本書はチェルノブイリ事故後七年目ぐらいまでの状況をカバーしているが、もちろんこの時点では事故の全貌はまだ明らかとなっていない。だからといって、事実でない虚偽の横行を許すべきでないのはもちろんで、この点を本書は厳しく指摘している。（v頁）

ソ連政府側、イリーン側に立つという強い決意

「事実でない虚偽の横行」という強い断言的な表現は、重松の原発推進側強硬派らしい姿勢をよく表している。断固としてソ連政府側、イリーン側に立つという強い決意を示すものだ。「事実でない虚偽の横行を許すべきでない」とあるが、子どもの甲状腺がんについてはイリーンや重松の「科学的知見」が楽観的すぎたことは、イリーンの書物の刊行

時から次第にはっきりしてきたことだ。そんなことは無視するかのように、重松はつねに自分の側に真実があったかのように書いている。

だが、そこまでイリーンを称揚する背後には、イリーンと重松の個人的な親交があることも匂わせている。重松はイリーンの盟友として、放射線健康影響軽視の旧ソ連の立場を支える役割を果たしたのだが、個人的な友情を裏付ける「告白」とも受け取れる叙述がある。

「なお、私事に関連して恐縮だが」と重松はイリーンが本書でしばしば名をあげている放射線生物学・遺伝学のティモフェイエフ・レソフスキー博士にふれ、一九九〇年に創設され、放射線影響等の生命科学分野で功績のあった科学者に贈られるティモフェイエフ・メダルを一九九四年に重松が受賞したことを述べる。「このメダルの裏面にはティモフェイエフ博士の言葉〝生命科学で重要なことは、本質的なものを非本質的なものから区別することである〟が刻まれている」。このようにイリーンと重松は親密な関係にあり、ともに自分たちこそが「本質的なもの」を捉えていたと言うのだが、それには多くの異論があるだろう。イリーンも重松もそれをよく自覚していたはずである。

甲状腺がんも生じなかったという立場

以上のように、重松「巻頭言」と山下「監訳後記」にはだいぶ距離がある。重松はイリーンを全面的に支持し、自分こそ「科学者」代表で批判的な言説を「許さない」という強い姿勢をとる。他方、一九九八年当時の山下は、それは「自己中心的な表現」であるとか「いわゆる体制側と言われている代表者の代弁のきらいも否定できません」と感じ、それでも当時の旧ソ連の状況を知るために「あえて」翻訳するのだとの立場を取っていた。

イリーンと重松逸造が共同戦線を張って放射線の健康影響は小さいとしていたことは、本文中に何度か記されている。それにふれる前に重要な前提について述べておこう。この書物はチェルノブイリ事故では放射線の影響による甲状腺がんも生じなかったという立場をとってきた著者が書いたものだ。ロシア語原著は一九九四年刊だが、「一九九五年まではロシア共和国では「甲状腺癌の増加は認められない、増加の原因はスクリーニングなど診断の機会が増加したからである」と発表していた」（長瀧『原子力災害に学ぶ放射線の健康影響とその対策』五九頁）。

もっとも甲状腺障害についての記述は所々にある。まったくふれてないわけではなく、一九九六年の第二版で書き加えられたのではないかと思われる記述もある（第二部第五章、第六部第一章）。第六部では放射線の影響による甲状腺がんを認めている。また、ヨード剤の予防的投与の問題も論じられている。だが、低線量被ばくでは被害がない、避難は必要ではなかったとの主張は翻していない。甲状腺がんの著しい増大の判明後もイリーンは自説を変えなかった。しかし、この書物執筆の段階ではそれはまだよく見えていなかったということは念頭に置いておきたい。

イリーンは甲状腺がんが放射線影響ではないという論の責任者、またはそれに近い立場の人だった。甲状腺がんの被害はなかったという立場をとっていたこともあって、チェルノブイリ事故後にイリーンらが立案した避難等の放射線防護策が適切だったという主張が一貫して強く押し出されている。その主張の強力な支えとして重松逸造の議論が引き合いに出されている。これについては、後に詳しく述べたい。

2.　チェルノブイリ事故以前の状況と直後の対応

放射線防護の研究領域の窮屈さ

イリーン『チェルノブイリ：虚偽と真実』の第一部は「チェルノブイリ事故直前のソビエトにおける放射線医学の科学的レベルとその状況」と題されている。ここでは、イリーンがこの分野の権威者として大きな力をもつ立場に至る過程が述べられるとともに、その立場でチェルノブイリ事故後の事態に対応する際、どんな困難を抱えていたかの説明がなされている。一方でソビエト連邦のこの分野の科学は高い水準にあったという主張と、しかし、チェルノブイリに十分対応できないような多くの限界があったという弁明が述べられており、その意味で分かりやすい叙述とはいいがたい。

ソビエトの放射線医学の限界ということだが、一つには秘密の分厚い蔽いがかぶされていた。そして放射線防護についての研究は少なかった。

若い研究者や興味を抱いている読者に科学研究の主な結果を知らせるために、科学者たちは厳しい検閲とその他の科学論文の発行に伴うわずらわしい問題点をうまく切り抜けなければならなかった。原則として、公開された研究成果は一部であり、多くは未公開で発行を禁止されていた。(五頁)

核関係・軍事関係の科学ということと、政府による統制が重視された社会主義国家であることとが重なって生じた窮屈さがあった。

……人体に及ぼすイオン化放射物からの防護方法について基礎的な情報や有用な放射線学に関する科学論文は少なかった。特に放射線事故に関するものは稀少であった。実際多くの科学者は、事故の対策や対応に取り組む余裕がなかった。また同時に、原則として防護をとりあげた論文の中で、放射線防護だけを取り上げた論文は全く見あたらず、事故の時にどうすればいいかを人々に知らせる記事は、原則として限られた部数しか印刷されなかった。(五頁)

安定ヨウ素剤が使えなかったことへの弁明

これらの記述をとおして、イリーンは旧ソビエトでは事故時の放射線防護について適切な知識をもっている人はほとんどいなかったことをほのめかしている。また、こうした事情があったために、チェルノブイリ事故に際しての対応もうまくいかなかったという主旨の弁明と見なすことができる。たとえば、安定ヨウ素剤が使えなかったことへの弁明らしきものも見られる。しかし、ヨウ化カリウム製剤は工場で大量生産されていた。そして緊急時の対応準備もなされていた。

子供の使用時の注意も含めた薬の説明書を添えて緊急時につかえるように適当な条件で貯蔵された。チェルノブイリ事故が示したように、無責任な態度とこの薬を住民に迅速に供給するシステムの欠如により大きな問題が巻き起こった。住民防御の権威者も医療スタッフもこの錠剤の説明書のストックがあることを全く知らなかったのだ。（六八頁）

安定ヨウ素剤を使わない決定にイリーンが関わっていたことは、ここでは触れられていない。こうした叙述と、「殆どの研究分野の科学者の知識とその成果は国際的な基準に一致していて、ソビエトの科学者は海外の科学者に決して遅れてはいなかった」（六七頁）という叙述との間には矛盾があるが、これはイリーンが自分が指導して立案された旧ソ連の事故対策方針は適切だったという主張と、うまくいかなかったのは旧ソ連内でこの分野が立ち後れていたためだという主張の双方を成り立たせようとするところから来ている。

ICRPやUNSCEARを通しての国際連携

イリーンは自らが、国際放射線防護委員会（ICRP）や原子放射線の影響に関する国連科学委員会（UNSCEAR）（とりわけ後者）の他国の関係者たちとの交流を通して多くを得たことを誇る叙述も行っている。フランスのピエール・ペレリン、アメリカのフレッド・メットラーらとの交流がチェルノブイリ事故対策を立案する際に大いに力になったことが示唆されている（一八―二四頁）。だが、他方、これも容易でなかったことが述べられている。イリーン自身、KGBにより五年間、国際会議への参加を禁止されていたとも述べている（一九頁）。

イリーンは叙述の背後に、自らが外国の専門家と組んで世界的な防護基準にのっとった対策を示したにもかかわらず、旧ソ連内の科学者たちにそれが受け入れられなかったことは残念だったという主張を込めている。

もしチェルノブイリの事故の前にロシアの科学者の中にこういう基本的な仕事について少しでも知っている人がい

れば状況はかわっていたかも知れない。すなわち世界の科学者たちによって何十年かけてつくられてきたこのような放射線防護の哲学についてや、国連放射線影響委員会によって詳細にわたって示されている疫学的データの研究と解釈の方法論について何が最も重要であるのかを知っている科学者がいたとしたら、チェルノブイリ事故の結果として起こった医学的な出来事に対するバイアスのかかった評価は存在しなかったであろう。その誤ちが、世間の人々の考えに悪影響を及ぼすことになってしまった。（二二一頁）

チェルノブイリ事故後の専門家の国際連携

日本の福島原発事故の場合は、当初からＩＣＲＰなど国際的な放射線健康影響・防護研究者組織と組んで対応がなされた。旧ソ連と比べると、日本では世界の原発推進勢力が形作ってきた国際的な放射線専門家集団と連携関係にある度合いが一段と強かったと言えそうだ。ウクライナやベラルーシにはそうした国際的専門家集団とは異なる立場の科学者がおり、イリーンのような旧ソ連の指導的科学者と対立しつつ住民の健康のために早くから立ち上がったが、日本ではその動きがだいぶ弱い。政府と連携した専門家集団に押さえ付けられているかっこうだ。

旧ソ連内で自分の立場が通りにくいことを察知したイリーンは、チェルノブイリ事故後、ソ連放射線防護委員会のリーダーとして、外国の専門家と話し合って、適切な防護基準について立案することを思い立った。そして、一九八九年五月の国連放射線影響委員会（国連科学委員会、「原子放射線の影響に関する国連科学委員会」をこの訳書では「国連放射線影響委員会」としている）にこれを議題として取り上げるよう提案した。その討議の結果、国連放射線影響委員会は五月一二日「放射性物質による長期汚染」と題する文書を「記者発表」した。

チェルノブイリ核事故に対する放射線防護に関する旧ソ連邦の決定は、現在の国際的な放射線防護政策と一致していると考えられる。これは、ＩＡＥＡによって開催された放射線防護の非公式の会議で認められた。（中略）旧ソ連邦の国家委員会の議長であり、国連放射線委員会のソ連代表であるイリーンが、チェルノブイリ事故後の汚染状況と現在までにとられた対応策を参加科学者に報告した。また、世界的に採用されている改革と一致した対応策が行われた最初の数年後に残っていると思われる問題について、特別な注意が払われた。しかしながら、この様な汚染を引き起こした核事故の健康への長期影響については前例がない。ソ連邦の放射能汚染地区ら《ママ》居住する人々の生涯最大被曝線量を三五〇ミリシーベルトとすることは正しい方法と考えられ、参加者の同意を得られた。許容線量はソ連邦政府によって決定されることが同意された。なぜならＩＣＲＰ勧告に従い、許容線量がその地区の状況や事故の規模に基づくからだ。（二三―二四頁）

社会的コストを考えて避難・移住を減らす

ここで示されている「生涯最大被曝線量三五〇ミリシーベルト」はイリーンが提起し、これによって住民の移住をできるだけ抑えるための政策として採用されかかったものだ。しかし、その後、多くの反論によってイリーン提起の基準は退けられ、もっと厳しい基準が設けられることになった。第二部以降のこの書物の叙述の主要な論脈は、その経緯を述べようとするものだ。

このことから分かることは、イリーンは自らが関わって来た国連放射線影響委員会（ＵＮＳＣＥＡＲ）、そしてそれと密接な関係にあるＩＣＲＰ、ＩＡＥＡ（国際原子力機関）のお墨付きを得て、放射線防護のための移住をできるだけ少なくする対策を主張したということだ。だが、それも科学的根拠とはあまり関わりがないものであり、引用した国連放射線影響委員会の「記者発表」も「国際基準に一致しないけれども許容する」という主旨だった。

社会的コストを考えれば移住は減らした方がよいと考えたイリーンは、その立場をＵＮＳＣＥＡＲ、ＩＣＲＰで通して、それを支えに何とか正当化しようとした。他方、原発事故の影響をできるだけ小さく抑えたいという動機を強くもつ国際専門家集団もイリーンのその立場を後押ししたのだろう。

以上、第一部の要点を述べてきたが、このように、本書では科学的な評価よりも政治的な駆け引きについての叙述が大半をなしている。

生涯最大被ばく線量三五〇ミリシーベルトで避難に反対

第二部「チェルノブイリでの日々」では、イリーンが一九八六年四月のチェルノブイリ事故の直後に、住民避難に強く反対した経緯について詳しく述べている。「私は、人々の基本的な生活の活動を妨げる方法にはどれも反対した。必要なのは、都市の放射線のデータについての情報を毎日発行することや、専門家が一般状態を都市住民に説明する必要も含んだ、よく考え抜かれた高度に専門的な説明であると述べた」(一二四頁)。大都市で避難を行えばたいへんなコストを産む。一方、何とか線量は限度に達していない。放射性ヨウ素もそうだ、と。

この決定は後に厳しく批判された。九〇年二月、ウクライナ最高会議でイリーンの論敵シェルパックは、八六年五月に「キエフの住民の避難をする(子供を含めて)理由がないとする意見を支持した専門家たちの責任を問うことを要求」(二八八頁)した。イリーンらソ連の権威者たちはキエフから出て行けとの運動もあった。イリーンはウクライナの疑似「専門家」達と戦ったと述べている(一三七頁)。八九年五月の声明でUNSCEARは、ソ連は独自の政治的な判断を許容されるということを言っているにすぎないのだが、イリーンは生涯最大被ばく線量三五〇ミリシーベルトは「正しい方法」であることを強く主張した。

この経緯のイリーン自身による叙述を読めば、イリーンらがこの基準を政治的に押し通したことが明白である。イリーン自身は国の代表として国際機関に出ている自分とその仲間こそが正統な専門家であり、他の専門家のいうことは取るに足りないという理解で、唯一の「科学的真理」宣布者としての権威を行使するとの考えを示している。

事故後のイリーンの政治的位置取り

以上のようなイリーンの叙述は、七沢潔『原発事故を問う――チェルノブイリからもんじゅへ』(岩波新書、一九九六年)を参照すると一段と見通しがよくなる。七沢著の第一章、第四章にイリーンの名が出てくる。イリーンはキエフの住民、とりわけ子どもたちを避難させない政策を支える科学者の主軸だったことが分かる。

また、八六年五月三日の段階で住民に安定ヨウ素剤を渡さない決定もイリーンの判断に基づくもののようだ（七沢『原発事故を問う』〔三七頁以下〕）。オルリク副首相（ウクライナ共和国）はこの日、こう述べたという。「放射線医学の専門家で、ソ連医学アカデミー副総裁のイリイン博士は、今住民に渡さない方がよいといっています。彼は一〇日分しかないから、今、使ってしまうと、この先もっと深刻な事態になった時に使えなくなる――という主張です。ヨード剤の配給は見合わせましょう」（五七頁）。

この時イリーンは事故原子炉からさらに放射性物質が大幅に放出されることを怖れていた。五月七日にイリーンと放射線測量の専門家、ユーリー・イズラエリ国家水文気象委員会議長がモスクワから到着。二人はキエフでの「汚染状況は、子どもを含めた住民の健康に危険をもたらすものではない」、「現在、食品にふくまれている放射能の値は、住民に危険をもらすものではない」と主張。二人は一二時間かけて三通の勧告書を作成。例年どおりのキャンプ以外の子供の避難は不要だとした。また、「情報の一元化」などを指示しもした。

ウクライナ政府とソ連政府の対立

ウクライナ共和国最高会議議長のシェフチェンコ女史はこれに反対、疎開を主張した。結局、五月九日、夏休みキャンプを早めて実行するという形で実質的な疎開案を採用した。一五日までに五一万六千人の母子・妊婦が疎開した。（『原発事故を問う』六七―七一頁）

ウクライナ政府のこの決定に対し「ソ連政府は露骨に不快感を表した」。ウクライナ側の対応が住民にパニックを起こしたと批判した。そして、五月一四日被ばく許容線量を引き上げるという「きわめつけの通達がモスクワのソ連保健省……から送られてきた」。「ソ連保健省は……次のような新しい基準を採用した。一四歳以下の子どもと妊産婦の場合、年間一〇レム（一〇〇ミリシーベルト）、一般人の場合は五〇レム（五〇〇ミリシーベルト）まで許される。それ以下の場合、住民の疎開などの特別な措置はとらない」。イリーンはさすがにこれには反対して後に一〇レムまで引き下げられた。

それまでのソ連では年間五ミリシーベルト（〇・五レム）だったから、二〇倍に引き上げた。その頃のキエフの線量は毎時〇・五ミリレム（五マイクロシーベルト）というからかなり高い。（そういえば日本も一ミリシーベルトを二〇ミリシーベルトへと二〇倍あげた）。

政治的・経済的事情を配慮した線量基準

七沢は次のように概括している。「住民保護の対策を決める際の客観的な目安となるはずの被ばく線量が、国の都合で勝手に変えられる。その動機としては、まずむやみに人の移動を認めて、パニックに導かないという政治上の大方針があった。そして同時に、被ばく線許容量を引き上げることで人の移動をさせない背景には、経済的要因もからんでいた」（七三頁）。七沢はこう述べて、ＩＣＲＰの「最適化」の論を説明するイリーンの言葉を引く。

わが国にかぎらず、日本でもイギリスでも、アメリカでも、非常事態が起こったら、普段のレベルよりも高い基準が導入されるようになっています。これは仕方ないことだと思います。たとえば、キエフ市民三百万人が本当に疎開するとなったらどれだけの社会的費用がかかることでしょう。もちろん被曝による健康上のリスクは生じますが、それを、この社会的費用とを秤にかけて考えなければならないのです。（七三―七四頁）

結局、モスクワとウクライナは妥協した。五月一五日に疎開第一陣が出発した。イリーン著『チェルノブイリ：虚偽と真実』の第二部と七沢の叙述を見ると、放射線健康影響の専門家としてキエフに派遣され、ソ連側の立場を押し通そうとしたのがイリーンだということがよく分かる。当時、事故による放射線の健康被害がどれほどに及ぶか、イリーンの側に確かなデータはほとんどなかったはずなのだが。

3．しきい値あり論者イリーンの三五〇ミリシーベルト基準の主張

チェルノブイリ事故後の線量基準論争

イリーン『チェルノブイリ：虚偽と真実』の第四部では、イリーンが提唱した「生涯最大被曝線量三五〇ミリシーベルト」基準をめぐる論争や政治的かけひきの経緯について述べられている。それは主に一九八八年から八九年にかけてのことだ。ところで、七沢潔『原発事故を問う』（岩波新書）の第四章にもチェルノブイリ周辺の八九年の状況についての叙述があり、そこでもイリーンが登場する。甲状腺がんが出始めたこの段階でもソ連政府はなおできるだけ避難をさせない、補償をしない立場に固執していた。その様子が描かれている。

その根拠となったのは、イリイン・ソ連医学アカデミー副総裁が唱えた生涯七〇年間に三五レム（三五〇ミリシーベルト）までの被曝は許容される」という説であった。イリインは放射線医学の専門家としてこのころ、「汚染地帯の住民は避難しなくても十分に安全である」と説明していた。（一三七頁）

これに各地の住民・科学者が反発した。第2節で述べたように、イリーンは国連放射線影響委員会（UNSCEAR）の権威を借りて、八九年五月、生涯最大被ばく線量三五〇ミリシーベルトの基準を主張した。これはすでに『チェルノブイリ：虚偽と真実』第一部でふれられていたが、詳しい叙述は同書第四部「放射線汚染地区の住民の移転方法における科学的推奨と政治的解決」に見られる。

この問題は八八年に旧ソ連内で激しく論じ合われた。イリーンが掲げる生涯最大被ばく線量三五〇ミリシーベルト基準は、一平方キロ当たり四〇キュリー（一平方メートルあたり約一四八〇キロベクレル）に相当する。このぐらいの外部被ばくの土地であれば、食物の消費に対する厳しい制限等によって、十分に暮らしていくことができるとイリーンは論じた。要するに広い範囲の住民について、移住・避難しなくても被ばく量は減らせるとの主張だ。

「しきい値あり」という論点

なお、一平方メートルあたり約一四八〇ベクレルというのがどれぐらいの数値なのか、チェルノブイリと福島を分かりやすく比較したウェブサイトもある。飯舘村あたりがそれにあたっており、福島原発事故後の福島県の避難の基準から見ても高い値である（http://d.hatena.ne.jp/sfsm/20120526/p1）。

他方、イリーンは放射線ばかりにこだわると他の健康影響要因が軽んじられることが明らかになってきたともいう。

汚染地区に住む住民の伝統的生活スタイルの劇的変化や深刻な心理的、社会的影響による健康への害、さらに食べ物の品質低下による健康に対する害を伴う変化に対しては目を向けていないことが明らかになってきた。（三〇三頁）

ところが、ソ連の国家放射線防護委員会もこうした「より広い広範な考察」を無視したとイリーンは論じている。どうしてそうなってしまったのか。「問題の根本には何があるのだろうか?」とイリーンは問う。答はしきい値の問題だという。

拙著『つくられた放射線「安全」論』（二〇一三年）では、日本の科学者が八〇年代の後半から放射線健康影響の「しきい値あり」説にこだわってきた経緯を述べている。これは八〇年代後半以降、世界の原発推進勢力が飛びついた考え方であり、日本では九〇年代以降、支持者が増え、原発推進勢力寄りの放射線影響研究を席捲していった。低線量被ばくは危険ではない、だから放射線防護にそれほど費用はかけなくてもよい――こういう立場から電力中央研究所などが押し進め、またたく間に日本国内の狭い専門家集団内で有力になった説である。

実はイリーンもこの「しきい値あり」の立場に立っていることが分かる。実際、イリーンは「しきい値なし」説を激しく批判している。その後の原爆疫学でも、国際的な合意においても「しきい値なし」はますます明確になりつつあるが、イリーンの考えはそれに対立するものだ。「しきい値あり」だから、移住はしなくてもよかったという立場が強く打ち出されている。

しきい値あり論とリスク－ベネフィット論

イリーンは言う――「放射線の影響には閾値がないという仮説は、非常に保守的なスタンスを反映している。多くの科学者の意見の中で、それは、医学的意味においては最も人道的なアプローチであるけれども、それは同時に後障害の実際におこりうる危険を過大評価して」いると。「科学的な理論という観点における、非閾値という仮説の主な欠点は、有機体の中で絶えず行われている修復過程の役割を無視しているという事実である」とも論じている（三〇五頁）。

新たに低線量放射線被ばくについて「しきい値あり」論が台頭しているが、その意義を理解できないでなお「しきい値なし」論に固執している「保守的」な人たちがいる。彼らにこそ問題があるのだとイリーンは論じる。イリーンは「しきい値なし説」は新しい科学技術による社会経済的な利益を損なうものだとも示唆している。

一つのリスクを避けるための努力は、実際には社会に対してははるかにより危険な他のリスクをうむ結果となるかもしれない。それゆえに、実際の状況に関するある種のリスクに対する、経済的、社会的にみて合理的なレベルを確立するための統合化されたアプローチの必要性がある。（三〇六頁）

イリーンによれば、国際的にもこのことが確認されている。「したがって住民の集団移転は、利点（ある放射線量への被ばくの回避）が、彼らの移転と貧弱な社会的再建の結果によってこれらの人々の健康における害以上の利点がある時にのみ可能となる」（三〇七頁）。ここでイリーンはＩＣＲＰのリスク－ベネフィット論、「最適化」論（対立する利益を勘案しながら、全体としてもっとも高い利益が得られる方策をとること）を示唆している。だが、この考え方は共産主義の下ではなかなか受け入れられなかったという。

「リスク論的な認識が欠如していた」という論点

山下俊一や神谷研二ら日本の専門家が日本の公衆がリスク論を受け入れる姿勢が足りなかったと批判するように（拙著『つくられた放射線「安全」論』、本書第Ⅱ部第2章）、イリーンも旧ソ連ではリスク論的な認識が欠如していたと歎いている（三〇八－九頁）。だが、ＩＣＲＰ、ＵＮＳＣＥＡＲなどに集う外国の研究者はリスク評価の方法を知っている。これに学ぶべきだというのだ。

一九九一年の国際チェルノブイリ・プロジェクト（重松委員長：島薗注）において外国の専門家は……人々の移転に関係する利益と害についての多くの要素に基づく分析によって評価することを提唱した。しかし、彼ら（共和国と連邦レベルの科学者と指導者）は同意しなかった。誰一人賛成しなかったのは、そのような評価の方法について何も知らなかっただけでなく、不幸なことに国際的な慣例で認められた放射線防護についての体系的な最適化の方法すら知らなかったからである。（三〇九頁）

八八年段階で、イリーンは集団移転反対論を断固として主張したが、少数派だったと述べている。イリーンらは説得力を強めようと、論拠の強化を図っていく。それを受けてソ連の放射線防護委員会は八八年九月、特異な危険グループ（例えば子供）に関しては、三五〇ミリシーベルトを提起した（三一七頁）。ちなみに日本の食品安全委員会は二〇一一年一〇月、日本では許容生涯被ばく線量を一〇〇ミリシーベルトとしたのだから、子供らは三五〇ミリシーベルトというのは相当に高い値である。そういえば、その後、日本の文部科学省放射線審議会は食品安全委員会の規制が厳しすぎると反対した（http://ni0615.iza.ne.jp/blog/entry/2589168/）。放射線審議会をリードしてきた日本の放射線健康影響の専門家らはイリーンの考え方に近いのだから当然かもしれない。

移住による悪影響よりまし

イリーンはこう続ける。「ブルダコフらを代表とするワーキング・グループは、三五〇ミリシーベルトという生涯被ばく線量において、予想される（過剰な）確率的影響のレベルを査定した。例えば彼らは、自然発生の悪性腫瘍の割合よりも、放射線に関連して起こると予想される悪性腫瘍の割合の方が数％高く、遺伝子異常は三分の一であることを突き止めた」（三一七－八頁）。

当時のソ連では数％の致死がん増加を予想していたことが分かる。また遺伝子異常を通常より三分の一多いと予想していたようだ。イリーンらは相当の病気や異常が出ても、移住による悪影響よりましと考えていた。以上の計算に基づいて三五〇ミリシーベルト以下でも移住すべきかどうかの論争に臨んだ。だが、これは放射線医の管轄を超えており、社会経済的、心理社会的な面がさらに考慮されなければならないとして、ロシア、ベラルーシ、ウクライナの国会に委ねることになった。

三年後、重松逸造を委員長とする国際チェルノブイリ・プロジェクトは、三五〇ミリシーベルト以上でも必ずしも移住しなくてもよいという結論に達したとイリーンは述べている（三一九頁）。「三五〇ミリシーベルト以上でも移住しなくてもよい」という論が勝利したのだという。こうしてイリーンは他の損失を減らすため移転をさせないという考えがソビエト連邦政府レベルでは公認の立場になったと述べている。

だが、連邦を構成する各共和国のレベルではその結論は採用されなかった。八八年九月にイリーンらソ連放射線防護委員会が主張した生涯三五〇ミリシーベルト案をめぐり激論が戦わされた。移住反対の同案は反論され「閾値のない放射線影響についての仮説を重んじた……「より人道的な」規準の必要性についての決定という方向に向った」（三一七－八頁）。イリーン側に不利な方向に傾いたのだ。

国際チェルノブイリ・プロジェクトへ

イリーン側は巻き返しを図る。「八九年九月一四日、一七の医学、生物学研究所からの九二人の主要専門家に署名された」「チェルノブイリ事故後に起こっている状況に関する放射線の安全性と放射線医学の分野における専門家の声明」「

をゴルバチョフと共和国最高会議に提出する。第二節でふれたように八九年五月にイリーンは国連放射線健康影響委員会に生涯三五〇ミリシーベルト案を認めさせるのに成功している。このソ連国内向けの九月の文書でイリーンらの国家放射線防護委員会側は、移住は不要との自らの立場を擁護するために、さらに国際的な調査検討を行うよう、ゴルバチョフと（ウクライナ、ベラルーシなどの）共和国の最高会議に要望する。

「それは希望通りに実行され」た（三三一頁）。即ち国際チェルノブイリ・プロジェクトである。重松逸造が委員長を務め、短期の調査に基づき、九一年、放射線の健康影響被害はほとんどないとの結論を提出する。「世界中の異なる国から二〇〇人以上の専門家が参加したチェルノブイリプロジェクトの国際的諮問委員会は、集団移転に関して基本的には同じ結論に達した」た（三三一頁）。

だが各共和国政府はこれにも従わなかった。九二年新たに組織された委員会の長ベルヤエフは、三五〇ミリシーベルト規準より厳しい規準による移住を行う妥協案を決めた。新しい規準は九一年時点で年間五ミリシーベルトを超える地域では強制移転を行うというもの。任意移転は一～五ミリシーベルトの地域ということになった（三四一頁）。

心理的、精神的影響という論点

新しい規準にイリーンは反対した。だがそこにはイリーン側の主張もある程度盛り込まれている。「このプログラムの実行は、実質的に放射線の要因の影響を減らすことになる。しかし、より多くの注意が、社会的、心理的側面に払われなければならない」（三三八頁）というのだ。

それは、今やチェルノブイリ事故によって被害を受けた地区の住民の健康への主な脅威になっている心理的変化とストレスである。さらに、放射線の要因によって被害を受ける地区より、この心理的要因によって被害を受ける地区は非常に大きい移転による利点とその決定を行う際、放射線の要因だけでなく、住民の間のストレスや緊張も考慮に入れられている一年あたり五ミリシーベルトとか一ミリシーベルトのような「低線量では人体に何も害もないということがはっきりしているのに、（なぜ移住が）実行されるのか」。「ある意味、汚染地区住民の健康が、放射線の慢性ストレスのどちらに影響を受けるかどうかに、殆ど違いはない。もし、ストレスが移転だけによって解消できるのであれば、政府はそれを援助する義務を持つのである」（三三九頁）。つまり放射能の影響は小さいと匂わせている。ベルヤエフらの一九九二年の文書は大量移住を認めることになったが、実は移住に必ずしも納得していなかったとイリーンは述べる。だが、ロシア連邦は一九九三年以後、議論を再開し、また生涯三五〇ミリシーベルト許容基準の線に帰って行く（三四七頁以下）。

４．イリーンに協力した重松逸造の系譜の医学者

国際組織の力を借りて自説を通す

事故直後から子供は疎開しなくてよいと主張し、その後、生涯最大被ばく線量三五〇ミリシーベルト、しかもそれ以上の線量でも必ずしも移住しなくてよいと主張したイリーンの立場は、ウクライナやベラルーシではなかなか受け入れられなかった。そこで、イリーンは国連放射線影響委員会（ＵＮＳＣＥＡＲ、国連科学委員会）等を頼り、国際組織やそこに集う外国の科学者の力を借りて自説を支えようとした。八九年五月にＵＮＳＣＥＡＲによって、生涯三五〇ミリシーベルト基準の立場をオーソライズしようとした経緯についてはすでに述べた。

だが、それだけではない。すでに一九八八年にイリーンは自らの立場を支えるのに、重松逸造の力を借りていた。第六部第二章「チェルノブイリの放射線の影響に対する他の解釈。それらに対する日本人専門家のコメントと、ロシア人科学者による未出版の反論」（四一六頁以下）を見よう。

この章ではグロジンスキーという植物学者の放射線の健康影響が無視できないとするインタビュー記事（一九八八年）に対する批判が数ページにわたって述べられた後、一九八八年にキエフを訪れた重松教授の地元新聞へのインタビュー

記事が長々と引かれている。

イリーンを擁護する重松逸造

重松が強い意志をもってイリーンを支えようとしたことがよく分かる文章なので、ここにも掲載しよう。

広島、長崎の生存者の研究を通して、ガン以外の疾病の発生率の増加を証明することは今迄のところできていない。細心の分子生物学的研究を用いても、遺伝学的影響は見つかっていない。影響が全くないという意味ではなく。そのレベルは検知出来ないほど低いということである。

キエフとチェルノブイリに関しては、その線量は日本のケースと比較すれば極めて低く、我々の経験からもこの地の人々の健康に対する悲惨な結果を予感させる根拠がないことは明らかである。しかし、研究は続けて行く必要はある。特に、人々の心配から生じるこれら問題の精神的側面の観点についてはそう言える。

広島・長崎の人々の間にカタル、アレルギー、伝染性の病気がほんの少数観察されるものの、今や原爆生存者は最も高い平均寿命のグループである。これは、彼らの健康に対して特別な注意が払われていることの結果である。彼らは毎年、二、三回の健康診断を無料で受けている。注目すべきことは、被曝した人々はそうでない人に比べてはるかに健康に対する不安が多いことである。（四一九－四二〇頁）

心理的、精神的影響の強調

福島原発事故後に長瀧重信や山下俊一らが強調し、放射線健康影響の専門家がこぞって唱えるようになる、「放射線を恐れることによる精神的影響の被害」という論がここですでに提示されている。

これは病因学的というよりはむしろ心理学的な現象であるように思われる。広く広がったこの病気（日本では「原爆症」と呼ばれる）に対する治療法を誰が知っているというのだろう。現代の医学においても、本当の愁訴と単なる主観的な訴えを区別することができないので、我々は全ての不満に対して対応しなくてはならない。悪性新生物とその医学的物質による防護策については、以下の点を心に留めていて欲しい。

理論上では、環境上のほんのわずかな放射線の増加でさえ、ガン発生率の増加につながるかも知れない。これは例えば、放射線の増加によって百万人に一人多くガンが発生するようなものである。しかし現段階では誰がそのガンにかかるかを確定させることはできない。もし全員に対して治療を行ったとすると、九九万九九九九人が不必要な医療を受けることになる（中略）。

ソビエト連邦のような多くの国民に、この治療を行うことは可能であろうか？仮に可能であるとしても、一人の健康のために、無害とは言えない物質によって毒される九九万九九九九人の健康状態についての配慮をしなければならない。もっと安全な防御方法を考える方が意味があるように思われる。例えば、肉とウォッカの消費についてとかである。（四二〇－四二一頁）

避難不要という論を応援する重松

重松は一九八八年訪問中のキエフで、ソ連の放射線防護医学の責任者であったイリーンが望んでいたとおりのことを新聞記者に語っていた。だが、この段階で重松はチェルノブイリ事故による汚染についてどれほどの知見を得ていたのだろうか。また、住民の健康状況についてはどうか。少なくとも地域での住民の状況については、何も知らなかったはずだ。これは科学的な判断と言えるだろうか。

なお、これはさほど線量が高くなかったキエフでの話だ。より線量の高い地域については別の考えで臨むべきと考えていたのだろうか。そこもよく分からない。だが、とにかくできるだけ多くの住民に避難不要という考えを植え付けることを目指して発言していたことははっきりしている。

このように重松はチェルノブイリ事故後のかなり早い段階でイリーンと連携し、健康被害は少ない、避難その他の防護措置は最小限でよいとの立場で歩調を合わせせようとしたことがわかる。こういう背景があってこそ、一九九〇年から九一年にかけてのチェルノブイリ国際プロジェクトにおいて重松はきわめて大きな役割を担うことになる。

イリーンは一九八九年のソ連政府の要請でIAEAが行うことになったチェルノブイリ国際プロジェクトについても詳しく述べている。これはイリーンら、避難をできるだけ少なくさせようとする側の意図を通すためのお墨付きを与えるべく急いで行われたことが明らかで、対立する勢力とのやりとりが多く記されている。

チェルノブイリ国際プロジェクトの目的

チェルノブイリ国際プロジェクトについては、重松逸造『日本の疫学』にもあらましの叙述があるが、二〇〇人の国際的科学者集団による国際諮問委員会（IAC）によって行われたものだ。その委員長は重松逸造である。被害をほとんど否定するその内容は囂々たる非難をよんだ。とりわけウクライナやベラルーシの科学者らからの批判が多かった。イリーンはこの報告について述べながら、度々旧ソ連内の各地域の科学者による研究が国際水準とは異なると述べている。イリーンは旧ソ連の諸国の中での自分たちの立場を強化するために重松と組んで国際チェルノブイリ・プロジェクトを組んだことが透けて見える叙述がなされている。その結論は以下のとおりだ。

専門家達は、将来に対する多くの重要な勧告を行った。特に彼らは、「住居の移転を行う前に、移住によって住民に悪影響を及ぼすかも知れないということも考慮されなければならない」と指摘した。特別な注意が、事故による心理学的影響を減少させようとしているプログラムの組織化に向けられた。彼らは、人体に及ぼす被曝の影響について、住民と地方の医師のための教育プログラムを作成する必要性を強調した。そして彼らは、医学的診断と検査機器、材料や試薬の品質を改善するために全力で取り組むべきだと勧告した。最後に彼らは、再び「地方科学者による統計学的データ収集と登録システムが、国際的に認められた基準と方法によって基づいて行われなければならない」と勧告した。（三八六頁）

重松、メットラー（米）らによるチェルノブイリ国際プロジェクトについてのイリーンの記述を読むと、被害情報について何とか国際原発開発勢力の主導権の下で上からの調査情報把握と情報管理を行い、その意志を通そうとした様子がよく分かる。

チェルノブイリ国際プロジェクトの内実

では、このチェルノブイリ国際プロジェクトの調査とそこから見出された被害評価はどのようなものだったか。調査委員会の委員長である重松逸造自身のまとめ（『日本の疫学』二〇〇六年）を引こう。

一九八九年一〇月、ソ連政府はＩＡＥＡ［国際原子力機関］に対して、チェルノブイリ原発事故の影響に関する客観的な評価を依頼しました。その理由は、住民の健康に対する不安や心配が急速に高まってきており、これには情報不足、政府への不信、マスコミの過剰報道、専門家間の意見の相違などに加えて、前述したペレストロイカやグラスノスチといった社会情勢がこれに拍車をかけたためです。

ＩＡＥＡは、ＷＨＯなどの六国際機関と協力して、専門家約二〇名からなる国際諮問委員会（委員長：筆者）を発足させ、この委員会が約二〇〇名の各国研究者が参加する調査班五チーム（自己経緯、環境汚染、被ばく線量、健康影響、防護対策）を編成して、一九九〇（平成二）年五月より約一年間にわたり現地調査を実施しました。（六一－六二頁）

二〇〇名の研究者が五チームを編成したというが、それにしては調査のデータは小さなものである。調査期間がわずか一年で、あっという間に結論が出されたこともこの調査の信憑性を疑わせる要因である。

この調査の目的は、この時点で被ばく住民の間に心配されているような健康被害の増加があるかどうかを評価することにありましたので、疫学調査の方法としては、ある時点での有病状況を比較する断面調査が行われました。具体的には、七汚染地区と対照となる六非汚染地区を選び、生年によって二、五、四〇、六〇歳に該当する各年齢群約二五人ずつ抽出しました。検査は次の一二項目について行われました。①既往歴、②一般的精神状況、③一般的健康状態、④心臓血管状態、⑤成長指数、⑥栄養、⑦甲状腺の構造と機能、⑧血液と免疫系の異常、⑨悪性腫瘍、⑩白内障、⑪生物学的線量測定、⑫胎児と遺伝的異常。最終的に検査を終了した者は計一三五六人でした。（六三頁）

少ない調査対象者と大胆な結論

被ばく者は約七〇〇名、残りの半数近くはほとんど被ばくを受けていない対照群である。わずか七〇〇名の健康診断的な検査と被ばく線量推定調査なのだが、たいへん強い結論が引き出されている。それは次のようなものだ。

調査結果を要約すると次のとおりです。

一、汚染地域と非汚染地域で実施された検診結果を比較すると、両地域とも放射線と無関係な健康障害が目立っており、放射線被ばくに直接起因すると思われる健康障害は認められなかった（図４－１）。（図４－１は「要医療割合」が非汚染地区の方で高いことを示す）

二、事故の結果、心配や不安といった心理的影響が汚染地域以外にも拡がっており、ソ連の社会経済的、政治的変動とも関連していた。

三、ソ連側のデータによると、白内障やがんの増加を認めていないが、これは特定部位のがん増加を否定するのに十分なデータとはいいにくい。しかし、調査チームによる推定被ばく線量と現行の放射線リスク推定値から見て、汚染地域で大規模、長期の疫学調査を実施したとしても、将来がん発生の増加を検出することは困難であろう。ただし、小児の甲状腺被ばく線量推定値によると、将来甲状腺がんの発生増加をもたらすかもしれない。（六二－四頁）

この調査の手法から見ても分かるし、そこから提示された結論の大胆さからもうかがわれることだが、このチェルノブイリ国際プロジェクトの調査結果は科学的な価値は高いものではない。国際的な科学者二〇〇人の名をそろえたということが、そもそも権威に頼ろうとする危うさを感じさせる。そのような多数の科学者が、短期間に一つの研究プロジェクトを有効に遂行するというのはありえないことである。

笹川チェルノブイリ医療協力事業

これに並行して、重松逸造は長崎大学の長瀧重信らを登用して、長期的な本格的調査を始めようとしていた。笹川チェルノブイリ医療協力事業である。ここで長瀧や山下俊一がどのような姿勢で調査に望んだかは、拙著、『つくられた放射線「安全」論』（二〇一三年）であらまし述べている。そこで述べたように、一九九〇年の長瀧の最初の訪問で、放射線の健康影響に対処することではなく、「不安を取り去る」ことが課題だとの判断が下されていた。

それはちょうど、重松がイリーンと組んでチェルノブイリ国際プロジェクトの調査を行っていたときだった。長瀧が最初の訪問で真っ先に決めたリスク評価は、ソ連政府の立場から下されたイリーンの判断、そして国際的な放射線健康影響・防護の科学者仲間という立場での重松の判断に相即するものだった。

重松逸造は長期にわたって放影研の理事長を務め、加害者側であるアメリカの疫学調査の立場を堅守してきた。また、多くの公害事件で被害を小さく見積もる政府側の立場に立ってきたことも知られている（広河隆一『チェルノブイリから広島へ』岩波書店、一九九五年）。

国際的な「専門家集団」の結束が見える

一九八九年から九〇年にかけてその重松と（他の国際放射線健康影響・防護専門家たちと）イリーンが協力して、チェルノブイリ原発事故の放射線の健康被害を極端に小さく見積もろうとする立場を築こうとしていた。その立場に立って、初めから「不安を取り除く」ことに主眼を置いて調査を進めたのが、長崎大学の長滝重信や山下俊一を主体とする笹川チェルノブイリ医療協力だった。そして原爆被害の研究の成果の上に立って、チェルノブイリ原発事故調査を行ったとして、世界でも有数のその道の権威者として、福島原発事故の被災対策に取り組んだのが、長瀧や山下だった。

イリーン、重松、長瀧、山下らは、詳細な研究を始める前から下していた判断を、そのまま科学的調査に反映させたと疑われてもしかたがないだろう。それは被災地の近くで診療にあたった多くの医学者・科学者等の立場と対立する。彼らの目には被害者や潜在的な被害者の利益に反する偏った被害調査を行ってきたものと映らざるをえなかった。二〇〇二年、スイス・テレビジョン制作ウラジミール・チェルトコフ（Wladimir Tchertkoff）「原子のウソ」（「核をめぐる論争」）http://vimeo.com/42618038 はその様子を可視化している。この映像はＷＨＯのキエフ会議（二〇〇一年六月）の取材を基礎としたもので、以下のサイトに解説がある（http://www.inaco.co.jp/isaac/shiryo/hiroshima_nagasaki/fukushima/ECRR_sankou_06.html）。

イリーンの『チェルノブイリ：虚偽と真実』は、地域の医師・医学者に原発推進側に立ち、放射能被害を被る人々の立場を軽視するその偏りを疑われた、こうした国際的な「専門家集団」の結束のあり方を図らずも浮彫にしてくれている。

第５章　ダークツーリズムと「人間の復興」
――被災者に近づき、原発事故をともに記憶する

1．被災者・支援者から学ぶこととダークツーリズム

被災地に関わりながら研究する

私は二〇一一年四月一日に発足した宗教者災害支援連絡会（略称、宗援連）の代表を務めている。宗援連は東日本大震災をはじめとする災害の被災地・被災者支援に関わる宗教者や宗教集団の情報交換を促進し、よりよき支援を考える場所を提供するとともに、宗教・宗派の枠を超えた支援活動の可能性を探ろうとするものだ（宗教者災害支援連絡会編『災害支援ハンドブック』春秋社、二〇一六年）。

私はまた、福島第一原発事故に関わって、『つくられた放射線「安全」論』（河出書房新社、二〇一三年）という書物を公刊し、福島原発事故後の放射線健康影響に関わる科学と社会、科学と倫理のあり方について考察、発言を続けてきている。日本学術会議の会員であった（二〇〇八−二〇一四年）ことから、「福島原発災害後の科学と社会のあり方を問う分科会」の委員長を務め、こうした活動を続けるなかで、東日本大震災、とりわけ福島原発災害の被災地・被災者に対する支援のあり方について、自らがどのような位置に立つべきなのか、たびたび考えざるをえなかった。

ものが言いにくい状態

原発被災地では思うことがなかなか言えないような状況が続いている。放射線の健康影響について懸念を口にすると、

産業の停滞や差別を招く「風評被害」を広めるようなことは言うなと言われる。そこで、そのようなことは言わないで胸のうちにしまっておくしかない。あえて放射線の健康影響を避ける行動を起こそうとすると、近しい人たちと対立してしまう。放射性物質が存在することによって、人々の関係がさまざまに分断されてしまう。二〇一三年には「分断被害」という言葉も用いられるようになっていた。

私は被災当事者ではなく、また、支援者というほどに深く被災地や被災者に関わってきたわけでもない。だが、被災地や被災者、また支援者に関わりを保ちながら、ときには自らも支援活動に加わり、事故後の政府、自治体、科学者、専門家、メディアの対応のあり方について考察し、いくつかの論文も発表してきている。このような被災地・被災者との関わり方はそもそもダークツーリズムと近いものだと自覚している。

ダークツーリズムとは何か?

では、ダークツーリズムとは何か。井出明の「ダークツーリズムから考える」（東浩紀編『福島第一原発観光地化計画思想地図β　vol.4-2』ゲンロン、二〇一三年一一月、所収）は以下のように述べている。

まず、ダークツーリズムとは何かという根源的な問いについては、「戦争や災害の跡などの人類の負の記憶をめぐる旅」という考え方で、観光学者の間では、ほぼコンセンサスがとれている。

近年では、サンフランシスコのアルカトラズ刑務所の見学といった、非常に娯楽性の強い旅もダークツーリズムの一つとして認識されるようになってきた。その意味で、ダークツーリズムという営みは、人類の悲劇の跡を訪れるため、その価値の根幹部分が、〝悼み〟と〝地域の悲しみの承継〟にあるという点については確かである。まさに、ダークツーリズムは、〝悼む旅〟なのである。もちろん学びの要素はあるであろう。しかし、それは悼みに伴う副次的なものであって、ダークツーリズムの核心ではない。（一四五頁）

悼み・悲しみ・遊び・学び

ここでは「悼み」「悲しみ」の要素とともに「遊び」（娯楽性）の要素が強調されている。だが、「学び」の要素はあまり強調されていない。「学び」の要素は「核心ではない」とされる。ということは構成要素ではあるということだろう。では、それはどれほど重要なのか。『福島第一原発観光地化計画　思想地図β　vol.4-2』には「ガイドを育てる」という井出の別の論考も収載されている。これはダークツーリズムにおいて「学び」の要素がたいへん重要であることを示唆するものだろう。

ここではまた、「地域の悲しみ」があげられているが、これは「誰の悲しみか」という問題とも深く関わっている。当事者はそこにいるのか、いないのか。当事者がどう関与するのか。また、誰がどう「承継」するのかという問題もある。これらはいずれも重い問題であるが、ダークツーリズムについて管見にふれたところでは、あまり考察されていないようだ。

「福島がダークツーリズムの対象となるだろう」と考えることと、「福島第一原発観光地計画」を唱えることは別である。大きな災害が地域を襲って一年から二年という時期に、「福島第一原発観光地計画」を唱えることにどのような意味があるのか。この稿ではこの問いに答えるための予備的な考察を進めたい。

２．原発被災と復興をめぐる問題状況――「人間なき復興」と「人間の復興」

「人間の復興」と「人間の安全保障」

東日本大震災や福島原発災害からの復興について考えるとき、「人間の復興」という概念がキーワードの一つとして用いられてきている。公明新聞大震災取材班の編による『「人間の復興」へ』（公明党機関紙委員会、二〇一二年）を開いてみる。「まえがきにかえて」で公明党機関紙委員会委員長、新井秀男は発災以後の『公明新聞』の取材の姿勢を、「徹して被災者の心に寄り添い、徹して現場の声を吸い上げ、徹して被災地の目線に立って、書いて書いて書きまくろう」

という言葉に要約している。そして、そのような取材の姿勢は、「人間の復興」を目指す公明党の政治姿勢に沿ったものであることも示唆している。

本書は、そのようにして現場を歩きに歩きながら、若き記者たちがその目で見て、その耳で聞いて、その心で感じ取った「あの日からの500日」集です。そこには、あれほどの惨劇に見舞われながら、避難所でも仮設住宅でも互いに相手のことを思いやり、助け合い、励まし合う東北の人たちの気高き姿が、深い共感と感動を交えて記録されています。自ら被災しながらも、「自分のことは後回しでいい」と被災地を必死で駆け回る公明党地方議員の姿が刻まれています。山口代表を先頭に、「人間の復興」をめざして政府を動かし、政治を前に進めようとする公明党の苦闘ぶりも書き記されています。（二一一頁）

書物の題とされているにもかかわらず、「人間の復興」の内実はあまり明らかではない。これに対して、二〇一五年に刊行された、重田康博他編『原発震災後の人間の安全保障の再検討：北関東・新潟・福島の被災者実態調査に基づく学際的考察：論文集：震災直後から今日まで』（宇都宮大学国際学部附属多文化公共圏センター　福島幼児・妊産婦支援プロジェクト（ＦＳＰ））では、「人間の安全保障」の概念と「人間の復興」が結びつけられている。だが、福島原発災害後の避難者への支援という点からは、自民・公明両与党の政権下での対策、とりわけ二〇一三年以降の帰還促進政策は、「人間の安全保障」を大きく損なうものと捉えられているのが実情である。

「人間なき復興」

原発被災地の「復興」政策の現状はむしろ「人間なき復興」に陥っているという見方もなされている。山下祐介・市村高志・佐藤彰彦の三氏による『人間なき復興――原発避難と国民の「不理解」をめぐって』（明石書店、二〇一三年）は三氏の語り合いをまとめた書物だが、実際に行われている復興政策が人間を置き去りにしているとして、富岡町から避難している市村はこう述べている。

市村はいう。／「何のための復興なのか、その根本が見えない気がする。復旧と復興がごちゃまぜになっている感じで、いったい何がゴールなのか」。／復旧と復興がごちゃまぜということの意味はこうだ。／「復旧については俺は分かりやすいと思う。壊れて寸断された道が通るようになった、落ちた橋がつながった、崩れた家が建て直った。これはたしかに復旧だ。でも、そこに誰が住むのか、誰がその道を使うのか、誰がその橋を渡るのかということが重要で、そこまで含むのが復興なんだと思う。俺はパソコン屋だったからそれもこういう例で理解するけれども、パソコンなんてＯＳがなければ、そしてそれを人が使わなければ、ただの箱だから。人の営みが入ってはじめて復興になるんじゃないかと思う」。（三二頁）

では、その人は誰なのか。主に経済的な側面から復興を考えている立場の人から見ると、元の人でなく新しい人が入ってきて経済が活性化すればそれは復興ということになる。市村から見ると、経済的な活性化を重視する復興政策は、当事者である人たちにとってわけのわからぬものになる。

このあいだやったタウンミーティングのときの話だけど、「地域があるから人があるの？」「県があるから地域があるの？」「国があるから県があるの？」。違う。逆でしょうって。人がいるから地域が生まれ、地域の仕事がたくさんあるから村になり町になり、そして県や国が成り立っているということなんじゃないの。過疎地だって、結局つぶれないのはそこに人がいてふるさとを支えているからでしょう？」／でも、現実にはそうではなく、カネがあるから人がいる、雇用があるから人がいる、経済があるから人がいる、そういった発想に切り替わってしまっている。それゆえ、本来、人が災害から再び立ち上がっていくことが復興であったはずなのに、公共事業を行い、雇用を確保して、人口を維持することが復興だというかたちに切り替わってしまう。（三七―三八頁）

こうして、本来「「人のための復興」であるはずのものが、目的と手段の逆転が起き、「人のいない復興」になってしまっている」という（三九頁）。

「創造的復興」の理念

そもそも、東日本大震災の復興理念が「人間なき復興」を目指したものになっていなかったか。「創造的復興」の理念が掲げられたが、そこにこそ問題があったのではないか。大島堅一・除本理史の両氏による『原発事故の被害と補償――フクシマと「人間の復興」』（大月書店、二〇一二年）は早い段階でそのことを指摘している。大地震から一ケ月後の四月一一日、復興計画の青写真を描く東日本大震災復興構想会議の設置が閣議決定された。この会議の提言は六月二五日に発表されたが、その理念は「創造的復興」という言葉で、すでに四月の閣議決定のなかに示されていた。すなわち、「復旧の段階から、単なる復旧ではなく、未来に向けた創造的復興を目指していくことが重要である」。

「創造的復興」は一九九五年に起きた阪神・淡路大震災の際に、兵庫県や神戸市が掲げていたスローガンである。塩崎賢明・西川栄一・出口俊一・兵庫県災害復興研究センター編『大震災15年と復興の備え』（クリエイツかもがわ、二〇一〇年）が示しているように、この「創造的復興」に対しては、神戸空港や高層ビルの建設など、開発型復興という色彩がつよく、「弱者」が置き去りにされた、との批判がなされてきた。他方、「人間の復興」とは、経済学者の福田徳三が、関東大震災（一九二三年）の現実をふまえて提起した復興理念だ。

道路や建物などいわゆるハード面の復旧はあくまで手段であって、本来の目的は人々の生活や仕事を再建することだ、という考え方である。日本国憲法の観点から改めて位置づけ直せば、「人間の復興」という理念は、震災復興に関して、人間の尊厳と幸福追求権（第一三条）、生存権（第二五条）を保障することの重要性を明らかにしたものと見なしうる。（二一一‐一二頁）

被害者の生活再建に資する復興

では、福島原発事故の災害において、「人間の復興」はどのようにすれば可能になるのか。加害者がいる災害であるから、加害者の責任において被害の回復がはかられなくてはならない。

「人間の復興」という理念に立ち、人々の生活や仕事を全面的に再建しようとするならば、事故前の状態にもどすこと――すなわち原状回復が本来望ましい。しかし、第一章でのべるように、放射線物質を農地や海から完全にとりのぞくことは、現実にはむずかしいか、あるいは非常に長い年月を要する可能性がある。つまり、費用をかけたとしても、事後的にもとの状態に回復することが困難な被害（絶対的損失）というものがある。

他の例を挙げれば、放射能によって安住の地を追われ、家族が離ればなれになる苦しみは、金銭で償えるものではない。しかも農業者のような場合には、住み慣れた土地と生業が密接に結びついており、農地は長期にわたる労働投入の成果物である。同等の代替物を、他の場所で即座に見いだすのは、きわめて困難と言ってよい。

したがって、原状回復がただちには困難だとすれば、大きく二つのことが求められよう。第一は、当然であるが、すでに生じた被害に対して、速やかに適切な金銭的補償を行うことである。しかしこれは、過去の被害を償うものでしかない。したがって第二に、被害者たちが自らの生活や仕事を再建していくプロセスを保障するための、積極的な取り組みが必要である。（一二一–一三頁）

ダークツーリズムを復興と結びつけて考えるのであれば、以上のような論点は避けて通れないものである。つまり、それは「人間の復興」に資するものなのか。「人間なき復興」の道を押し進めるものになることはないだろうか。

3．惨事便乗型資本主義（Disaster Capitalism）と科学研究

ショック・ドクトリン

福島原発災害では、災害に乗じるかのように産業や科学研究が活気づくという事態も生じている。こうした事態は二〇世紀末以来、世界各地で頻繁に観察されるようになり、「ショック・ドクトリン」とか、「惨事便乗型資本主義」（Disaster Capitalism）という言葉で捉えられている。ナオミ・クラインは二〇〇三年のイラク戦争、二〇〇四年のスマトラ島沖地震と大津波、二〇〇五年の米国南部を襲ったハリケーン・カトリーナなどを例にあげて、次のように述べている（ナオミ・クライン『ショック・ドクトリン』上・下（幾島幸子・村上由見子訳）、岩波書店、二〇一一年、原著、二〇〇七年）。

二〇〇五年、バクダッドに赴いた私は、アメリカ政府が「衝撃と恐怖」作戦に引き続いて行ったショック療法の失敗に関する記事を書き上げてから、その足ですぐにスリランカへと向かった。二〇〇四年末に大津波がスリランカを襲ってからすでに数か月経っていたが、私はここでも同じような手口を目撃することになる。災害後、外国投資家と国際金融機関はただちに結託してこのパニック状況を利用し、村を再建しようとした数十万人の漁民を海岸沿いから締め出したうえで、この美しいビーチ一帯に目をつけていた企業家たちの手に引き渡したのだ。彼らはまたたく間に大規模リゾート施設を海岸沿いに建設していった。スリランカ政府は「悲惨な運命のいたずらとはいえ、今回の天災はスリランカにまたとないチャンスをプレゼントしてくれた。この大惨事を乗り越え、わが国は世界でも一流の観光地となるだろう」と発表した（上、九頁）。

戦争や災害は大きなビジネスチャンスである。これが企業家と政府関係者の共通認識となっている。人々が悲しみにくれてどう生活を立て直すか途方に暮れているとき、政官財各界による新たなビジネスチャンスへの挑戦はいち早く始まっている。

要するに、ニューオーリンズで共和党政治家とシンクタンクと不動産開発業者が三者一体となり、「白紙の状態」を口にして浮き足立つずっと以前から、これが企業の目標を推進するうえで好ましい手法だという理解はすでに確立していたのだ。つまり、人々が茫然自失している間に急進的な社会的・経済的変革を進めるという手口である。

福島医大の放射線医療の拠点化計画

ここで思い起こされるのは、福島医大が原発災害発生後、いち早く提示した「放射線医療の拠点化を目指してまとめた復興ビジョン」である。『福島民報』は二〇一一年九月二〇日付けで次のように伝えている。

東京電力福島第一原発事故を受け、福島医大が放射線医療の拠点化を目指してまとめた復興ビジョンの概要が一九日までに明らかになった。三二〇床を有する放射線医学県民健康管理センター(仮称)など五施設を五年以内に新設。国内の専門家を医療・研究スタッフとして迎え、県内のがん医療を国内最高水準に引き上げる。被ばく医療専門の医学講座を年内に設けて人材育成にも取り組む。事業費約一千億円を想定し、県と一体で国の三次補正予算案に盛り込むよう求めている。

構想では、各施設ともに医大の敷地内の駐車場などを利用して整備する。放射線医学県民健康管理センターはがんの早期治療を担う拠点施設になる。付属病院にある甲状腺外科、血液内科、放射線科、皮膚科を移し、専門医を配置するなどして医療の高度化を目指す。乳幼児や妊産婦への放射線の影響が特に懸念されるため、小児科、産科もセンター内に置く。

新たな建造物は既存の付属病院より一回り小さい規模のもので、鉄筋コンクリート九階建て、延べ床面積は二万九千平方メートルとなる。そして、病気の早期発見のための分子イメージング施設、がんの発見に用いるPET（ポジトロン断層撮影）やサイクロトロン、超高解像度のＣＴスキャン、内部被ばく状況を検査するホールボディーカウンターなどの最新機器を配備する。がん治療の薬剤開発を進める創薬・治験センター、全県民対象の健康管理調査の結果を将来にわたって分析したり、新たながんの治療法を開発したりする研究・実験施設も設けるという。

被ばく医療に特化した内容で医学講座を新設し、医学部の定員増を国に求める。「放射線関連の医療産業の集積にも取り組む。産学連携の研究施設として、ふくしま医療産業振興拠点（仮称）を設け、地元や海外の企業と連携して放射線医療の検査、診断、治療に用いる機器開発などを促進する。研究のパートナーとなる企業誘致も進め、地域産業の活性化と雇用創出にもつなげる」という。福島医大の横山斉同大付属病院副院長は「原発事故のあった本県で最先端の治療・診断を受けられる態勢をつくることで、県民の安全安心を確保し、『日本一健康に生きられる地域』を目指したい」と述べたという。健康影響はほとんどないと予想されると被災者らに説得（リスコミ）する一方で、猛然と「被災者を救う」施設の建設計画を打ち出しているのだ。

ふくしま国際医療科学センター

この構想は、二〇一二年一〇月に「ふくしま国際医療科学センター」創設計画として具体化し、建物でいうと、災害医学・医療産業棟、環境動態解析センター棟、先端臨床研究センター棟、ふくしまいのちと未来のメディカルセンター棟の四棟の建設計画となり、二〇一六年度にはすでに建設が終わっている。センターのホームページには、「このセンターは県民健康調査の着実な実施、最先端の医療設備と治療体制の構築、世界に貢献する医療人の育成に加え、医療関連産業の振興による地域社会の活性化を担うため、平成二四年一一月に発足しました」と記されている。

「ふくしま いのちと未来のメディカルセンター棟」については以下のように述べられている。

ふくしま いのちと未来のメディカルセンター棟（旧Ｄ棟）は、先端医療技術や機器を活用して疾病の早期診断、治療を行う「先端診療部門」が入ります。約二五〇床の病床の他、甲状腺センター、総合周産期母子医療センター、こども医療センター、災害医療・救命救急センターなどの整備、充実を図ります。さらに、県民健康調査事業を進め、県民の健康を長期にわたり見守る、「放射線医学県民健康管理センター」も、このふくしま いのちと未来のメディカルセンター棟（旧Ｄ棟）に設置されます。

「放射線医療の拠点化を目指してまとめた復興ビジョン」という二〇一一年九月の構想と比べると、だいぶ趣が異なる。原発災害を機会に最新の医療施設と医学研究施設を建設したということだろう。だが、こうした措置は原発災害への真摯な反省や「人間の復興」のための努力とはあまり関わりがない。

放射線影響を見据えた対策からの乖離

福島原発災害の後、放射線による健康への悪影響を防ぐための対策は適切さを欠いていた。大量の放射性物質の飛散が不可避となった後も、安定ヨウ素剤の配布・服用指示はなされず、どの方向に飛散したのかの情報の開示は遅れ、被ばく量の測定はごくわずかしかなされず、低線量被ばくの健康影響についての情報は誤って伝えられた（前掲『つくられた放射線「安全」論』、牧野淳一郎『原発事故と科学的方法』岩波書店、二〇一三年、study2007『見捨てられた初期被曝』岩波書店、二〇一五年、本書第Ｉ部、他）。

そして、その後も放射線の健康影響は無視してよいほどのものなので、被ばくを避けるための避難等の対策、あるいは保養プログラム等の健康対策のためにあてられた予算措置は乏しいものだった。放射線の健康影響はないので早く帰還を進めるべきだとして、避難解除が次々に進められてきている。その一方で、がんの早期治療を担う拠点施設としての放射線医学県民健康管理センターが建造され、乳幼児や妊産婦への放射線の影響が特に懸念されるとしてそのための予算措置も講じるという。

並行して、大々的な除染も進められた。ただ、除染をして生じた新たな比較的線量の高いゴミの多くは除去されずに生活環境にとどめおかれている。新しい科学技術の開発や産業の振興のためには、迅速な対処が行われるが、放射線防護のための住民に対する支援は後手後手に回っている。惨事便乗型資本主義を絵に描いたような事態が継続している。そのなかで、科学者・専門家が大きな役割を果たしていることに注目すべきだろう。

「惨事便乗型科学研究」？

二〇一二年には放射線医学総合研究所で「低線量放射線影響研究に関する検討会」が行われ、「低線量・低線量率放射線影響分野における研究推進方策」（二〇一二年七月）がまとめられている。そこには、重点研究課題が①から⑧まで列挙されている。「放射線健康影響調査等の包括的解析によるリスク予測」、「次世代ゲノム・エピゲノム解析技術を利用したリスク評価」、「生体イメージング技術を利用した線量・影響評価」、「発生・再生科学技術を利用した影響機構解明」、「計算科学技術を利用したリスクモデル構築」、「社会制度や研究基盤整備と同調した低線量・低線量率影響疫学研究」、「リスク低減に関する動物実験からヒトへの応用研究」、「放射線障害の診断や治療に関する技術開発」である。「惨事便乗型科学研究」とでも言いたくなるような姿勢がうかがわれる。

すでにチェルノブイリ原発事故の際に、日本の科学者がとった態度にも「惨事便乗型科学研究」を思わせるものがあった。二〇〇四年一二月に行われた座談会「チェルノブイリ医療協力事業を振り返って」で長崎大学の山下俊一教授は次のように述べている。

私が米国から帰ってきたのは一九八七年で、長瀧先生が長崎で核医学会を主催された年です。長瀧先生のお蔭で一九八四年から八七年まで米国に留学していました……。／当時は、チェルノブイリの事故は自分には関係ない地球の反対側のことだと思っていました。ところが帰ってきてみると、長瀧先生はチェルノブイリを千載一遇のチャンスだととらえて尽力されていました。……今思うと、ある意味で遊撃隊員のように、第一内科の外にいて長瀧先生の手足となって自由に動けたことが、この事業への最大の裨益効果を生んだ一因ではないかと思います。ちょうど九〇年の一〇月でした。重松先生や長瀧先生の指導の中で、こんな高価な機材や機器をどうやって維持して検診活動をやるのかということに大きな不安とともに一番責任を感じましたね。（『笹川チェルノブイリ医療協力事業を振り返って』（財）笹川記念保健協力財団、二〇〇六年、一一 - 一二頁）

「千載一遇のチャンス」という言い方をチェルノブイリ事故の被災者たちが聞いたらどう思うだろうか。福島原発事故に際しても、放射線健康、影響を専門とする科学者は同じような意識を抱いたのだろうか。これは、現代の科学研究のあり方を問い直すことに力を入れている私のような研究者にも問われている重い問いである。

4．福島第一原発観光地化計画と「学び」「遊び」「悲しみ」

福島原発災害に関わるダークツーリズム論

一部の科学研究や復興政策が「惨事便乗型」と受け取られかねないものだったのではないかと示唆してきた。それはまた、「人間なき復興」に歩調を合わせたと受け止められざるをえない科学研究であり、復興政策だったということになろう。

では、福島原発災害に関わるダークツーリズム論や「福島第一原発観光地化計画」論（前掲『福島第一原発観光地化計画　思想地図β　vol.4-2』）はどうだろうか。必ずしもそれが、「惨事便乗型」プロジェクトとなるのが必然というわけではない。だが、そのような方向に流れる可能性をもったもののように、私には思われる。

東浩紀は「福島第一原発観光地化計画とは」（『福島第一原発観光地化計画　思想地図β　vol.4-2』所収）で、以下のように述べている。

フクシマを見ることを、カッコいいことに変える、できるだけ多くの人々に、フクシマを「見たい」と思わせる。

ぼくたちは、そのようなイメージの転換こそが、事故の教訓を後世に伝えるために、そして被災地の復興を加速す

るために必要不可欠だと考えているのです。（一四頁）

「事故の教訓を後世に伝える」というのはよく分かる動機で、共感も得やすいだろう、だが、太字の部分がわかりにくい。なぜ、「かっこいい」のだろうか。なぜ、「見たいと思う」のだろうか。東はそのことを承知していて、さらにこう論じている。

防護服が飛散し死の街となった「フクシマ」といった暗いイメージを根本から変革し、フクシマについて考えることこそが、日本の、そして世界の未来について考えることであるという新しい「空気」を作り出すこと、それがこの計画を貫く精神です。（一七頁）

「フクシマについて考えることこそが、日本の、そして世界の未来について考えることである」という考えには一定の妥当性がありそうだ。だが、ここではその中身が何であるかについては語られていない。そのかわりに「空気」を「作り出すこと」が核心的なことだとされている。また、事故をめぐる「イメージの更新」（同前）とも述べられている。なぜ、暗いイメージでないのかもわからないのもそのことと関係があるだろう。

「観光地化計画」という名称を選ぶ理由

よくわからないが何か大きな希望があるという「空気」を作る——この考えには危うさを感じる。そのことを踏まえてのことだろうが、東は「なぜ「福島第一原発事故遺構保存計画」や「博物館設置計画」ではなく、「観光地化計画」という誤解を招きやすい名称を選んだのか、その理由を二つあげている。最初の理由は理解しやすい。「第一に、ぼくたちがいまこの計画を世に問うのは、風化に抵抗する必要があるからです」。二〇一三年の時点で述べられていることだが、この稿を執筆している二〇一六年秋の時点ではいかにももっともと思われる。「どれほど事故が深刻であっても、そしてその処理がいっこうに終わっていなかったとしても、忘れるときは忘れるのです」。

警戒区域はいつのまにか再編され、報道の頻度は減り、国民の原発問題への関心は下がっています。まるで、日本人はいま、無意識のうちにあの事故を「なかったこと」にしようとしているかのようです。（同前）

したがって、ぼくたちは、事故の記憶はできるだけ未来に伝えるべきであり、事故への関心はできるだけ広範に惹起すべきであり、そのためには有形無形のさまざまな対策を打ち出すべきであるとはっきり問題提起したいと考えました。（一九頁）

第二の理由はどうか――「第二に、ぼくたちがこの計画で「観光」という言葉を用いているのは、フクシマへの入口は広ければ広いほどよいと考えるからです」（同前）。こちらの理由はたいへんわかりにくい。というのは、ここでは「遊び」のもたらす効果について、やや楽観的な憶測が含まれているように思われるからだ。

原発事故について正確な知識をもち、偏見もないひとばかりが被災地を訪れたとしても、状況はなにも改善されません。怖いもの見たさで来たはずの「軽薄」な観光客、とりわけ外国からの観光客が、数時間の滞在のあとで真剣な表情になり、原発やっぱりたいへんだな、でも福島はがんばってるなと呟きながら帰っていく、そのような小さな変化の積み重ねこそが、「フクシマ」のイメージを変え、被災地の復興に繋がるのではないでしょうか。ぼくたちは観光客の軽薄さを否定するべきではありません。彼らこそ啓蒙と共感を拡げるチャンスなのです。（二〇頁）

「学ぶ」べきことのコンテンツ

福島県の居住者や親近感をもつ人たちのどれほどが、この考えに賛同するだろうか。アウシュヴィッツや広島・長崎やチェルノブイリと並べて「ダークツーリズム」の対象とされることは、被災地のイメージを改善することになると考えるだろうか。「原発やっぱりたいへんだな、でも福島はがんばってるな」との感想が望ましいものとされているようだが、被災者たちはほんとうにそう思うだろうか。

ここで欠けているのは、「学ぶ」べきことのコンテンツについての言明だ。東も繰り返し述べているように、確かにそれは不鮮明であり、厳しい対立・葛藤をはらんでおり、容易に「学び」えないようなものである。だとすれば、福島「ダークツーリズム」という「観光」の振興から、何か明るいものが実現すると期待するのも早計なのではないだろうか。「明るさ」が強調されるかわりに、「悲しみ」への言及が乏しいことも気になるところだ。

> 事故の現実はもはや消すことができず、福島の名が原発や放射能と切り離されることはおそらくもう二度とないのだから、危機をチャンスと捉え返すことでしか被災地の未来は開けない。ぼくはそのように考えます。（二〇-二一頁）

この考えには共鳴できるところがある。だが、それが「観光」という形でこそ実現できるという考えは理解しにくい。少なくともその理解しにくさの分だけは、「福島第一原発観光地化計画」には「惨事便乗型」プロジェクトに陥るのではないかとの懸念をもたざるをえない。

「学び」と「遊び」と「悲しみ」

それを避けるためには何が必要だろうか。それぞれの場から、福島第一原発事故とは何だったのか、原発事故により何が起こったのか、それは現代日本の、また現代世界のどのような問題を露わにしたのか――こうした問題についてしぶとく考え続け、広い範囲の人々とそれについて理解しあうような努力を積み重ねていくことだろう。その中には、ダークツーリズムの要素を帯びるものもあるだろう。今後、広がっていくであろう福島第一原発周辺の観光資源の内実を問い、改善していくような作業も含まれるだろう。

そこに「遊び」の要素が含まれることはまったくおかしなことではない。それはむしろ重要な要素かもしれない。

二〇一六年一〇月、二本松市で福島現代美術ビエンナーレの作品群にふれる機会を得た。ホームページからその主旨が語られた一文を引く。

東日本大震災後、福島県は原子力発電所の事故によって、伝統的な文化が失われつつあります。地域の芸術活動の支援も少ない状況にあるでしょう。福島の伝統文化と東日本大震災後のＦＵＫＵＳＨＩＭＡをキーワードに開催する「福島ビエンナーレ」は、創作活動、鑑賞活動、体験活動を通して、人々が幅広い「藝術」に触れ合い、集い、交流する機会を設け、地域文化を活性化させる一役を担うなかで、福島に芳醇な文化を実らせていきます。

福島現代美術ビエンナーレの作品群において、悲しみのトーンが基調となるのは自然なところだろう。だが悲しみを通してこそ、困難に向き合う心の力もよびさまされるように感じる。こうした活動を通して、より「人間の復興」にふさわしい形で、また「惨事便乗」を懸念しなくてもよい形で、原発事故への関心を、また、原発事故後の被災地の人々の共感を喚起し、強めていくことができると思う。

付　録　低線量被曝と生命倫理――加藤尚武との対論

特別対論企画「低線量被曝と生命倫理」
シンポジウムでの発表要旨

島薗進「放射線の健康影響問題の生命倫理的な次元とその討議」

二〇一一年三月一一日以来、福島第一原子力発電所の事故による放射能被害の恐れが東日本各地を襲った。飛散した放射性物質による健康被害の可能性について、政府側専門家の「安全」言説が疑いを生み、「科学の信頼失墜」を一段と深めることとなった（拙著『つくられた放射線「安全」論』河出書房新社、二〇一三年）。

低線量放射線の健康影響については、広島・長崎の原爆からチェルノブイリ原発事故に至るまでどれほどのものであったのか、評価がはなはだしく分かれている。また、この両極化とも言えるような評価の分裂が長年続き、異なる立場の科学的・学術的な討議が進まない事態が続いてきた。これは原発推進の当事者である政府側や関連業界が、原発推進を是とする科学者・専門家のみを優遇し囲い込んできたことと関わりが深い。

このように生命倫理で討議されるべき低線量放射線の健康影響に関する評価が、もっぱら潜在的加害者側当事者の意図にそって行われる状態が続いてきた。潜在的被害者である当事者や彼らの立場を重視する科学者・研究者を排除するような評価が政策的・構造的に行われてきたわけだ（中川保雄『放射線被曝の歴史』明石書店、二〇一一年、初版、一九九一年）。

このような異常な事態は、国内的には、原爆被害の調査がアメリカのＡＢＣＣ（日米共同の放射線影響研究所の前身）という加害者側機関によって進められてきたこと、原発推進体制においても被害が生じた場合、文部省や厚生省ではなく科学技術庁の下の放医研（放射線医学研究所）が検査・調査を独占的に行う態勢が築かれてきたことによって基礎づけられている。さらに広く見れば、多くの公害事件において、政府測・加害企業側に立つ医学者・科学者が被害を小さく見積もる評価を行ってきたことも関わりがある。また、国際的には、核兵器の開発と「核の平和利用」は密接に関連しており、核大国の軍事的支配体制の下で放射能被害の問題が扱われてきたことが背景にある。

以上のような歴史的文脈を考慮すれば、潜在的な被害者の人権を尊ぶ一般の生命倫理の原則的なあり方と、低線量放射線の健康影響に関わる医学的対応の倫理性には大きな開きが出てしまうのは当然かもしれない。原発事故後二年半を経て、福島県県民健康管理調査において潜在的被害者の立場を軽視する事態が数多く見られた。たとえば、甲状腺検査の結果を当事者が容易に見る事ができない事態、血液検査が限定的に行われていた事態、福島県外の比較的線量が高い地域の住民には検査の便宜が図られていない事態、地域による健康状態を比較するためのデータを得、公表するための措置が積極的に取られていないことなどである。

だが、こうした事態について、現在の日本の医学、生命科学、生命倫理学の学界は討議してきているだろうか。学術的な「討議の欠如」が長く続いており、それが被災地域住民の苦難を深めている。日本の学界において「生命倫理」「医療倫理」は普及してきたようではあるが、生命倫理の根本的な問題を討議するための基盤はなお脆弱だと言わざるをえないのではないだろうか。

加藤尚武「臨床と予防——放射線障害の認識論」

日本を代表すると言ってよい放射線治療の臨床医が、福島の原発事故のあとで「この程度なら大丈夫です」という趣旨の発言をした。連日、地域環境に拡散した放射性物質の測定値が話題になり、障害の発生を予防するための「安全基準」の数値が話題になっている時であった。「安全基準」についてのさまざまな公共機関の当時の対応を比較してみれば、恐ろしいほどの混乱が背後にあったように思う。

ダイオキシン問題でも、ウイルス感染問題でも、予防のための疫学的な措置の決定に関しては、ほとんどつねに重大なコミュニケーション障害が同時に発生している。たとえばダイオキシン問題では、臨床データから採用された危険度の数値、安全係数、安全基準という異なった次元の数値の間の誤解が、コミュニケーション障害にからんでいた。臨床データから採用された危険度の数値が、予防策を立てる場合のもっとも基本的な数値であると思うが、そこには障害の発生機序についての考え方の違いが大きな問題となる。ダイオキシンの場合「環境ホルモンによる生殖機能の障害」という障害の発生機序についての学説が出されていた。この問題についての研究は、つくばの環境研究所で行われたが、生殖機能障害に関しては、ほぼ否定的な結果が出たと思うが、問題の発生から一応の判断が出るまでに多くの時間がかかっている。

水俣病の発生機序については、私はその量子化学的な説明が学問的にも高く評価されていると信じているが、その説明にいたるまでの時間と、実務的な対策の進行とは別々の次元に置かれていた。

低線量放射線障害については、現在、障害の発生機序について、累積説と非累積説とが対立しあっている。発生機序のモデルとしては累積説が分かりやすい。水俣病の場合だと、脳ブロック説や胎児ブロック説という分かりやすい理論を打ち破って、量子化学的な説明が出てきたのであって、累積説が分かりやすいことは、決定要因ではない。

臨床例から危険度の数値を割り出すまでの過程もまた理論的な難問に取り囲まれているのではないかと思う。生物統計学の教科書を読んで、難問集を作ってみたいと思うが、私の専門ではない。

臨床医が患者に対して述べる「ムンテラ」と俗称される言説と、エヴィデンスとされる記述との間にもギャップがある。「ムンテラ」というのは、ドイツ語が日本の医学で常用されていた時代にできた和製の略語である。「ムンディッシェ・テラピー」は直訳すると「口頭の医療措置」で、「バイト」、「オペ」などとともに医学界のジャーゴンであった。

すでに放射線の影響を受けてしまった患者に対しては「当面、過激な医療行為が必要とされる段階ではない」という趣旨として「この程度の線量なら大丈夫ですから安心してください」という「ムンテラ」が適正である場合がある。しかし、その言葉を環境を放射線から守るための予防策として一般的な「安全基準の数値」と誤解すれば、その医師は恐ろしい危険な判断を広めたことになる。臨床の「ムンテラ」では、ある基準値よりも高い数値を「大丈夫」という可能性があるが、予防的な判断では、ある基準価よりも低い数値を「安全基準」にしなくてはならない。コミュニケーション障害の分析が必要であろう。

特別対論企画「低線量被曝と生命倫理」

臨床と予防——放射線障害の認識論

加藤　尚武

日本を代表する放射線治療の臨床医・山下俊一氏が、福島の原発事故の直後に「この程度なら大丈夫です」という趣旨の発言をした。連日、地域環境に拡散した放射性物質の測定値が話題になり、障害の発生を予防するための「安全基準」の数値が話題になっているときであった。その後、山下批判の文書が多く発表され、そのなかには、島薗進『つくられた放射線「安全」論』（河出書房新社、二〇一三年）も含まれる。

二〇一三年一二月一日に開かれた第二五回生命倫理学会年次大会のシンポジウム「低線量被曝と生命倫理」の発言者は、島薗進氏と私であった。論争の的になっているのは、放射線障害の発生は閾値のないグラフで表現される（低線量でも有害）か、閾値のあるグラフで表現される（低線量なら無害）かという問題である。宗教学者の島薗氏と哲学者である私が論じても、その内容が記録に値するとは思われない。放射線障害のデータは適正に累積されているので、問題は時間をかければ科学的に決着がつくと思う。

本稿では、当日の発表内容の主要な部分に加筆することによって、「低レベル放射能は有害か、無害か」とかという科学内部の論争状況に決定の当事者はどのように対処すべきかという論点に対して、考察の端緒をつかみたい。

一　「より厳しい基準に従う方が常により安全」という想定の吟味

災害の現地では「時間をかければ科学的に決着がつく」という性質とは違う性質の問題が発生する。被災者に食糧や水を供給する場合、その食料や水が低線量の被曝を受けていると仮定すれば、二つの学説のどちらを採用するかは、直ちに決定を必要とする。しかし、決定が不可能だとすれば、「疑わしい危険を避ける」という決定が必要になる。低線量の被曝を受けた食科や水を廃棄して、被曝を受けていない水や食糧を調達しなくてはならない。とうぜん、そのコストは高くなる。そのコストを負担する者（行政）にとって、「低線量なら無害」という学説は好都合である。行政の決定にとって有利な学説を提供する学者を「御用学者」と呼ぶという習慣がある。

低線量の被曝地域に、医師と看護婦を派遣するか否かという選択の場合、その地域に短時間逗留することは無害だとすれば、派遣をすべきである。低線量でも有害であるから、医師と看護婦を派遣するべきではないという決定を下すとは、地域の住民を見殺しにすることになる。行政がその「見殺し」という決定を避けようとすれば、「低線量なら無害という学説が行政の立場を救う。

食糧と水の場合には、コストをかければ「低線量でも有害」である場合の危険を避けることができる。医師と看護婦の場合には、コストをかければその危険が避けられるという条件がない。救いは「低線量なら無害」という意見だけである。

決定を下すことには、いつも時間の制限がある。軍隊や警察官を派遣する。鉄道や道路の修復をする。種まきや稲刈りをする。手術や施薬などの医療行為をする。これらには決定を引き延ばすことが許されない事情が必ずある。「違法か違法でないかを決定する」ということも法治国家では、決定を引き延ばすことが許されない。なぜなら法治国家に暮す人は、自分がこれから行うことが違法でないかどうかをあらかじめ知る権利を持っているからである。臓器移植をすることが違法か違法でないかの決定を、多数の臓器移植の事例から統計をとって、成功の確率を計算して結果を知るまで延期することは許されない。

決定を必要とする事柄に、時間的に先行する経験があって、その決定の当否をあらかじめ教えてくれるという条件が成立するような決定の事例はまれである。パスツールが、狂犬病のワクチンを初めて人体に使用するとき、先行の実験例はあり得なかった。ただ、放置すれば悲惨な死にいたることが明白な患者が、彼の前にいた。災害対策の場合には、さまざまな先例のない事項が伴うので、すでにその事項について類似の経験をもつ専門家の助言が必要になる。

実験に時間がかかるということは、純粋な認識者にとっては無視すべき条件である。「永遠の真理を発見するのに、その実験に要した時間は無視してよい」と彼は信じている。ガリレオが落体の実験に要した時間は、完全に無視される。その日付すら忘れられて構わない。

ある命題の真偽値について科学的に決定するのに必要な時間と、災害被害の拡大防止、行政的な措置の決定、法律の制定などに必要な時間とはまったく性質が違う。そして予防医学は科学的な真偽値を重視するが、臨床医学は患者を救うという実務的決定の時間のなかに置かれている。

決定の時間に属する手順を、認識の時間に属する手順によって批判することはできない。認識者は、後から判明したことが以前から分かっていたかのような想定をすれば、「他の選択肢」を挙げて決定を批判することができる。またさらに「もっとよく調査すればよりよい決定を下すことができたはずだ」という反実仮想による批判は、即座に決定する必要がある防災時の、行政的な措置などに対しては、成り立たない。

低線量でも危険という専門家の予見と低線量なら安全という専門家の予見が示されているとき、それらの真偽が決定不可能なら「低線量でも危険という予見」に従う方が「どっちに転んでも安全」な策として採用すべきである。たとえば立ち入り禁止区域の設定に関して、「低線量でも危険という予見」に従った場合には、それが誤りだったとしてもその誤りにもとづく被害は発生しない。この場合には、決定が不可能なのではなく、「どう転んでも、その方がよい」という選択肢があるから決定が可能である。より厳しい予見（危惧）に従う方が正しい選択になる。しかし、より厳しい予見（危惧）に従うことが正しい選択にならない場合もある。

被曝地域に医師・看護師を派遣する場合、「低線量でも危険」という予見に従って、派遣をしなかった場合は、放射線の被害が拡大するかもしれない。この場合には、「どう転んでも、その方がよい」という選択肢がない。二つの学説のどちらが「より適切」であるかを決定しなくてはならない。「住民の被害は拡大するが、医師・看護師は守られる」という選択肢と「住民の被害の拡大は防がれるが、医師・看護師は危険にさらされる」という選択肢である。原子力発電所の過酷事故による放射線被曝という事例は、日本では過去にないので、広島、長崎、福竜丸、東海村、チェルノブイリなどの治療経験を持つ臨床医が、もっとも有力な判断材料をもっている。

「低線量でも危険」という説の支持者のなかには、「いかなる場合にもより厳しい予見（危惧）に従うことが正しい選択になる」と誤って信じている人が含まれる。

二　臨床医学は科学よりも古い

臨床医学は科学以前から存在した。科学的な治療法が分からなくても、病気に苦しむ人に援助の手を差し伸べることは行われてきた。まったく効果のない治療法が千年以上続けられてきた事例もある。それを「迷信」による「気休め」と批評することはたやすい。

ロックの『教育論』（一六九三年）には、当時の名医シデナム（Thomas Sydenham 1624-89）の名を挙げて「名医は予防医学には手を出さぬものだ」という趣旨の文言がある。「予防医学は邪道だ」と言いたいらしい。病気でもないのに瀉血などの治療をすれば、健康を害するし、「予防」という名目の治療で金をかせぐ悪徳医師もいただろう。すでに病態が発生しているということがもたらす所見が、医療行為を開始する拠り所となるのであり、病態が発生し苦しんでいる患者を救うことが医療の倫理であって、予防医学にはその意味では倫理性が成り立たない。

ペストやコレラで大きな被害を受けた西欧社会は、予防医学を強く必要としていたが、一九世紀の末に、パスツールやコッホが病原体説を確立してはじめて、「免疫」、「消毒」というシステムにもとづく予防医学が、産声を上げることができた。予防医学は、医学が科学となることで誕生した。

臨床医学の発生について、フーコーの著作はあまり役に立たない。近代以前に臨床医学は成立しているからである。あらゆる文化のなかで、臨床医学は歴史的に、症例の累積という形で成長してきた。東洋医学も、独自の記述方式で症例を記載し、症例の分類に対応する薬品を作りあげてきた。「症例と処方の対応関係を発見すること」が医学であるという点では、臨床医学の性質は東西で本質的に違いがない。

臨床医学は、病態の発生の科学的なメカニズムが、まったく分かっていない場合にも、その役割を発揮するし、現在の医学でも「メカニズムは解明されていないが、長い間の経験によって有効」と認められてきた治療法が無数に存在する。膨大な経験知の蓄積を背景にして、臨床医は自分が治療した個別事例の記憶を蓄えている。

すでに放射線に被曝してしまった人には、大変強い抑うつ状態に陥っている人がいる。まだ症状として特定の病気が現れているのではないので、投薬などの臨床上の措置はありえない。しかし「心理的な強い抑うつ状態」が、当面の除去すべき症状である。そういう場合、「口頭の医療措置」では、基準値よりも高い数値を被曝した人に「大丈夫」という可能性がある。なぜなら「公認の安全基準」は、集団的な障害が実際に発生する臨界値よりも低い数値を限界として定めているからである。「そんなに心配する必要はない」と言うことは、臨床医としては、ただ気休めを言うというより、甲状腺がんの初期の治療を必要とするような状態ではないと、臨床的な判断を告げるという意味がある。また、心配することと自体があまり良い影響を持たないと告げるという意味もある。被曝した人が極端な精神的不安や抑うつ状態にあるとき、放射線治療の経験のある医師が「あなたは心配する必要はない」と告げることは、患者の免疫能力を高める可能性がある。

病態がまだ発生していないときにできる臨床的な措置は、患者に個別事例としての正確な危険度を知らせ、病態が発生した場合に冷静に積極的に対処する姿勢を作り出すことである。具体的なとるべき措置がないときに、患者に対し勇気と希望を与えることは、患者の自己免疫機能を高めることであって、最大の処方（テラピー）である。

臨床医が患者に対して述べる「ムンテラ」と俗称される言説と、エヴィデンスとされるものによる記述との間にはギャップがある。「ムンテラ」というのは、ドイツ語が日本の医学で常用されていた時代にできた和製の略語である。「ムンディッシェ・テラピー」は直訳すると「口頭の医療措置」である。

すでに放射線の影響を受けてしまった個別事例としての患者に対して「当面、具体的な医療行為が必要とされる段階ではない」という趣旨で、「この程度の線量なら大丈夫ですから安心してください」という「ムンテラ」が適正である場合がある。しかし、その言葉を、環境を放射線から守るための予防策として一般的な「安全基準の数値」と誤解すれば、その医師は恐ろしい危険な判断を広めたことになる。臨床の「ムンテラ」では、個別事例についてある基準値よりも高い数値を「大丈夫」と言う可能性がある。しかし、予防的な判断では、ある基準値よりも低い数値を「安全基準」にしなくてはならない。

専門家の一方が「低線量被曝は危険」と助言し、他方の専門家が「低線量被曝は安全」と助言するとき、どちらの助言を採択すべきか。この状況は現代の文化では、かなり一般的である。原子力発電の安全性と存続の可否について、原子力工学者と地震学者が反対の助言をする。地球温暖化の原因と対策について、専門家の意見は対立しあう。[1]

文科系の学問と理科系の学問とが、まったく共有可能な概念を失ってしまうという危険については、C・P・スノウの指摘が有名だが、[2]現在では自然科学の領域の間でも、合意形成が困難になってきている。たとえば原子力発電の安全性について、最近激しい勢いで成長してきている地震学の成果を、原子力工学の専門家が正しく判断することは困難だと思う。

医学という領域のなかでも、基礎医学、予防医学、臨床医学というような領域の区分が定着し、それぞれの領域のなかでの方法論が普及定着していくと同時に、異なる領域との間の意思疎通が困難になる。学問が自由に発展していくと領域相互間のネットワークも発展し、領域間の相互理解が深まるという傾向は確かに存在するが、同時に狭い領域のなかに閉じこもって業績を上げないと生き残れないという圧力も学者に働いている。

医療と科学は目的も成功基準も異なる。医療の一部は生物学に還元できるが、医療そのものは還元できない。[3]

このロナルド・マンソンの言葉を「臨床医学と基礎医学は別物だ」と言い換えてもいいだろう。

津田敏秀『医学的根拠とは何か』（岩波新書、二〇一三年）には、「直観派」、「メカニズム派」、「数量化派」という分類が行われていて、これはおおむね患者個人（個別事例）の治療体験を基礎とする臨床医学、顕微鏡観察を主にする基礎医学、集団事例の統計学を使う予防医学（疫学）に対応している。

分子生物学が登場してくる一九五〇年あたりでは、「全ての生物学的な反応は化学反応で置き換えることができ、化学反応は物理学によって説明することができる」という、物理学主義が大きな影響力をふるっていた。生物学は物理学に還元可能であるはずだという思い込みのなかで、分子生物学が成立し、ワトソン・クリックのＤＮＡモデルの発見などで拍車をかけられた。

現在、この意味での物理学主義は多くの科学者たちを捉え、科学者たちを指導する理念になってはいない。マンソンの「生命の科学は物理の科学と明らかに違う要素があり、生命科学は物理化学に還元不可能だ」という生命科学と物理系化学との立場の違いを見極めようとする傾向が出てきている。

二〇世紀の初頭の段階では「生命のなかには物理現象とは違う、まったく根本的に違う元素、物質とは言えないような要素が存在する」という、バイタリズム（生気論）だとかヒロゾイズム（物活論）とか呼ばれる生命体独特説があった。この独特説はＤＮＡの構造式の発見でもって否定されたが、それ以後の生物学の発展は、物理学主義の完成に向けて直線的に進むものではなかった。生命体は物理学主義者が想像していたよりもはるかに複雑であることが分かってきた。

生命体内の病原との戦いの現場は、たとえば次のように表現される。

> 抗体は、免疫反応によってうみだされたY字型のタンパク質で、ウイルスや細菌のような侵入者を見つけだすと侵入者にはりついて、免疫システムが送り込んでくる別の防禦隊が歓迎されない訪問者の始末をつけてくれるまで、その動きを封じ込める。真っ先に駆けつけてくるのがマクロファージ（大食）と呼ばれている、微生物を捕食する大型の細胞であって、この細胞は、それだけでは侵入者を食い尽くすことはできないけれども、免疫防御隊の増援を発動させる。抗体とマクロファージのすぐ後で前線に急行するのは、ヘルパーT細胞、キラーT細胞、サプレッサーT細胞などのボディーガードで、これらの細胞は、その表面に組み込まれた、受容体と呼ばれている特別なメカニズムと接触するという通信手段によって、正確に統合的に任務を遂行する。……これは、まさしく、一日、一時間、一分、一秒単位でくりひろげられているスター・ウォーズである。[4]

ここには化学の言葉、物理学の言葉はほとんど出てこない。確かに化学反応、物理反応は存在しているのだが、元素の巨大な集団と集団の間の乱闘のような場面が描き出される。

かつての物理学主義者は、生体の内部ではもっぱら化学反応式だけで記述できるような過程が進行していると想像していたかもしれない。現在、生体内のイメージは、病態を生み出す因子と、そこから生体を守ろうとする免疫作用のための因子との戦場に限りなく近い。

個々の因子（たとえば、マクロファージ、ウイルスなど）の動きは、まるで独自の目的を持つ自由な運動のように見え、しかもその運動が非常に多くの因子によって影響を受けて、偶然的な動きを見せる。原因の量と結果の量が単純に比例するという説明が成り立つ場面は、まれであろう。

外部から観察できる人間の個体の表面の変化は、個々の因子の運動の結果ではあるが、内部の変化と外部への現れの間には、多くの中間的な因子が作用していて、外部からの原因が増加すれば、それと単純に比例して表面の変化が現れるとは限らない。

生命現象の複雑さに対処する新しい方法の一つが統計学的な手法である。ひとつひとつの事例ではまったくでたらめな動きを示しているものが多数の事例について調査すると規則性を示している場合、一定の因果関係が働いていて、何らかの副次的要因がばらつきを生み出しているという可能性がある。予防医学、公衆衛生の場面では、生物統計学が主役になる。

三　低線量被曝の予防モデルと臨床モデル

荒木力『放射線被ばくの正しい理解』（二〇一二年）の説明を引用する。[5]

（一）ＬＮＴ（LinearNon-Threshold：直線閾値なし）仮説。これはどんなに少量の被ばくでもある確率でがんを生じさせ、閾値は存在しないという仮説である。つまり、放射線量が増えれば増えるだけ危険が増えていくというモデルである。これは国際機関ＩＣＲＰが公衆衛生上の安全基準として採用しており、国際的に公認を受けているとみなされている。その元になっているのは、放射線の原因となる放射性物質からの放射線の放出量が、常に一定量で出ていて、原因が直線的に増えるならば結果も直線的に増えていくという形のモデルである。それは動物実験と、広島・長崎などの治療経験などにもとづくデータによって裏付けられている。国際機関がこれを今、一種の公認の基準として採用することが認められているわけである。

（二）閾値説。これは、放射線被曝による発がんは確定的影響で、ある線量（数十ミリシーベルトとされる）以下ではがんを誘発することはないという説である。

（三）ホルミシス仮説。これは、低線量の放射線は生体を刺激し、傷害を受けたＤＮＡの修復力を高め、より高い放射線被曝に対する抵抗力（防衛力）を高めるというものである。これはラドン温泉の支持派が使っているそうである。低線量の放射線は健康にとって有益であるとする説である。今回の場合には、これは一応除外して考えていいようである。

（四）過直線型（hyperlinear type）。低線量被曝はＬＮＴ仮説よりも高い確率で発がんを招くというモデルである。これは上に凸の曲線になるので、ホルミシス仮説と逆の形となる。欧州放射線リスク委員会（ＥＣＲＲ）などが主張しているものである。

閾値は、人類の科学論のなかではだいたい一九世紀ごろから話題になっている。閾値というのが学問上で登録された最初期の例は心理学に見られる。一万ヘルツ±二オクターブが人間の可聴域であるという可聴域モデルのようなものが閾値として導入された。閾値を説明するために、物理学的な例としてよく使われるのが、お湯を沸かして沸騰するというモデルである。外から常に一定の熱が与えられたのに対し、液体の状態が突然に変化する。一般の物理学の説明では、水それ自体に分子間引力という自己保存の力、外から多少力を加えられても同じ状態を保とうとする内部の力があり、それに対して外部から力が加わってきた場合に、ある一定の時点でもって、突然の変化が生じるという。これが閾値についての物理学的なモデルである。

低線量被曝の場合に閾値モデルが取り上げられるのは、次のような理由による。高線量被曝の場合には、人間の人体のなかにある自己保存の力は、初めから高線量被曝に対して抵抗するだけの十分な力を持っていない。だから高線量被ばくの場合には、被曝量に比例して被害が発生する。しかし、低線量被曝の場合には、それに対して人間の自己保存力が働く。そのため、閾値以下の低線量では被害が発生しないという統計上の結果が出てくると説明される。

津田敏秀は山下俊一を「直観派」と批判しているが、「直観派」というのは、私の言い方をするならば、「臨床派」である。これに対しては「臨床医がいくら気休めを言うにしても、限度があるはずであり、その限度はLNT仮説に根拠づけられるのではないか」という判断もあるかと思う。

津田の言う「メカニズム派」というのは、大体全ての生理現象というのは、具体的には化学や物理学の言葉で説明されるような、直接的な因果関係の連続や集合から説明されるという見方である。

「数量化派」というのは、津田自身の立場である。生物統計学や、最近では免疫学などの立場が非常に大きな影響を持つようになっているが、生物統計学派と言ってもよい。

福島県放射線健康リスク管理アドバイザー・山下俊一長崎大学教授が連絡先著者となった二〇一二年の日本臨床腫瘍学会誌の「低線量被ばくと発がん」という総説論文においては、「一〇〇ミリグレイ以下の量反応関係は変動し、低線量でのがんの発生における増加に関して統計学的有意が出るのを抑える」など、点推定値と区間推定値が示されることなく、何度も一〇〇ミリグレイ以下での統計学的有意差のないことが強調されている。また、広島大学の神谷研二教授は、二〇一三年四月に広島市で開催された日本小児科学会の市民公開講座において、一〇〇ミリシーベルト以下では統計学的な有意差がなくなることを強調し、座標軸の一〇〇ミリシーベルト以下の所をクリーム色に塗りつぶしていた。広報マンとして医学関係の研修講演や福島県の住民講演を（彼らによると）「何千回」と行い合意を求めていたという。これらのエピソードは、日本の大学医学部や学術関係者が、科学における数量化（統計学や疫学）に極めて弱い現状を示している。山下教授は甲状腺の臨床医で直観派である。また、神谷教授はゲノム研究者でメカニズム派である。[6]

津田敏秀は山下俊一は直観派、神谷研二はメカニズム派だからダメで、数量化派が正しいと言う。その理由は「閾値なし」が国際的な合意だからだという。

国際Ｘ線およびラジウム防護委員会ＩＸＲＰＣ（国際放射線防護委員会ＩＣＲＰの前身）は一九四九年に、放射線被ばくによるがんの発生に閾値はないことを結論づけ、この結論は現在に至るまで変えられていない。また、ＩＣＲＰ以外の放射線被ばくの人体影響を評価する国際機関も、この閾値がないことに関しては同じ意見を維持している。[7]

私が疑うのは、この津田の書きぶりが伝聞であること、国際機関の同意の内容が、病態が発生する臨床的な境界とは違うのではないかと言うことである。佐渡敏彦は『放射線は本当に微量でも危険なのか』（二〇一二年）において以下のように伝えている。

ＩＣＲＰの二〇〇七年勧告では、そのＡ一七八項で「ＬＮＴモデルは生物学的真実として世界的に受け入れられているのではなく、むしろわれわれが極低線量の被ばくにどの程度のリスクが伴うのかを実際に知らないため、被ばくによる不必要なリスクを避けることも目的とした公共政策のための慎重な判断であると考えられている」と述べている。[8]

この引用文からは、ＬＮＴモデルは放射線の作用によって病態が発生する臨床的な事実の記述モデルなのではなく、そのような病態の発生を予防するための実用的なモデルであると解釈できる。

近藤宗平は、わが国の放射線医学の草分けである。学生のときに広島の被爆状況の調査班に加わったという。近藤宗平『人は放射能になぜ弱いか』（一九九八年）は、表題とはうらはらに「人は放射能になぜ強いか」を説明した啓蒙書である。近藤が「一九五八年、国連原子放射線科学委員会が『放射線はどんなに微量でも毒だ』という仮説を採択して以来は、放射線怖がりすぎを助長する法的規制の時代になった」と書いているように[9]、低線量被曝の危険度の問題は、福島の原発事故に関連して山下俊一発言で問題になる以前からの放射線医学の懸案問題であった。彼の基本的な考え方は「われわれは、毎年、微量の自然放射線のなかで暮らしている。この暮らしは、人間の先祖が地球上に誕生した五〇〇万年前からずっとつづいている。したがって、自然放射線くらいの微量被ばくには、人間の体は耐えうるように適応進化しているにちがいない」という言葉に示されている[10]。

彼はベラルーシ国内の小児の白血病の発生率のグラフを示して述べている。

太い線で示した放射線防護専門家のリスクの予測は実際の白血病発病率より過大でまちがっている。実際は、白血病の発病率は〔チェルノブイリ〕事故前とおなじで、上昇しなかった。直線仮説による放射線防護用のリスク推定法は、被ばく者にウソの被害を真実と思い込ませたことになり、その責任は大きい。国連科学委員会と国際放射線防護委員会は、低線量域の実際のデータを無視して、直線仮説にもとづいて、微量の放射線を厳重に管理するように具体的案を各国政府に勧告してきた。これは二〇世紀最大の科学的スキャンダルであるという意見に賛成せざるをえない[11]。

確かに太線が細線を上回っている。私は近藤とは違う解釈ができるのではないかと思う。太線はＬＮＴ仮説にもとづく予防モデルを示している。細線は、その予防モデルを常に下回っているのだから、細線（実測値）が太線を上回らないようにすれば、予防の目的が達成されることを示している。近藤が、「この細線までは大丈夫」と勧告するならば、実測置をそのまま完全係数をつけないで予防モデルにするという過ちを犯すことになる。

私は次のように推測する。病態を生み出す因子と、そこから生体を守ろうとする免疫作用のための因子との戦場というイメージを思い描くと、低線量放射線被曝の閾値なし直線モデルは臨床モデルとしては採用できない。しかし予防のための実践的目安として国際機関が、閾値なし直線モデルを推奨することは妥当である。現場で実際にどのようなモデルを使うかは、その現場にいる人の判断力に依存する。放射線のカウンターで自分の被曝の量を見ながら作業をする専門家は、安全係数をつけない臨床モデルをそのまま予防モデルとすることができるだろう。

四　非専門家による専門家の評価

放射線障害の閾値は、放射線を増やしていくと、最初は身体に何の変化も観測できないが、ある一定量の閾を超えると、反応が出てくる。「閾値なし」論だと、低線量で結果の反応が観測できなくても、放射線による細胞の破壊は進行していると主張される。「閾値あり」論だと、閾値以下の状態で何が起こっているかは「分からない」と主張される。

放射能の障害は「見えないけれどあるんだよ」ということを裏付けるために、津田は「因果性はもともと見えないものだ」と哲学者ヒュームが主張していると言う。このヒューム解釈は大間違いだと判断するので、津田説は採用しない。津田の「閾値なし」論は、彼のヒューム解釈と必然的に連結している。それにもかかわらず、そのヒューム解釈が過ちだったとしても、「閾値なし」論が過ちだとは言えない、という反論が出るかもしれない。

山下俊一について、私は彼の人柄が御用学者を買って出るような卑しいものではないと知っているので、彼の「閾値あり」論を支持する。この私の主張に対しても、「加藤の山下に対する人格評価が正しかったとしても、山下の学説評価が正しいとは限らない」という反論が出るだろう。

以上の津田説批判も山下説擁護も、別件を根拠に判断するという過ちを犯していると批判されるだろう。この批判は科学的な認識を追求する上では無限の時間が与えられていると想定する上では正しいかもしれない。しかし、限られた時間のなかで決定するとき、たとえば私が福島県の防災の責任者であったならば、山下説を採用するだろう。しかしそれは決して政治的な理由によるのではない。臨床医学は、明らかに直観主義の本質をもつが、過去の膨大な病態誌の記述を背景にした経験値である。経験値にもとづく山下の直観が信頼できるということと、彼の人格が徳性を示しているということとは、密接に結び付いている。それは、彼を直接に知ることなしには分からない。山下と個人的な面識のない人が、彼への激しい個人誹謗を公表しているのは、情報倫理に反すると思う。

低線量被曝の問題では、閾値説を持ち出そうとするのは、政府への迎合主義、政治主義だと断定する集団心理が存在している。閾値なしモデルというのは、原因物質の原因的な要素の単調な増大を基にしたモデルである。科学の発展は、閾値なし直線モデルから、より複雑なモデルへと進んできている。あるいは閾値の事実上の存在をどう説明するかというところへ発展していく。そのために、臨床的な立場の医師の方は、むしろ閾値の事実上の存在根拠の方に注目しているると言っていいのではないか。

国民的な決定に関して、専門家が対立した意見を示したとき、非専門家である国民は、何らかの形で、自分に判断可能な別件に従って専門家を評価せざるを得ない。通常は人物の徳性に従って評価する。

五　民主主義社会は愚者の船か

民主主義は、素人の合意が合理的な決定を下しうるという怪しい仮説の上に乗っかっている。公共的な選択が、専門家の判断を必要としないなら、たとえば低線量被曝の危険度が、誰の目にも明らかな日常的な経験で判定可能であるなら、民主主義万歳。しかし、ほとんどあらゆる公共的な選択が、専門家の判断を必要とするとき、民主主義国家は「愚者の船」となって大海原をただよう。

民主主義制度のもっとも強力な弁護人ケルゼンが、こう述べたことがある。

政治における専門家の地位は常に第二義的なものだ。第一義的に問題となるのは社会的目的の設定である。技術的・自然科学的領域においてさえ対立が生ずるのであるから、社会技術の領域においては猶更である。この対立に決着をつけうる者は非専門家、即ち政治家を措いてない[12]。

今われわれは「非専門家、即ち政治家」の決定能力の欠如という事態に直面している。この苦境を打開するカギは、専門家集団、たとえば医学内部での予防医学と臨床医学という領域の方法論的な差異の認識のなかにあるに違いない。医学＝科学であって、そこに倫理という制御機能を取り付けるのが、生命倫理の仕事ではない。医学を一枚岩の科学とみなすのではなく、それ自身のなかにある非科学に注目して、それ自体多様体である医学と諸科学との連携にもとづく合意を、人間本来の目的に適合させることが、生命倫理学の仕事になるのであろう。

太古の時代から専門家の不服従や裏切りは、国家にとって最大の危険であった。農耕の意思決定が国家的決定の最重要事項であったときには、しばしば、占い師自身が国家の権力を握った。国家に助言をする宗教人が、地上的な利害に左右されないようにするためには、独身主義という制度が作り出された。歴史上の名君の多くが、軍事技術の専門家であったのは、軍事の専門家が敵国に寝返りを打つ可能性をなくするという効果があった。

異なる領域の専門家集団の助言が、公共的な選択を正しく導く可能性の追求は、プラトン以来、続いているが、宗教、軍事、外交、法律、経済領域からの助言が政治的に偏向することは避けられないので、科学領域からの助言によってその偏りを修正することが期待されても、科学領域は合意形成の新しい形の困難を生み出しつつある。

■註

1　加藤尚武『災害論』（世界思想社、二〇一一年）、第九章参照。
2　C・P・スノウ『二つの文化と科学革命』（松井巻之助訳、みすず書房、一九五八年）。
3　Ronald Munson, "Why Medicine cannot be a Science," in Arguing About Science, Routledge, 2013, p.503.
4　ピーター・ラデツキー『ウイルスの追跡者たち』（久保儀明・樽崎靖人訳、青土社、一九九七年）一八〇頁。
5　荒木力『放射線被ばくの正しい理解』（インタービジョン、二〇一二年）一一六頁。

6　津田敏秀『医学的根拠とは何か』（岩波新書、二〇一三年）、一〇一頁。
7　同、三頁。
8　佐渡敏彦『放射線は本当に微量でも危険なのか』（医学科学社、二〇一二年）、一四七頁、また二三〇頁参照。
9　近藤宗平『人は放射能になぜ弱いか（第三版）』（講談社ブルーバックス、一九九八年）、五頁
10　同、九頁。
11　同、七七頁。
12　ハンス・ケルゼン『現代民主制論批判』（長尾龍一訳、慈学社、一九五五年）、一一〇頁。

（かとう・ひさたけ　人間総合科学大学教授）

特別対論企画「低線量被曝と生命倫理」

科学・社会・倫理を関連づけて捉えること
――加藤尚武氏「臨床と予防――放射線障害の認識論」に応答する

島薗　進

一　科学、社会、倫理の諸次元

「低線量被曝と生命倫理」というテーマを考えるためには、低線量被曝による健康影響についての科学的知識がどのように蓄積され、健康影響の種類や大きさがどのように評価されてきたかを調べ、科学者がどのような事実に基づき、どのような判断をしているか学ばなくてはならない。その上で、判断が分かれる事柄につき、どうして判断が分かれるのかについて理解し、その倫理的な意味を考える必要がある。

まず、(一) 科学的知識・科学的評価をどう理解するか、とりわけ科学的評価が分かれている場合にそれをどう理解するかという課題がある。次いで、(二) その評価の分かれがどのような社会的政治的背景のもとに生じたのかを理解するという課題がある。そして、さらに、(三) 科学的評価の対立とその社会的政治的意味の連関を踏まえて、その倫理的な意味を問う、という課題がある。このような三段階に分けて考える。

第一段階は科学技術の専門家が討議している領域に近づき、いわばその土俵で非専門家なりに科学的知識を咀嚼するという段階だ。第二段階はそのような科学的知識と評価の分かれが生じて来た歴史や社会的政治的文脈を理解するという段階で、ここでは科学史や科学社会学、また社会史の中で科学を捉えるといった社会科学的な作業が必要とされる。第三段階は第一、第二段階の理解に基づき、社会的政治的な文脈の中での科学的知識や評価の分かれについて、その倫理的意味を問うもので、高次の抽象性をもった概念を用いて科学的社会的行為のあり方を問い直していくことになる。

これは必ずしも、第一、第二、第三と段階を追って進んでいくと言いたいわけではない。それぞれの段階がからみ合いながら理解が進み、問題の全体像が見えてくるというのが、考察の実際だろう。仮に三つの段階を、「科学」、「社会」、「倫理」という語で代表させるとすると、それらの三つの次元の考察が欠かせないということになる。それぞれの論者にはそれぞれ得意とするところがあるだろうが、三つの次元のいずれもが尊ばれてこそ総合的な理解に至ることができるだろう。

では、加藤尚武氏の「臨床と予防――放射線障害の認識論」をこの三段階に照らして見直してみよう。まず、論考の初めの方に次のように述べられている。

論争の的になっているのは、放射線障害の発生は閾値のないグラフで表現される（低線量でも有害）か、閾値のあるグラフで表現される（低線量なら無害）かという問題である。宗教学者の島薗氏と哲学者である私が論じても、その内容が記録に値するとは思われない。放射線障害のデータは適正に累積されているので、問題は時間をかければ科学的に決着がつくと思う。

私自身は「放射線障害のデータは適正に累積されている」とは考えていない。これは、放射線健康影響の科学の歴史を調べていくとそう考えざるをえないのだ。中川保雄『放射線被曝の歴史』（増補版、明石書店、二〇一一年、初版、一九九一年）が、主としてアメリカの歴史資料を博捜し強力に論じているとおりだ。中川は、まさに「放射線障害のデータは適正に累積されて」こなかったことを実証している。この書物は低線量被曝の生命倫理を考えるときの基礎的資料を提示している。

これは主として第二段階の理解に関わることだが、加藤氏はこの次元にはほとんどふれていない。「放射線障害のデータは適正に累積されている」という判断は昨今の研究状況から判断されたのかもしれない。中川の研究の対象は一九九〇年頃までだが、近年は「放射線障害のデータは適正に累積されている」傾向が強まっているのかもしれない。そうであるとすれば、この分野の世界的な研究体制が変化したことを示す必要があるだろう。

なお、私は中川保雄の仕事と比べれば、まことに小さな作業にすぎないが、『つくられた放射線「安全」論』（河出書房新社、二〇一三年）において、一九八〇年代以降、日本の放射線健康影響の専門家が国際的な原発推進勢力の利益と結びつきつつ低線量は「安全」だという評価に傾いた研究を進めてきたことを資料によって示した。加藤氏はこの拙著については目を通しているらしい。だが、私が見出したような社会的政治的な力の作用による研究の歪みは取るに足らないと考えているようだ。

このような第二段階への言及の薄さと、「問題は時間をかければ科学的に決着がつくと思う」との楽観的な判断は関連があるだろう。広島・長崎についても、チェルノブイリについても科学的評価が争われ続けてきたことは広く知られている。また、水俣病やその他の公害事件においても、長期にわたって科学的評価が分かれてきたことはよく知られていることだ。

たとえば、水俣病において、どうして長く「決着が」「つかなかった」のかを理解するためには、水俣病をめぐる科学的争点がどのように推移したのかを理解しなくてはならないし、病因特定や患者の救済をめぐる科学者のさまざまな言動をよく理解しなくてはならない。つまり、第一段階、第二段階での議論を粘り強く押さえ、そこで作用した社会的行為や政治的な力、また関与者の行動の種々相を捉えていく必要があるのだ。

二　「予防」と「臨床」の対置による倫理論

確かに、科学的に何が問題になっているのか、なってきたのかを確認していく作業は厄介だ。加藤氏は、「宗教学者の島薗氏と哲学者である私が論じても、その内容が記録に値するとは思われない」と述べている。加藤氏はこれを第一段階に関する事柄と捉えているようだが、それは狭い理解だ。実際には第二段階が大いに関わっている。これまでの科学的データをどう評価するかについては、この分野の科学がどのようになされてきたかを理解することが不可欠だからだ。ところが、加藤氏の議論では第二段階に関わる問題意識がほとんど出てこない。結果として、科学や社会の次元で問題を的確に捉え、科学的な認識や評価の違いがどうして生じるのかを理解するという手順を踏まずに、議論が進んでいく。たとえば、「論争の的」が初めから特定できると見なされている。加藤氏はこう述べている。「論争の的になっているのは、放射線障害の発生は閾値のないグラフで表現される(低線量でも有害)か、閾値のあるグラフで表現される（低線量なら無害）かという問題である」。どうして、論争がこの問題をめぐって展開するのかが、歴史的経緯を含めて問われてしかるべきではないだろうか。

とはいえ、加藤氏が主要な論点と見なしている問題が重要であることは確かである。一つには、(a) 低線量被曝にしきい値がないというのは仮説にすぎず、予防のためにその仮説を採用しているにすぎず、科学的には妥当かどうかわからない、という議論がある。これに関連して、(b) 累積一〇〇ミリシーベルト以下の被曝では健康影響は有意差が出ないので、被害を想定することは不安を増大させ、かえって不利益をもたらすという議論がある。これらは妥当であるか――これは確かに重要な問題だ。だから、加藤氏がこの問題にしぼって議論をしようとしていることは理解できる。

では、加藤氏はこれをどのような問題として捉えようとしているのだろうか。「臨床と予防」という論文の題がそれを示している。「被災者に食糧や水を供給する場合、その食料や水が低線量の被曝を受けていると仮定すれば、二つの学説のどちらを採用するかは、直ちに決定を必要とする。しかし、決定が不可能だとすれば、「疑わしい危険を避ける」という決定が必要になる」――これが加藤氏の考える「予防」の立場だ。他方、「低線量の被曝地域に、医師と看護師を派遣するか否かという選択の場合、その地域に短時間逗留することは無害だとすれば、派遣をすべきである。低線量でも有害であるから、医師と看護師を派遣するべきではないという決定を下すことは、地域の住民を見殺しにすることになる」――これが「臨床」の立場ということになるのだろう。加藤氏は後者を重視すべきだとして、「予防」の立場に限定を加えようとする。

また、以下のような例もあげられている。

病態がまだ発生していないときにできる臨床的な措置は、患者に個別事例としての正確な危険度を知らせ、病態が発生した場合に冷静に積極的に対処する姿勢を作り出すことである。具体的なとるべき措置がないときに、患者に対し勇気と希望を与えることは、患者の自己免疫機能を高めることであって、最大の処方（テラピー）である。

前半は「臨床」の立場に即した「予防」のあり方、後半はその「臨床」の立場から「予防をしない」ことがかえって「予防」になるという対処法である。加藤氏は「臨床」を重んじる立場から、「予防」は「臨床」の立場にそってなされるべきだと示唆している。

さらに、このような「臨床」と「予防」の区別に基づいて、「臨床」の側に軍配をあげることこそが、問題の核心だと述べている箇所がある。

今われわれは「非専門家、即ち政治家」の決定能力の欠如という事態に直面している。この苦境を打開するカギは、専門家集団、たとえば医学内部での予防医学と臨床医学という領域の方法論的な差異の認識のなかにあるに違いない。医学＝科学であって、そこに倫理という制御機能を取り付けるのが、生命倫理の仕事ではない。医学を一枚岩の科学とみなすのではなく、それ自身の中にある非科学に注目して、それ自体多様体である医学と諸科学との連携にもとづく合意を、人間本来の目的に適合させることが、生命倫理学の仕事なのであろう。

これは、福島原発事故後の低線量被曝の健康影響問題を扱うには、「予防医学」と「臨床医学」を適切に関連づけ、「臨床」の考慮を重んじて判断するのが「倫理」にかなうという主張だろう。医学の中に科学でない要素が含まれており、この問題の場合、それは「予防」と「臨床」の関係を問うことに集約される。そこに生命倫理学の仕事があると言うのである。

加藤氏は、低線量被曝の健康影響をめぐる科学的な判断の領域と、社会的政治的な判断の領域と、倫理的な判断の領域を、もっぱら「予防」と「臨床」の関係を問い、「臨床」を重視しつつ調整するという課題に集約している。そして、個人的にも親しい関係にあり人格的に信頼でき、かつ「臨床」の立場に立つ山下俊一氏（長崎大教授、福島医大副学長）を支持し、「しきい値あり」説をとるという。つまり、（ａ）（ｂ）説をともに肯定するという結論に至っている。

三　「科学」と「社会」の次元の軽視・無視

まず、科学的知識・科学的評価について述べる。私の理解するところでは、この（ａ）（ｂ）の論は、どちらも妥当であるとは言い難い。少なくとも妥当でないという有力な議論がある。だから、これらを前提として話を進めることはできない。だが、加藤氏はこの議論が妥当であるとの前提に立って議論を進めている。これは、加藤氏が支持しようとしている政府側専門家の見解である。二〇一一年一二月二二日に政府の下の科学者集団が公表した「低線量被ばくのリスク管理に関するワーキンググループ報告書」には、次のように記されている。

低線量被ばくによる健康影響に関する現在の科学的な知見は、主として広島・長崎の原爆被爆者の半世紀以上にわたる精緻なデータに基づくものであり、国際的にも信頼性は高く、ＵＮＳＣＥＡＲ（原子放射線の影響に関する国連科学委員会——島薗注）の報告書の中核を成している。

（イ）広島・長崎の原爆被爆者の疫学調査の結果からは、被ばく線量が一〇〇ミリシーベルトを超えるあたりから、被ばく線量に依存して発がんのリスクが増加することが示されている。

（ロ）国際的な合意では、放射線による発がんのリスクは、一〇〇ミリシーベルト以下の被ばく線量では、他の要因による発がんの影響によって隠れてしまうほど小さいため、放射線による発がんリスクの明らかな増加を証明することは難しいとされる。疫学調査以外の科学的手法でも、同様に発がんリスクの解明が試みられているが、現時点では人のリスクを明らかにするには至っていない。

しかし、これとは異なる有力な見解が公表されている。たとえば、米国科学アカデミー電離性放射線の生物影響に関する委員会二〇〇五年版報告書（ＢＥＩＲⅦ）では、次のように述べられている。

疫学研究でも実験研究でも、なんらかの相関が見出せる線量域なら線形モデルと矛盾するものは見出されていない。電離放射線の健康影響の主だった研究は一九四五年の広島・長崎の原爆被爆生存者を調べることで確立された。それらの生存者のうち六五％が低線量被曝、すなわち、この報告書で定義した「一〇〇ミリシーベルトに相当するかそれ以下」の低線量に相当する。放射線にしきい値があることや放射線の健康へのよい影響があることを支持する被爆者データはない。他の疫学研究も電離放射線の危険度は線量の関数であることを示している。さらに、小児がんの研究からは、胎児期や幼児期の被曝では低線量においても発がんがもたらされる可能性があることもわかっている。例えば、「オックスフォード小児がん調査」からは「一五歳までの子どもでは発がん率が四〇％増加する」ことが示されている。これがもたらされるのは、一〇から二〇ミリシーベルトの低線量被曝においてである。

どのようにがんができるかについて線形性の見解を強く支持する根拠もある。放射線生物学の研究によれば、「可能な限り低い被曝でできる一本の放射線の飛跡は、標的となる細胞の核を通過して細胞のＤＮＡを損傷する可能性が低くても一定程度はある」。この損傷の一部には、ＤＮＡの短い部分に複数の損傷を起こす電離の「突出」があり、修復しにくく、まちがった修復が起こりやすい。委員会は、それ以下では発がんリスクをゼロにするしきい値を示す証拠はないと結論した。

さらに、二〇〇五年のこの報告書の後にも、一〇〇ミリシーベルト以下の低線量被曝によるがん死の増加を実証する研究はいくつも出てきている。『国会事故調報告書』（徳間書店、二〇一二年九月）から引用する。

核施設の労働者については、ＩＡＲＣ（国際がん研究機関）が一五カ国の核施設労働者四十数万人のがん死リスクの調査をしている。その調査結果によると、労働者の九〇％以上は五〇ミリシーベルト以下の被曝で、がん死は線量に依存して増え、白血病を除く全固形がんについては一シーベルト当たりのがん死は対照の一・九七倍であり、慢性リンパ性自血病については対照の約三倍になっている。

ドイツ、英国、スイスの三国の原子力発電所周辺五キロメートル以内に住む五歳以下の子どもに白血病が増加したという報告が出された。ドイツの場合原発周辺の線量は年間〇・九ミリシーベルトである。これらのデータから見ると放射線はゆっくり浴びたからといってそのリスクが低くなるとはいえない。（四〇四頁）

このように科学的に「しきい値なし」を支持する研究成果が多く出ており、米国科学アカデミー電離性放射線の生物影響に関する委員会でも是認されており、他にもそれを支持する科学者が多数いる。それを否定する立場の科学者もいるのだから、そのどちらかが正しいと「倫理」によって判断することはできないはずだ。ところが、加藤氏は山下氏の「しきい値あり」論を支持すると言う。加藤氏のこの「論理」は理解が難しい。

次に、この科学的対立を「予防」と「臨床」という枠で捉えることは妥当だろうか。低線量放射線の健康影響に関する科学研究は、マンハッタン計画とともに「保健物理」という科学分野が創設されて本格的なものとなった。そして、それは原爆製造や原発推進という軍事、政治、経済的な文脈と切り離せない科学分野として発展してきた。とりわけ、広島・長崎の原爆被害をどう評価するか、チェルノブイリ原発事故の被害をどう評価するかが、大きな問題だった。加害者側と被害者側の立場の相違が関わるのは避けがたいところがあり、長年にわたって対立が続いてきている（中川『放射線被曝の歴史』）。

その対立の中で、日本の当該分野は一定の役割を果たしてきた。当初は核大国の立場に抵抗するような姿勢をもっていたが、次第に核大国の立場を守るような傾向を強めて来た。そしてそれは、原発推進勢力（原子力ムラ）の形成とともに強まっていった。チェルノブイリ事故の後、日本の専門家は健康影響が小さいということを強調する側に立って論陣を張ることが増えていく。今や、原子力ムラと連携する放射線健康影響研究の科学者が数多く存在し、両者は一体をなしている（島薗『つくられた放射線「安全」論』など）。

こうした事情を考えると、放射線健康影響研究の専門家の方法論とたとえば疫学的な医学方法論との違いは、もっぱら「臨床」対「予防」の関係といった論点から捉えるのでは不十分である。放射線健康影響研究の専門家の方法論の特徴は、社会的政治的背景との関係で問われるべきものを多々含んでいる。

（a）（b）のような論点をめぐって、長期にわたって科学論争が続いている理由を知る上で、今述べてきたような歴史的経緯を、そしてそこに働く社会的政治的な力の作用を理解することは不可欠である。これはこの稿の最初に述べた段階分けで言えば、第二段階に関わることだ。すなわち、科学的な知識や評価の対立が、どのような社会的政治的背景の下に生じてきたかを理解するということだ。この問題について、加藤氏はほとんど何もふれていない。そのかわりに、医学の中に「予防」と「臨床」のどちらを重視するかという立場の違いがあるということを述べるだけである。

四　倫理の次元の恣意的な適用

加藤氏の論では、判断の材料に首を傾げざるをえない言明が多い。そして、その根拠が「倫理」に求められている。では、倫理的な次元の考察は適切に行われているだろうか。まず、「予防」と「臨床」という区分けが適切に用いられているかどうかという点について見ていこう。

すでに放射線に被曝してしまった人には、大変強い抑うつ状態に陥っている人がいる。まだ症状として特定の病気が現れているのではないので、投薬などの臨床上の措置はありえない。しかし「心理的な強い抑うつ状態」が、当面の除去すべき症状である。そういう場合、「口頭の医療措置」では、基準値よりも高い数値を被曝した人に「大丈夫」という可能性がある。なぜなら「公認の安全基準」は、集団的な障害が実際に発生する臨界値よりも低い数値を限界として定めているからである。「そんなに心配する必要はない」と言うことは、臨床医としては、ただ気休めを言うというより、甲状腺がんの初期の治療を必要とするような状態ではないと、臨床的な判断を告げるという意味がある。

これは真実を告げないことを正当化する理由について述べるものだろう。一定の範囲で「嘘も方便」ということもある、と述べているように理解できる。だが、福島原発事故後の状況を考える場合、真実を告げずにそれほど危険でないと述べることを倫理的に是認できているだろうか。「そんなに心配する必要はない」という「口頭の医療措置」、すなわち「ムンテラ」は、インフォームド・コンセントの原則に照らしても、妥当ではない場合が多々生じるだろう。

加藤氏は個々の人々に対して、心理的な安定を望んで、言い方に手心を加えることが妥当だと述べている。だが、そのような事態が個別的に生じうるとしても、低線量被曝については、どのような防護措置、被曝軽減措置を取るかという政府や公的機関の判断に関わってもいるのだ。上の引用文の中で、「なぜなら「公認の安全基準」は、「集団的な障害が実際に発生する臨界値」よりも低い数値を限界として定めているからである」という言明が妥当であるなら、その範囲では手心を加えることも認められよう。だが、三節で述べてきたように、この言明も妥当ではない。

社会的に責任ある立場で、専門家が真実を隠すような情報提示を行った場合、関係当事者が受ける心理的なダメージはきわめて大きなものとなるだろう。信頼できる情報が失われてしまい、途方に暮れる。どのような認識をもつのかの立場が違うと、その事柄を語り合うことも困難になる。「分断」の被害がひときわ深刻になる。パターナリスティクな影響力の行使は、公共的な場面では信頼感の崩壊をもたらす。放射線の健康影響をめぐって、三・一一以後に起こっているのはまさにこれである（影浦峡『信頼の条件——原発事故をめぐることば』岩波書店、二〇一三年）。加藤氏は「ムンテラ」がそのような否定的な効果をもつことについて何も述べていない。

加藤氏が「倫理」的判断として示しているものには、とうてい受け入れられないものが他にもいくつかある。一つだけあげよう。

山下俊一について、私は彼の人柄が御用学者を買って出るような卑しいものではないと知っているので、彼の「闘値あり」論を支持する。（中略）限られた時間のなかで決定するとき、たとえば私が福島県の防災の責任者であったならば、山下説を採用するだろう。しかしそれは決して政治的な理由によるのではない。（中略）経験値にもとづく山下の直観が信頼できるということと、彼の人格が徳性を示しているということとは、密接に結び付いている。それは、彼を直接に知ることなしには分からない。山下と個人的な面識のない人が、彼への激しい個人誹謗を公表しているのは、情報倫理に反すると思う。

三・一一後の状況で山下氏は被災地住民から、その発言がとても信頼できないと受け止められた。加藤氏はそのような衝撃を受けた住民たちは、山下氏を「直接に知ること」がなかったと言うのだろうか。自分の個人的な付き合いに基づく判断が公共的な討議の場で実効性をもつとすれば、情実に基づく判断がいくらでも通ってしまうだろう。とても「倫理」にかなった言明とは思えない。

（しまぞの・すすむ　上智大学特任教授・東京大学名誉教授）

別対論企画「低線量被曝と生命倫理」

伝聞証拠の使い方——島薗進氏への応答

加藤　尚武

伝聞された文言は証拠として採用しないというのが、刑事裁判の原則である。実生活の場面では、この伝聞排除の原則はとても守り切れない。薬を飲むときには薬局でくれた袋に印刷されている文言を信用して服用するし、その袋の中身が入れ違いになっていると疑うなら、処方箋を見直すし、処方箋に疑いがあれば、医師に相談する。「医師に相談」という段階で、私はその医師を信用しているのだから、それ以上疑う必要はないと判断する。医師の発言は、私にとっては伝聞証拠である。信頼できる人に出会うことが、疑いの当面の終止符である。

与えられた情報について判断を下すために他の伝聞証拠を引き合いにするというのは、われわれの人生の避けられない宿命である。たいていはネットで得た情報を、同じくネットで得た別の情報で確かめる。実用的な意味では「信用している人の言葉なら、それ以上は疑わない」という態度で済ませている。

私が災害のまっただなかの福島県知事で「放射能で汚染された地域から医師と看護師の派遣を求められていますが、どうしますか」と訊かれたら、「低線量被曝について文献を調べますから、答えを待ってほしい」とは言えない。信用できる専門家の助言に従う。「決定の回避も延期もできない」というのが、災害対策などの臨床的判断の条件である。この場合、「信用できる専門家の助言に従う」という以上にすぐれた決定方式が存在するとは思えない。「議会を開いて、多数決の決定に従う」とか、「専門家の会議を招集して、勧告案を作成してもらう」とかいうのは、すべて、もっと長期的な一般事例に対する対策としてなら適切であるかもしれないが、現場での判断には使えない。「決定の回避も延期もできない場合には、もっとも信頼できる伝聞証拠に従う」というのが、実用的な決定の原則である。

「信用できる専門家の助言」の適格条件は、助言者が目の前にいるということである。裁判であれば、反対尋問の可能性が担保されていることとなる。助言を求められた専門家が「私には答えられませんから、A氏に相談してください」というなら、A氏を呼び出す以外にはない。

福島県などで発生した放射線被曝については、データの不正などあれば、多くの反証例が出されるだろうから、現在行われている調査を継続すれば「低線量の被曝の危険度」について、よいデータが得られると思う。しかし、放射線に関するすべてのデータが信頼できるとはいえない。たとえば私は、劣化ウラン弾の安全性についてアメリカ陸軍などの提示しているデータの信頼度について疑っている。もしも私がこの問題の調査委員会のメンバーになって、私の回答を出さねばならぬという事態になったら、私は自分でデータを比較したり、反証の実験をしたりするかもしれないが、最終的には「信用できる専門家の助言に従う」という原則のそとには出られないと思う。

それではあなたの学問は伝聞に依存しているのではないか、学問上の判断についてあなたは「信用できる専門家の助言に従う」という原則に従うのかと訊かれるかもしれない。私自身が専門家として証言できる範囲は、非常に狭い。私はヘーゲルのテキスト解釈については自分が専門家であると自認している。カントやフィヒテも必要に応じて、専門家としての判断を下すが、シェリングの文章については、どうしても実感でつかめないので、シェリングは敬遠することにしている。アリストテレスやデカルトについての私の判断は、おおむね「信用できる専門家」に依存している。もちろん世間では「信用できる専門家」としてもてはやされていても、実際にはそうでない場合は山ほどある。

真贋は、直観的にでないと決まらない。どこかの領域ですぐれた直観を持っていることが明らかである人の判断なら安心できる。味覚、芸術感覚など、他人の直観の良しあしが分かるような交際は、人生の判断の安全率を高くする。

歴史上の事実についての私の判断も、おおむね「信用できる専門家」に依存している。ただし、第二次世界大戦中の私の体験や、一九六〇年の安保闘争についての私の体験が歴史上の証言になりうる場合もある。安保闘争を経験していない人が書いた「記録」とか「歴史」とかを読むと、実際とはずいぶん違うと思うことが多い。

人生の判断の大半は、伝聞証拠を伝聞証拠で確かめるという訴訟法的には過ちとなるもので成り立っている。生きるための訓練とは、伝聞証拠を伝聞証拠で確かめて、なおかつ過たないという結果を残すための反復である。そこでは現実の重みを感じたり、その軽さを感じたりする経験が重要で、貴重な体験の質を織り込むことで、伝聞の危険度を下げるのだと思う。

（かとう・ひさたけ　人間総合科学大学教授）

第Ⅲ部　原発と倫理

第1章　原発の倫理的限界と宗教の視点
――福島原発災害後の宗教界の脱原発への訴え

1. 宗教界の声明等から脱原発の倫理を考える

福島原発事故の被害

二〇一一年三月、東日本大震災に伴い発生した福島第一原子力発電所の事故は甚大な被害を引き起こした。被害は今後長期にわたって続くが、それがどれほどの規模に上るのか現段階では予想ができない。

福島県の「震災関連死」の数は二〇一三年八月末で一五三九人、申請中の一〇九人を合わせると直接死者数の一五九九人を超えると報道された。同年八月末までの宮城県と岩手県の「震災関連死」の数はそれぞれ八六九人、四一三人である（『毎日新聞』二〇一三年九月八日）。二〇一八年三月三一日現在の復興庁の集計では、福島県の「震災関連死」の数は二二二七人、宮城県と岩手県の「震災関連死」の数はそれぞれ八二七人、四六六人となっている（http://www.reconstruction.go.jp/topics/main-cat2/sub-cat2-6/20180629_kanrenshi.pdf）。「関連死」の災害との実質的な関連をどの程度のものと見るのかの評価は困難ではあるが、宮城県や岩手県と比べて福島県で震災関連死が格段に多いという事実は、福島第一原発による災害の影響が大きかったことを端的に物語っている。

だが、被害の広がりは「関連死」者の数だけでは見えてこない。二〇一二年六月一日の時点で福島県からの避難者は約一六万五千人だったが、二〇一七年八月一四日時点では五万六二七二人に減少したとされる（福島県発表）。減少した人々のうち、帰還した人がどれぐらいか、避難先で定住した人がどれぐらいかはわからない。福島県の人口は、二〇一一年三月一日の時点から二〇一七年六月一日までの間で比べると、一三万八六九二人、減少している（原子力市民委員会『原発ゼロ社会への道２０１７――脱原子力政策の実現のために』原子力市民委員会、二〇一七年、第一章）。

放射性物質による汚染が懸念される地域に残った人びとの生活も多くの困難を抱えるものとなった。農業や牧畜や漁業を長期にわたって、あるいは無期限にやめざるをえなかった人びとも少なくない。再開したとしても収益が元の水準に戻るのは容易でない生業が多いだろう。健康被害がどれほどのものかは予測が困難だが、子供が外での遊びを控えなければならなかった等の被害も小さなものではない。生活を支えてきた環境の全体を、またその多くを奪われた人々がこれだけの範囲で生じてしまったのだ。

事故を起こした原発はまだ事故が収束したわけではなく、なお放射性物質が飛散したり流出したりし続けている。さらに今後、被害が広がるかもしれないという恐れは現実的なものである。しかも、これだけの被害に留まっているのも、いくつもの偶然のおかげであり、これ以上の被害に拡大する可能性は十分にあった。

破滅的な巨大事故の可能性

このような事態は、現代の先端的な科学技術の利用である原発を用いることとの倫理的な妥当性を問い返している。たとえば高木仁三郎は、『巨大事故の時代』（弘文堂、一九八九年、二一〇頁）でこう述べている。

その後の生を虚しくするようなトータルな破局を破滅と私は呼ぶが、このような破滅的事故が絶対に許されてはならないと私は思う。確率という概念をあえて用いるならば、破局的な大事故の確率は十分に小さくなくてはならないが、破滅的な事故の確率は絶対的にゼロでなければならない。つまり、どんなにわずかでも破滅の可能性が残るような技術は、究極の『死の文化』であり、そのような技術の選択はすべきでない。

こうした認識は日本の多くの人々によって共有され、原子力発電そのものへの批判が高まった。事故後に止まった全国の原発を再稼働させることを是としない立場から、再稼働反対を唱える運動も多くの支持者を得た。そして日本の宗教界のさまざまな潮流も同様の認識をもって声を上げた。ここではそうした宗教界の脱原発の声明等を検討しながら、現代の科学技術の利用に対して、宗教界がともにその非倫理性を訴えていく可能性について考えてみたい。

宗教界からの脱原発声明等

早く原発を減らし、できればなくしていこうという「脱原発」の声は諸方面から上がったが、宗教界からの声もそれに加わった。早い段階のものには、臨済宗妙心寺派の「原子力発電に依存しない社会の実現」（二〇一一年九月二九日）、日本カトリック司教団の「いますぐ原発の廃止を――福島第一原発事故という悲劇的な災害を前にして」（同年一一月八日）がある。同年一二月一日には、伝統仏教のおおかたの宗派が加わっている全日本仏教会が宣言文「原子力発電によらない生き方を求めて」を明らかにした。

二〇一二年に入ると、二月二七日には真宗大谷派が「すべての原発の運転停止と廃炉を通して、原子力発電に依存しない社会の実現を求める決議」を行い、その後、日本聖公会「原発のない世界を求めて――原子力発電に対する日本聖公会の立場」（五月二三日）、大本の「大飯原子力発電所再稼働に反対する教団声明」（六月一四日）、立正佼成会「真に豊かな社会をめざして――原発を超えて」（六月一八日）、日本同盟基督教団「みこころの天になるごとく地にも――原子力発電にかんする理事会見解」（七月九日）、超宗派の個人個別組織の共同による声明「宗教者は原子力発電所の廃止を求めます」（七月一三日）などが相次いだ。（藤山みどり「原発に対する宗教界の見解」『宗教情報　研究員レポート』二〇一二年一月三〇日、http://www.circam.jp/reports/02/）

この章では、そうした宗教界からの脱原発の訴えの内容を検討し、科学技術の産物である原発に対してどのような倫理的批判がなされているかを検討する。その目指すところは、①まずそもそも原発批判の倫理的根拠は何なのかについて考えを深めていくことである。だが、それとあわせて、②日本の宗教界からの原発批判はどのような特徴をもっているのかについても考えていきたい。この二つの問いは、③科学技術に対する倫理的批判の根拠は宗教的なものとどう関わるのか、という問いにもつながっていくはずである。

具体的には二〇一一年三月一一日以後、日本のいくつかの宗教教団が公表した脱原発の声明等の文書を紹介し、また、その他の形で表明されている宗教的な立場からの見解に目を配って原発批判の倫理的論点を明らかにし、それらを相互に比較する。また、二〇一一年五月三〇日にドイツの「安全なエネルギー供給のための倫理委員会」が公表した「ドイツのエネルギー転換――未来のための共同事業」とも照らし合わせ、日本の宗教界からの原発への倫理的批判の論点の特徴を捉える手がかりとする。

2．全日本仏教会の宣言文

「原子力発電によらない生き方を求めて」

日本の宗教伝統を代表する団体はどうだろうか。全日本仏教会は主要な伝統仏教諸宗派の連合体である。日本の仏教集団は長期にわたって多様な宗派に分かれ、それぞれの宗派で異なる教義を掲げてきたという歴史がある。したがって、仏教教団の総意を結集することは容易ではなく、国民社会で意見が分かれるような論題についてまとまった見解を明らかにすることは少なかった。それだけに、全日本仏教会の宣言文「原子力発電によらない生き方を求めて」（二〇一一年一二月一日）は、指導的な立場の仏教者たちの強い意志とともに、日本の仏教界の総意を示したものと見なされ、注目度も高かった。諸宗派、またさまざまな立場の仏教者に支持されるよう、よく文章が練られて重要な論点が浮彫にされたためでもあるだろう。

この宣言文は次のように始められている。

東京電力福島第一原子力発電所事故による放射性物質の拡散により、多くの人々が住み慣れた故郷を追われ、避難生活を強いられています。避難されている人々はやり場のない怒りと見通しのつかない不安の中、苦悩の日々を過ごされています。また、乳幼児や児童をもつ多くのご家族が子どもたちへの放射線による健康被害を心配し、「いのち」に対する大きな不安の中、生活を送っています。／広範囲に拡散した放射性物質が、日本だけでなく地球規模で自然環境、生態系に影響を与え、人間だけでなく様々な「いのち」を脅かす可能性は否めません。（／は原文改行を示す）

続いて宣言文は、日本は原爆被害国であるが故に、放射能によるいのちの侵害に対して、多くの国民が特別な祈り、あるいは願いをもっていることにふれる。

日本は原子爆弾による世界で唯一の被爆国であります。多くの人々の「いのち」が奪われ、また、一命をとりとめられた人々は現在もなお放射線による被曝で苦しんでいます。同じ過ちを人類が再び繰り返さないために、私たち日本人はその悲惨さ、苦しみをとおして「いのち」の尊さを世界の人々に伝え続けています。

宗教的な論拠の提示

さらに、仏教的な精神が願う平和という点から、原発によるいのちの侵害が容認できないものであることを述べている。

全日本仏教会は仏教精神にもとづき、一人ひとりの「いのち」が尊重される社会を築くため、世界平和の実現に取り組んでまいりました。その一方で私たちはもっと快適に、もっと便利にと欲望を拡大してきました。その利便性の追求の陰には、原子力発電所立地の人々が事故による「いのち」の不安に脅かされながら日々生活を送り、さらには負の遺産となる処理不可能な放射性廃棄物を生み出し、未来に問題を残しているという現実があります。だからこそ、私たちはこのような原発事故による「いのち」と平和な生活が脅かされるような事態をまねいたことを深く反省しなければなりません。

そして最後に、この宣言は「原発によらない生活を求める」根拠が宗教的な精神に基づくものであることを示している。

私たち全日本仏教会は「いのち」を脅かす原子力発電への依存を減らし、原子力発電に依らない持続可能なエネルギーによる社会の実現を目指します。誰かの犠牲の上に成り立つ豊かさを願うのではなく、個人の幸福が人類の福祉と調和する道を選ばなければなりません。

そして、私たちはこの問題に一人ひとりが自分の問題として向き合い、自身の生活のあり方を見直す中で、過剰な物質的欲望から脱し、足ることを知り、自然の前で謙虚である生活の実現にむけて最善を尽くし、一人ひとりの「いのち」が守られる社会を築くことを宣言いたします。

倫理的な判断がなされているが、そこに宗教的な思考法につながるような内容が含まれている。たとえば、①原発が「いのち」を脅かす」ものであること、また、②「誰かの犠牲の上に成り立つ」ものであることを重視しているところ、さらに、③「個人の幸福が人類の福祉と調和する道」を求め、④そのためには一人ひとりが「足ることを知り、自然の前で謙虚である」よう志すことを訴えているところだ。

深めていくことができる論点

これに対して、できるだけ合理的な倫理的推論を求める立場からは、異論が提出されるかもしれない。①に対しては、リスクを含む科学技術は多く、それらはどれもある意味で「いのち」を脅かす」ことになるだろう。したがってどの程度のリスクがあり、それに見合うだけのメリットがあるかどうかの問題だ。そうした合理的なリスクとベネフィットの評価を行えばよいだけではないか。②に対しても、どのような科学技術もその導入によって不利益をこうむる者が生じるのを避けることはできない。問題は「犠牲＝コスト」にまさる利益が得られるかどうかであり、ここでも合理的な評価を行えば十分だという批判がなされるかもしれない。③については、どのような科学技術も「個人の幸福が人類の福祉と調和する道」を求めているのだと、④については、「足ることを知り」「自然の前で謙虚である」ことによって人類が切り拓いてきた富、とりわけ科学技術がもたらした恩恵を否定するのは適切ではないとの批判がなされうるだろう。

こうした批判に対して、応答していくことで、宗教的な思考法に基づく倫理性が見えやすくなってくることだろう。私なりに全日本仏教会側の立場を理解して述べれば、①②では得られる利益ではつぐなえないような何かが、「脅かされるいのち」や「犠牲」といった言葉で示唆されている。それは量的な比較にも大いに関わるものであるが、量的な比較では示しえないようなものも含まれている。一方的に痛みを負う弱い立場の人々のいのちに加えられる被害の残酷さや不公正ということも関わっている。そうした類の痛みを重んじることの中に、「いのちの尊さ」といった言葉で捉えられることが多い宗教的なものが潜んでいる。

③④については、経済成長をもっとも力ある導き手とし、個人の欲望の追求に力点が置かれている現代社会の価値観のあり方と原発推進に深い連関があると捉え、それにかわる宗教的倫理的価値が尊ばれることを求めていることを説いていく必要があるだろう。個人の欲望を満たすことに力点が置かれれば、よき共同生活のための価値規範が軽んじられることになる。経済成長の追求のために安全を軽視して原発を推進してきたのはまさにその現れだ。原発が好ましくないということの倫理的根拠にはそのような社会的規範の再考と結びつく面もあるということだろう。

この宣言文は日本の伝統仏教の宗派の違いを超えた広い意味での仏教精神にのっとった内容を示そうとするものであり、また、仏教という限定を超えて広く日本の市民の宗教性、霊性に訴えかける内容を目指しているものだろう。そのために宗教的伝統を反映した語彙は避けられており、それは宗教独自の主張を打ち出すという点では弱いかもしれない。他方、このように宗教・宗派の境を超えて通用しながら、なお宗教的な要素を重んじようとしたところにこの宣言文の特徴があり、また広く社会から注目された理由もあるだろう。

３．真宗大谷派の決議文

社会への積極的発信

次に、真宗大谷派の「すべての原発の運転停止と廃炉を通して、原子力発電に依存しない社会の実現を求める決議」（二〇一二年二月二七日）を見てみよう。真宗大谷派は伝統仏教教団の中でも、平和問題、差別問題、倫理問題等に対する関心が高い教団だ。たとえば、一九九八年六月二九日以来、死刑が執行されるたびに「死刑執行の停止、死刑廃止を求める声明」を出し続けてきており、二〇〇五年六月一四日には、宗議会で「日本国憲法「改正」反対決議」を採択している。後者には次のように述べられている。

日本政府も私たちも、国の基本法である「日本国憲法」に謳われた精神を具現化することをおざなりにし、戦争犠牲者から託された、恒久平和構築の悲願を忘れたかのように、経済的物質的豊かさのみを飽くことなく追求してまいりました。まさに「恥ずべし、傷むべし」と言わざるを得ません。

私たち大谷派宗門もまた、「遠く通ずるに、それ四海の内みな兄弟とするなり」と本願念仏のみ教えをいただかれた親鸞聖人を宗祖としながら、宗祖聖人の仰せにもなきことを聖人の仰せと偽り、釈尊の「兵戈無用」の金言を忘れて、戦争遂行に協力をしてきました。

真宗大谷派はこのように宗教的な自覚に基づき、社会に積極的に発信していくという姿勢をもつ教団だが、福島原発災害においても教団として、また個々の宗教者による積極的な発信や行動が見られた。

「原子力発電に依存しない社会の実現を求める決議」

「すべての原発の運転停止と廃炉を通して、原子力発電に依存しない社会の実現を求める決議」では、福島原発事故の被害が深刻であることを記した後、まずこれまでの原発推進がいかに偽りを土台にしたものであったかが論じられている。

一旦、大事故が起これば、生きとし生けるものすべてのいのちを奪う深刻な放射線被曝によって、取り返しのつかない事態となる危険性のあることに目を伏せ、日本の原発は安全であり、原発なしでは電力の安定供給ができないという、いわゆる「安全神話」と「必要神話」を安易に信じ込み、エネルギーと物の大量消費を限りなく続けていくことが「豊かさ」であると私たちは思い込んで来たのです。

ここではまず、①原発は欺瞞によって強いられてきたのであり、そのこと自身が原発が信頼できないものであることを示すものと捉えられている。これは原発の倫理的批判の重要な論点のひとつだ。続いてこの決議文は、②原発の危険が社会的に弱い立場の人々に押しつけられるものであることを述べる。

原発の危険性を電力の大消費地である大都市から離れた立地地域に押しつけ、また、放射線被曝の危険に絶えずさらされている原発作業員、ことに社会的に弱い立場に置かれた下請け労働者の問題にも目をそらして来ました。

また、③原発は数万年もの長期に及ぶ放射性廃棄物の管理という困難な課題をも抱え込んでおり、「未来のいのち」を脅かすものであることを述べる。

さらには、原発を運転し続けることで必然的に発生し、半減期が何万年にも及ぶものさえある膨大な放射性廃棄物を安全に管理することは、人間の能力を遥かに超えています。／この度の事故によって、原子力発電を続けるなら、現在のみならず未来のいのちをも脅かす放射線被曝を避け得ないことが明らかになった今、原発に依存しない社会の実現が何よりも急がれています。

自己自身と自らが深く関わってきた社会を見直す

この決議文は、④このような倫理的問題をもった原発に依存してきた「私たち」自身を省み、自己自身と自らが深く関わってきた社会を見直すべきことを説く。「すべての原発の運転停止と廃炉を通して、原子力発電に依存しない社会の実現を求める」ことは、また自ら自身を省み生きる姿勢を問い直すことと不可分と見なされている。

すべてのいのちを摂《おさ》めとって捨てない仏の本願を仰いで生きんとする私たちは、仏智によって照らし出される無明の闇と事故の厳しい現実から目をそらしてはなりません。そして、私たちの豊かさの内実を見直すと同時に、国策として推進される原子力発電を傍観者的に受け容れてきた私たちの社会と国家の在り方を問い返し、すべての原発の運転停止と廃炉を通して、原子力発電に依存しない社会の実現に向け、歩みを進めることをここに表明し、決議といたします。

この真宗大谷派の決議文は、全日本仏教会の宣言文「原子力発電によらない生き方を求めて」と重なるところが多いが、社会と社会を構成する自己自身に視線が向かっている度合いが大きい。いのちが脅かされている（犠牲にされている）と述べるとともに、「弱い立場」の人々にしわ寄せが及ぶこと（②）が強く意識されている。また、原発が欺瞞の構造をはらんだものであることが述べられているが（①）、これも社会的な観点の強調という点に関わっている。その意味では、真宗大谷派の決議文は社会科学的な視点と特徴を共有している。

社会倫理の用語と宗教的な表現

だが、ここではそうした社会的な不公正や暴力や抑圧が、「私たち」ひとりひとりの問題だとする視点が強調されている。これは④の中で示唆されていることで、「豊かさの内実」「傍観者的」のように現代的な社会倫理の語彙で述べられるとともに、「仏智によって照らし出される無明の闇」といった宗教的な表現でも語られている。また、「未来のいのち」に注目すること（③）は「すべてのいのちを摂《おさ》めとって捨てない仏の本願を仰いで生きんとする私たち」という表現と呼応しており、個々人の生命を尊ぶということを超えて、他と連関しあって時間空間を超えた総体に連なるものとして「いのち」が考えられていることを示唆している。ここにも宗教的な観点からの批判という特徴を見てとれるだろう。

真宗大谷派のこの決議文でも、全日本仏教会の宣言文で見たような批判はなされうるだろう。だが、こちらの方が原発容認の立場からの批判が及びにくいようにも思われる。それは一つには、社会的な論点が組み込まれているためであり、もう一つには、個別宗教教団によるものなので宗派的な独自の教説言語が用いられているからだろう。この二つの理由のため、「自分はその立場は取らない」という立場の人とは接点ができにくい構造をもっている。しかし、他方ではある特定の視角からの批判がつきつめられているので、倫理的な問題がどこにあるかの論点がより明確に表されているとも言えるだろう。

4．立正佼成会の声明

立正佼成会と世界宗教者平和会議

立正佼成会は庭野日敬と長沼妙佼によって一九三七年に設立され、法華経を尊び在家信徒それぞれが先祖供養を実践し日常生活を変えていこうとしてきた新宗教教団だ。他方、宗教協力により公共的な活動に積極的に関わってきており、世界宗教者平和会議（ＷＣＲＰ、ＲｆＰ、一九七〇年設立）や庭野平和財団などの活動を通じて世界の平和のためにも力を注いできた。新宗教諸団体の連合体である新日本宗教団体連合会（新宗連）の有力メンバーの一つでもある。

世界宗教者平和会議はニューヨークに本部があり、世界数十ヶ国に支部組織があるが、日本は設立時から中心的な役割を果たして来ている。日本では多くの仏教宗派、神社神道、教派神道、新宗教教団が加わっており、きわめて幅の広い宗教組織の連合体である。そして、世界宗教者平和会議日本委員会は立正佼成会の本部施設内にあることからも知られるように、立正佼成会はその有力な担い手だ。

世界宗教者平和会議は平和のための発信や行動を積極的に行ってきている。二〇〇一年九月一一日のアメリカ同時多発テロの後にはそこから暴力の連鎖が広がらないために早くから声明を出していた（島薗進「心なおしによる平和――現代日本の新宗教の平和主義」『大巡思想論叢』第一六輯、二〇〇三年一二月、同「国民的宗教協力から宗教の国際協力へ――戦後の平和運動とその歴史的背景」中牧弘允、ウェンディ・スミス編『グローバル化するアジア系宗教――経営とマーケティング』東方出版、二〇一二年）。平和や紛争に関わる問題についてだけではなく、生命倫理問題や憲法改正問題についても独自の態度表明を行ってきている。このような経歴をもつ宗教教団が原発災害に際して、何らかの態度表明を行うに到ったことは理解しやすいところだろう。

声明「真に豊かな社会をめざして――原発を超えて」

声明「真に豊かな社会をめざして――原発を超えて」（二〇一二年六月一八日）では、原発災害による苦難に思いを寄せる言葉に続いて、それだけではなく「近隣諸国をはじめ世界の人々に大きな不安をもたらし、未来世代に計り知れない多大な負担を残し」たことにもふれている。そして、原発に依存してきたことに大きな誤りがあったとの論点に入っていく。

原子力は「未来のエネルギー」と言われ、私たち国民もその恩恵を受けてきました。しかし、ひとたび事故が起きれば、甚大な被害をもたらすことを思い知らされました。経済的な豊かさが人間の幸せの源泉であると信じ、原発の負の部分から目を背けて、その依存度を高めてきた責任は私たち一人ひとりにあります。私たちに問われていることは、原子力発電によらない、真に豊かな社会を可能な限り速やかに築きあげていくことです。そのためには、より安全性の高い再生可能エネルギーの開発と活用に叡智を結集しなければなりません。

ここでは、①事故による被害の大きさ、またそれが世界に、又将来世代に及ぶこと、②経済的な豊かさを求めるあまり、真の豊かさ、真の幸福を見失ってきたことが、省みられている。その場合、他を批判するというより、③自分たち自身の生き方を省みるという姿勢が基軸に置かれている。続く部分で、そのことは明確に述べられていく。

しかし、一番大切なことは、多くの犠牲の上に際限なくエネルギー消費を拡大してきた価値観や生活スタイルを見直すことです。今こそ、過剰な消費を抑えた「少欲知足（足るを知る）」の心を養い、簡素な生活の中に幸せの価値を見いだす最大の機会であると考えます。

ここでは、「経済的な豊かさ」と「真の豊かさ」を分けるものは、「過剰な消費」と「簡素な生活」であることが示唆されている。それを「少欲知足（足るを知る）」の語で言い換えてもいるが、これは全日本仏教会の宣言文に「過剰な物質的欲望から脱し、足ることを知り」とあるのと照応している。

信仰者のための行動指針

ここで「価値観や生活スタイルを見直すこと」が、「一番大切なこと」とされている理由はここだけではよく分からない。だが、日頃から個々人が自らを謙虚に省みて足もとから態度を改めていくことが教えの根幹をなしている立正佼成会の教えにのっとった考え方と見ることができるだろう。

なお、立正佼成会は先の声明を受けて九月一日に「教団と教会、会員が願いを一つにして、真に豊かな社会の実現につなげていく」「行動指針」を発表している（http://www.kosei-kai.or.jp/news/2012/09/post_2487.html）。教団、教会、会員の三つに分け、具体的にできることを並べ上げているが、「会員」については「本会会員は「真の豊かさとは何か」について関心を持ち続け、教団が環境方針の基本姿勢として掲げる「いのちの尊重」「共生の実現」「簡素なライフスタイル」を旨として、自らの衣食住や交通手段など日々の暮らしのあり方を振り返ります」。「そして、家族や地域の人々と、自然の恵みへの感謝や平和の祈りのある生活などについて話し合い、身の回りの出来ることから実践します」というものだ。個々人の日常生活の中での修養を尊ぶ立正佼成会の実際の信仰活動と結びつけるという姿勢が明確だ。

だが、これは個々人の修養的実践にすべてを集約させようとするものではない。同時に人類社会の事柄であり、社会的意志決定に関わる事柄でもある。

よき人類社会のビジョンと仏教倫理

声明「真に豊かな社会をめざして――原発を超えて」にもどる。

世界は今、文明の転換を迫られています。これまでの経済的・物質的な豊かさを求める生き方を続けていては、限られた地球環境を守り、未来世代によりよい社会を残していくことはできないでしょう。また、貧富の格差が広がる今日の経済や社会のあり方は、人類全体にとって決して幸せなものではありません。私たちの生き方のものさしを「共生」や「自然との調和」、すべての人が安心して暮らせる公正な「分かち合いの経済」などの実現に変えていかなければなりません。

④「貧富の格差」、「すべての人が安心して暮らせる公正な「分かち合いの経済」」はもちろん社会政策の課題であり、国家の政策に関わることである。また、⑤「地球環境を守り」、「未来世代によい社会を残していくこと」もそうである。また、⑥「共生」や「自然との調和」は、人類だけの事柄ではなく、人類と自然との関わりという次元にも及んでいる。この声明で明確に述べられているわけではないが、この④~⑥は原発に対する倫理的批判に関わるものだからこそ、ここにあげられているのだろう。

以上を踏まえて、この声明は次のように結ばれている。

立正佼成会は、すべてのいのちを尊び、慈しみ、自然と人間との共生に基づく心豊かな平和な社会の実現に向け努力してまいります。これこそが今、仏教徒として私たちの果たすべき菩薩行と信じるものであります。

「菩薩行」とは「利他行」、すなわち他者への奉仕の行を指している。立正佼成会が尊ぶ法華経は菩薩行を重視する経典だ。また、仏教の伝統の中には、人間だけではなくすべての生きもの、また生命体と環境の全体を仏の表れと見るような考え方があり、日本では有力だ。立正佼成会はそうした伝統を継承してもいる。だから、①～⑥として述べてきたような事柄は、いずれも立正佼成会が尊ぶ仏教本来の倫理性の表明と理解されている。声明「真に豊かな社会をめざして――原発を超えて」の結びはあらためてそのことを思い出させてくれるものとなっている。

5．宗教者個人としての意見表明

大飯原発運転差し止め判決と中嶌哲演師

宗教教団、または宗教教団の連合体による脱原発の意思表示を見てきたが、宗教者個人の意思表示が注目を集める場合もある。まずは長く脱原発の運動に取り組んできた僧侶の発言を見てみよう。

「脱原子力政策大綱」が公表されて一ヶ月余り後の二〇一四年五月二一日、福井地方裁判所は福井県の大飯原発の「運転をしてはならない」との判決を関西電力に言い渡した。この判決は裁判所が原発の運転差し止めを求める判決を下したということだけでなく、その内容においても画期的と評されている。それはこの判決が「人格権」という法的概念を用いて、原発運転差し止めの倫理的根拠を示そうとしている点にある。そもそもこの訴訟の原告団代表は、大飯原発に近い小浜市の明通寺（真言宗御室派）の住職である中嶌哲演《なかじまてつえん》である。

その中嶌哲演は福井地方裁判所の判決について、次のように述べている（『中外日報』二〇一四年六月四日）。中嶌は現代人の「倫理的責任」を強調している。

原発の「必要神話」（経済）と「安全神話」（科学技術）を立法・行政・司法よりも優先し、地方・住民自治や国民主権を置き去りにしてきたフクシマ以前の状況に後戻りさせる訳にはいきません。

かつて置き去りにされ、現にされているのは、何よりも「倫理」ではないでしょうか。あり得ないことですが、仮に安全運転の条件が満たされても、後の数千世代に新たな負担を強いる死の灰などを増加させることになる一事だけでも、またフクシマの惨禍をもたらした以上、再稼働は断じて許されるものではありません。原発現地の後世代への巨大な負の遺産、過疎地に原発群を押し付けてきた大電力消費圏、五〇万人をこえる被曝労働者の犠牲、放射能災害弱者の子どもたちへの被曝強要、海外輸出、全環境・生命の汚染や被曝。

それらへの倫理的責任を「自利利他円満―少欲知足」の仏教精神に照らしつつ問い直し続けていく必要があります。

宗教的な背景をもった倫理性に基づく論

「自利」は悟りに向けて精進すること、「利他」は他者を助け救いに導くことであるが、その両者が調和するような生き方が「自利利他円満」である。自己の属する集団の利益を追求することで、他者の利益を損なうことがあってはならない。これは、将来世代に対する責任ということにも通じる。「少欲知足」は欲望を節し足るを知ること、つまりひたすら富や快楽を求めるような現代文明のあり方、それと結びついたエネルギー浪費の生き方を改めるということだろう。

先にふれた福井地裁への訴訟の根底には、人格権と環境権がすえられています。現憲法で保障されている「生命・自由・幸福の追求」（第一三条）や「健康で文化的な最低限度の生活」（第二五条）は、「公共の福祉」に反しない、自然環境を破壊しない――という限定もあり得ましょう。また最近包括的にまとめられた『原発ゼロ社会への道』（原子力市民委員会）の中でも、倫理的視点から「地域間や世代間」の「公平性」について的確に指摘しています。

「……目に見えるものでも、見えないものでも、遠くに或いは近くに住むものでも、すでに生まれたものでも、これから生まれようと欲するものでも、一切の生きとし生けるものは幸福であれ」（岩波文庫『ブッダのことば』より）。この仏教の原点と前記の自他の相互関係を認識・自覚することによって、真に自律的・自発的な「少欲知足」（現代の省エネ・節電も）が可能となり、「自利利他円満」も成就するのではないでしょうか。

原発差し止め訴訟というような公共的な場面で、倫理性が問われ、さらにその倫理性を宗教的な典拠にまで遡って示す文章が原告代表によって公表されている。宗教の公共的な機能という観点に立つ時、このことは大いに注目すべきことだろう。

大谷光真前門主が捉える原発の非倫理性

また、宗教団体のリーダーの個人としての発言が伝えられ、注目されることもある。浄土真宗本願寺派の大谷光真前門主（門主在位、一九七七―二〇一四年）は早い段階で、「後の世代に犠牲を強いて、今の経済的豊かさを優先する生き方は仏教から見ても大きな問題です」、「文明そのものの問題として、人間の知恵の範囲内でできることをすべきでなかったということです」と発言したことが伝えられた（『中外日報』二〇一一年一一月一日号）。

大谷光真門主はまた、二〇一二年七月二〇日の宗教倫理学会の研究会で、「私的発言」と前置きして原子力発電は「倫理的宗教的に問題」とも述べたと報道されている（『佛教タイムス』二〇一二年七月二六日号）。それによると、同氏は二〇年以上前から「原発は人間の処理能力を超えたものとの認識をもっていた」という。この記事はさらに、以下のように同氏の論旨を紹介している。

一番の問題は「トイレのないマンション」と使用済み燃料の処理方法がない点を指摘。「そんなものをどうして許したのか。原発以外で廃棄物を処理する方法がないから溜まる一方でよろしいというものがあるだろうか」と疑問を呈し、「それほど歪んだ発電事業である」とした。

さらに「昔の人は孫の代が使う木を植えた。今の人は自分が使えるものは使って孫にはゴミだけ残して、こういう生き方そのものが私自身にとっては非常に辛い」「廃棄物だけ残していくのはとても倫理的宗教的に問題である」と語った。

この発言内容に相応する考えは、大谷光真『いまを生かされて』（文藝春秋、二〇一四年三月）の「あとがき」にまとめて述べられている。この著書は、同年六月に門主を退任するに先立って刊行されたもので、「はじめに」には「退任のあいさつに代えて」と添えられている。

原発が抱える未解決の根本問題

「あとがき」では、三つの点で原発は「未解決の根本問題」を掲げていることが示されている。「第一に、現在の科学技術では、放射性廃棄物の無害化ができないことです」。放射性廃棄物が人類にとって危険でなくなるまでに、数万年から十万年、あるいは百万年かかるという。「原子力発電所の建設では、目先の利益に心を奪われて、将来のことが疎かにされたとしか考えられません。」「仏教的に見れば、長い時間軸で物事を考えていないといわざるをえません。」これは原発だけではなく、昨今の内外の情勢に広く見られる問題に通じている。政治の動きを見ると、「あとは野となれ山となれです。自分の子や孫の世代のことさえ、真剣に取り組まれていません」。

「第二に、一度大きな事故が起これば、対処できなくなる可能性があることです。今回の事故は、その典型といえるでしょう」。処理できない事柄を背負ってしまったが、それでももっとひどい事態にならなかったのは幸いと見なくてはならない。「人間のすることには完全ということはありえません。浄土真宗では、とくに「凡夫」ということばで言い表してきましたが、そのことを承知で、原子力発電を実用化すべきかどうか議論が必要でした」。日本は世界でも有数の火山・地震・津波国だ。自然環境が人間の制御を超えた事態を引き起こすことはよく分かっていたはずだ。「諸行無常が当てはまらない場所などあるでしょうか」。

「第三は、原子力発電所を運転するためには、平常時でも、一定数の労働者の被曝が避けられません。同じ給料で他に仕事があれば、危険な仕事を好むはずはありません。やむを得ず被曝を覚悟してはたらく人、弱い者が犠牲になります」。今後、国内で人が集まらなくなれば、経済状態の良くない外国から、労働者を入れることになりかねない。「差別の国際化が進むでしょう。それが美しい国のすることでしょうか。賢い国のすることでしょうか」。

仏教から示唆される倫理性

以上、三点をあげた上で、大谷は「阿弥陀如来に願われる「われら」として」と言う見出しの下に次のように述べている。

人間には限りない欲望があります。時代を遡るほど、外部からの物理的・社会的制約が大きかったため、おのずから欲望に歯止めがかかりました。しかし、現代においては、知能がはたらき、さまざまの制約が取り除かれ、欲望がそのまま実現するようになりました。

それでも人間の知能は不完全であり、欲望の実現から生じる負の結果を十分制御できません。その極端なものが核エネルギーの利用でしょう。いま必要かだけで物事を決めず、将来の人類はじめ生物の生存と調和することができるかどうかを考慮しなければ、人類の将来はないと思います。欲望をなくすのではなく、調和できる方向に導くことこそが課題です。

そのためには、日常生活の損得を超えた価値観が必要になります。仏教の目指すさとり、すなわち仏に成ることはそのヒントになると思います。

ここで、大谷は原発の非倫理性に目をこらし、それを超えていくには「日常生活の損得を超えた価値観が必要」であり、仏教はそれを提示できるはずだと述べている。

大谷は浄土真宗本願寺派の門主という地位を意識しながらも、一人の仏教者として原発の倫理的問題がどこにあるかを明示し、それを克服していくための倫理性が仏教、広く言えば宗教に求められる所以を述べている。宗教者個人としての考えを述べるという形をとったことによって、鋭く明快な叙述が可能になったと言えるかもしれない。

6．公明党と創価学会の脱原発論

ここで、創価学会という宗教団体をバックにもつ政党、公明党に目を転じよう。公明党は原発についてどのような政策を目指しているのだろうか。公明党のホームページを見ると、「原発ゼロの社会へ　公明党は、「原発に依存しない社会・原発ゼロ社会」をめざします」と題されたページ（https://www.komei.or.jp/more/understand/nuclear.html）に出会う（二〇一四年八月一日参観）。そこには次のような同党の原発政策が記されている。

「原発に依存しない社会・原発ゼロ社会」をめざします

東京電力福島第一原発事故を受け、国民の原発の安全性に対する信頼は崩壊しました。また、放射性物質による汚染など取り返しのつかない大損害を考慮すると、〝原発はコストが安い〟という神話も崩れ去りました。／こうした状況を踏まえ公明党は、／太陽光や風力など再生可能エネルギーの普及／省エネルギーの促進／化石燃料を有効に利用する火力発電の高効率化／の三本柱で持続可能な経済社会の構築と経済成長を両立させながら、原発への依存度を徐々に減らして、将来的に「原発に依存しない社会・原発ゼロ社会」をめざします。

これを見ると、公明党は脱原発を支持しているように見える。しかし、これに続いて原発の再稼働について次に述べた部分は、福井地方裁判所の判決と大いに異なるものであり、実質的に今後、原発を大幅に許容することができる内容になっている。

そのために公明党は原発の新規着工は認めません。また、建設後四〇年を経た原発の運転を制限する制度を厳格に適用します。／原発の再稼働については、原子力規制委員会が策定した新しい規制基準を満たすことを前提に、国民の理解と原発立地地域の住民の理解を得て再稼働するか否かを判断します。新基準では、以前の技術で設置された原発を、最新の知見に基づいて見直す「バックフィット」制度や、活断層などの徹底的調査を進めることなどが盛り込まれており、世界一厳しい基準となっています。しかし、安全に十分ということはなく、今後も不断の努力が必要ですが、新基準による規制は信頼に足る内容だと考えています。

再稼働に許容的である理由

「原子力規制委員会が策定した新しい規制基準」が「世界一厳しい基準」であるという理解は妥当なものだろうか。新規制基準に関して「世界最高水準である」と述べたのは、原子力規制委員会の田中俊一委員長（初代）であり、その理由として次の二点を挙げている。

①シビアアクシデント対策とか重大事故対策、あるいは起こった時のマネジメントについては、世界一と言っていいぐらい厳しい基準、要求になっている。

②地震、津波などヨーロッパではほとんど考えなくていい厳しい自然現象に対する要求をしている。

原子力市民委員会の『原発ゼロ社会への道――市民がつくる脱原子力政策大綱』（二〇一四年）は、第四章の7―2「新規制基準は「世界最高水準」ではない」でこれは妥当ではないことを示している。まず、②については、地震と津波が起こりやすい日本において、それをさほど想定しなくてよい地域と比べて、厳しい基準を設けるのは当然だが、想定される災害に対応するための厳しい基準になっているかどうかは別問題である。想定される災害が甘く見られていれば、十分に厳しい基準というわけにはいかない。

他方、①の過酷事故対策について、欧州加圧水型原子炉（ＥＰＲ）と比較を行うと日本の新規制基準は次の四点において明らかに劣っている――「安全上重要な系統設備の多重性」、「コアキャッチャー（原子炉圧力容器外に流出した溶融炉心を格納容器内に貯留する設備）」、「格納容器熱除去設備」、「頑健な原子炉格納容器」。「世界最高水準」の規制基準なる看板にはこのような事実誤認があり、安全性を過大評価することで原発の再稼働や原発輸出なども是認できることになるだろう。

原発輸出を許容する理由

事実、公明党のホームページの「原発政策」の項目を見ると、原発輸出を容認する考えを述べている。石井啓一政務調査会長が質問に答える形で述べているものだ。

公明党は、将来的な原発ゼロをめざしており、原発輸出を積極的に推進することには慎重な意見があります。しかし、原発を安全に建設し運転する日本の最高水準の技術に対する諸外国の期待は強く、相手国が各国の技術を比較した上で、わが国に輸出を求めてきた場合は、国際貢献という観点から要請に応えることも必要ではないかと考えます。

「東京電力福島第一原発事故を受け、国民の原発の安全性に対する信頼は崩壊しました。また、放射性物質による汚染など取り返しのつかない大損害を考慮すると、〝原発はコストが安い〟という神話も崩れ去りました」と述べている政党が、どうしてかくも易々と新たな「安全神話」に乗り、原発の再稼働や輸出を容認することができるのだろうか。まだ、事故の原因の解明も十分ではない段階で、再稼働を認めたり、日本製の原発の輸出が妥当だとするこうした考え方はまことに理解しにくい。これが宗教団体の支持が大きい政党であるとすれば、倫理性の吟味という点でいっそう気になるところである。

池田大作名誉会長の提言

そこで、公明党の主要な支持団体である創価学会が原発の倫理的妥当性という問題をどのように見ているか、検討してみよう。二〇一二年一月二六日の日付をもち、池田大作名誉会長の名で公表されている、第三七回「ＳＧＩの日」記念提言「生命尊厳の絆輝く世紀を」を見てみよう。

そこでは、「原発に依存しない社会へ　日本は早急に政策検討を」という節があり、「放射能汚染による現在進行形の脅威」と「ＩＡＥＡを中心に取り組むべき課題」という二つの項に分かたれている。前半の「放射能汚染による現在進行形の脅威」には、次のように記されている。

福島での原発事故は、アメリカのスリーマイル島での事故（一九七九年）や、旧ソ連のチェルノブイリでの事故（八六年）に続いて、深刻な被害をもたらす事故となりました。／今なお完全な収束への見通しは遠く、放射能によって汚染された土壌や廃棄物をどう除去し貯蔵するかという課題も不透明なままとなっており、〝現在進行形の脅威〟として多くの人々を苦しめています。（中略）事故のあった原発から核燃料や放射性物質を取り除き、施設を解体するまで最長で四〇年かかると試算されているほか、周辺地域や汚染の度合いが強かった地域の環境をどう回復させていくのかといった課題や、放射能が人体に及ぼす晩発性の影響を含めて、将来世代にまで取り返しのつかない負荷を及ぼすことが懸念されています。

私は三〇年ほど前から、原発で深刻な事故が起こればどれだけ甚大な被害を及ぼすか計り知れないだけでなく、仮に事故が生じなくても放射性廃棄物の最終処分という一点において、何百年や何千年以上にもわたる負の遺産を積み残していくことの問題性について警鐘を鳴らしてきました。（中略）日本は、地球全体の地震の約一割が発生する地帯にあり、津波による被害に何度も見舞われてきた歴史を顧みた上でなお、深刻な原発事故が再び起こらないと楽観視することは果たしてできるでしょうか。／日本のとるべき道として、原子力発電に依存しないエネルギー政策への転換を早急に検討していくべきです。

ＩＡＥＡを中心に取り組むべき課題？

この論述は、公明党の原発政策論と比べれば、原発の倫理的問題をもっと意識しているように見える。しかし、そうであるなら明確に脱原発の立場が示されてしかるべきだが、そこはそうなっていない。とりわけ、後半の「ＩＡＥＡ（国際原子力機関）を中心に取り組むべき課題」を見れば、その感が強くなる。その末尾は次のようなものである。

私は、国際原子力機関を中心に早急に取り組むべき課題として、設立以来進められてきた「放射性廃棄物の管理における国際協力」のさらなる強化とともに、「事故発生に伴う緊急時対応の制度拡充」や「原子炉を廃炉する際の国際協力」について検討を進め、十分な対策を講じることを呼びかけたいと思います。

ここでは、ＩＡＥＡが原子力発電の推進を進めてきた機関であることが軽視されている。前半部分であげられている原発の抱える深刻な問題を解決していくには、ＩＡＥＡに依拠するようなやり方で間に合うのだろうか。やや危ういと言わなくてはならないだろう。

「原発に依存しない社会へ」と題されたこの節を読むと、原発のもつ倫理的な問題性に対する意識があまり明確でないと言わざるを得ないだろう。では、この文書は倫理的な論点に触れていないかといえば、そうではない。「原発に依存しない社会へ」のすぐ前の節、「持続可能な未来に向けて　人類共通の目標を設定」では、倫理的な問題についてかなりの言葉を費やしており、それを仏教思想と結びつける論述も見られるからだ。仏典から、「目に見えるものでも、見えないものでも、遠くに住むものでも、近くに住むものでも、すでに生まれたものでも、これから生まれようと欲するものでも、一切の生きとし生けるものは、幸せであれ」（中村元訳『ブッダのことば』岩波書店）との教えが引かれてもいる。だが、そうした倫理性と脱原発の要請とが緊密に結びつけられてはいない。

7．日本カトリック司教団の声明

日本カトリック司教団は、二〇一一年一一月八日、「いますぐ原発の廃止を——福島第一原発事故という悲劇的な災害を前にして」という声明を公表している。その冒頭で同司教団は、すでに二〇〇一年に公刊された『いのちへのまなざし——21世紀への司教団メッセージ』で次のように論じたことを回顧している。

「いますぐ原発の廃止を」

（核エネルギーの開発は）人類にこれまでにないエネルギーを提供することになりましたが、一瞬のうちに多くの人々のいのちを奪った広島や長崎に投下された原子爆弾やチェルノブイリの事故、さらに多くの人々のいのちを危険にさらし生活を著しく脅かした東海村の臨界事故にみられるように、後世の人々にも重い被害を与えてしまうことになるのです。その有効利用については、人間の限界をわきまえた英知と、細心の上に細心の注意を重ねる努力が必要でしょう。しかし、悲劇的な結果を招かないために、安全な代替エネルギーを開発していくよう希望します。

ここで示唆されていた危惧が取り返しがつかないような形で実現してしまったのだから、脱原発の道は当然の選択だ。

このメッセージにある「悲劇的な結果」はまさに福島第一原発事故によってもたらされてしまいました。この原発事故で「安全神話」はもろくも崩れ去りました。この「安全神話」は科学技術を過信し、「人間の限界をわきまえる英知」を持たなかったゆえに作りだされたものでした。

わたしたちカトリック司教団は『いのちへのまなざし』で、いますぐに原発を廃止することまでは呼びかけることができませんでした。しかし福島第一原発事故という悲劇的な災害を前にして、そのことを反省し、日本にあるすべての原発をいますぐに廃止することを呼びかけたいと思います。

いのちを守るため、すぐに原発廃止

この日本カトリック司教団の声明は、直ちに原発廃止の決断をするよう促しており、断固たるものだ。

いますぐに原発を廃止することに対して、エネルギー不足を心配する声があります。また、CO_2削減の課題などもあります。しかし、なによりまず、わたしたち人間には神の被造物であるすべてのいのち、自然を守り、子孫により安全で安心できる環境をわたす責任があります。利益や効率を優先する経済至上主義ではなく、尊いいのち、美しい自然を守るために原発の廃止をいますぐ決断しなければなりません。

ここに述べられているように、「すべてのいのち、自然を守」ること、また、将来世代に安全な環境をわたす責任があること——これが第一に掲げられている脱原発の倫理的な根拠だ。続いて、将来世代への責任ということに関わって、より立ち入った論究がなされている。ひじょうに長期にわたる放射性廃棄物の保管という困難な課題を来るべき世代に押し付けるということの倫理性をめぐる問題だ。

原発はこれまで「平和利用」の名のもとにエネルギーを社会に供給してきましたが、その一方でプルトニウムをはじめとする放射性廃棄物を多量に排出してきました。わたしたちはこれらの危険な廃棄物の保管責任を後の世代に半永久的に負わせることになります。これは倫理的な問題として考えなければなりません。

清貧な生活という倫理性

加えて、電気エネルギーに頼ること自身の問題も指摘されている。エネルギーの転換が経済発展を困難にするかもしれないとの想定の上で、こう述べられている。「確かに、現代の生活には電気エネルギーを欠かすことはできません。しかし大切なことは、電気エネルギーに過度に依存した生活を改め、わたしたちの生活全般の在り方を転換していくことなのです」。ここで宗教を信仰する者は、現代社会で受け入れられているのとは異なる生き方を率先して体現していくことができるという考え方が示される。

日本には自然と共生してきた文化と知恵と伝統があり、神道や仏教などの諸宗教にもその精神があります。キリスト教にも清貧という精神があります。そして、わたしたちキリスト者には、何よりも神から求められる生き方、つまり「単純質素な生活、祈りの精神、すべての人々に対する愛、とくに小さく貧しい人々への愛、従順、謙遜、離脱、自己犠牲」などによって、福音の真正なあかしを立てる務めがあります。わたしたちは、たとえば節電に努める場合も、この福音的精神に基づく単純質素な生活様式を選び直すべきです。またその精神を基にした科学技術の発展、進歩を望みます。それが原発のない安心で安全な生活につながるでしょう。

この主張は宗教的な倫理性を強調しており、ふつうの市民にとってやや受け入れにくい内容をもっているかもしれない。日本の宗教伝統に言及しているが、それに対応するものとして、キリスト教の「清貧」の倫理性があげられている。これはある種の信徒にとっては分かりやすい説き方かもしれないが、一般人への説得力ということから言うとどうだろう。「少欲知足」という語と比べると、やや求めるところが大きい響きがある。「清貧」の生活に甘んじることを選ぶという困難な道を選んでても原発をすぐに廃止するということでは、ひるんでしまう人が多いかもしれない。

現代のほとんどのカトリックの聖職者は一般社会の人びとと比べれば清貧の生活を送っているので、実践者が述べているという点での説得力がある。だが、それを現代の信徒が、さらには一般人が今すぐ実現していくとなると、それが現実的であるかどうか疑われるかもしれない。たとえば産業界や経済的な責任を負っている人々は大量の失業者が生じたり、貧困問題が深刻化したりすることに懸念をもつだろう。経済的な問題に配慮が薄いというのは、以下に見るように、宗教界の脱原発宣言にかなり広く見られる共通の傾向だ。

8．ドイツの倫理委員会の報告書

「持続可能性」と「責任」

原発が倫理的に妥当なものかどうかという問いに対して、日本の宗教団体や宗教者が公にしてきた見解をいくつか見てきたが、その特徴を理解するために福島原発事故後にドイツの政府が設けた「安全なエネルギー供給に関する倫理委員会」が二〇一一年五月三〇日に提出した報告書「ドイツのエネルギー大転換――未来のための共同事業」を見ていくことにしたい（安全なエネルギー供給に関する倫理委員会『ドイツ脱原発倫理委員会報告――社会共同によるエネルギーシフトの道すじ』ミランダ・シュラーズ、吉田文和編訳）。

この委員会は未来のエネルギーを原発に頼るのかどうかについて、価値判断に基づく方向づけを行うための委員会と自己規定している。一二章からなる報告書の第四章「倫理的立場」の冒頭に「倫理的」ということの主要な意味が記されている。

原子力エネルギーの利用やその終結、そして他のエネルギー生産による代替についての決定は、すべて社会による価値決定にもとづくものであり、これは技術的側面や経済的側面よりも先行するものです。未来のエネルギー供給と原子力エネルギーに関する倫理的な価値評価において鍵となる概念は、持続可能性と責任です。持続可能性を理念としたとき、未来を見据えた社会を共同してつくり上げるために、社会的均衡と経済的効率だけではなく、エコロジー的な適合性という目標も出てきます。（四〇頁）

リスクを統合的に判断すること

「持続可能性」と「責任」とは、人間が長期にわたって行き続けていくための環境の保存・保護と両立するような形で有用性を高め生活条件を保障していくことだが、そのためには広い意味でのリスクの評価が必要である。

> 問われているのは、人間の自然とのつきあい方、すなわち社会と自然の関係に関する問いです。キリスト教の伝統とヨーロッパ文化からは、自然に対するひとつの特別な、人間の義務が導き出されます。自然に対する人間のエコロジカルな責任は、環境を保存・保護し、自分たちの目的のために環境を破壊することなく、有用性を高め、未来においても生活条件の保障を維持できるようにめざすことにあります。したがって、後の世代に対する責任は、とくにエネルギー供給や、長期的あるいは半永久的なリスクと負担の公平な分配、これらと結びついたわれわれの行動の諸結果にまで、及ぶものです。（四〇－四一頁）

そこで「倫理的な価値評価」は全体的なリスク評価として考察されることになる。そこではます、「リスクを統合的に判断すること」がうたわれている。

> 安全なエネルギー供給を考えていくことは、社会発展の基本的な問いと結びついています。人間は技術的に可能なことを何でもやってよいわけではない、という原則は、原子力エネルギーを評価する場合にも考えなければなりません。とくに、技術の結果が「永続的な負担」という性格を持つ場合には、批判的な評価はとくに重要です。短期的な利益を優先して、未来の何世代にもわたり負担を強いるような決定に対しては、社会が責任を負わなければならず、何が受け入れ可能で、何が受け入れ不可能かを判断していかなければなりません。
>
> 　できる限りすべての視点から責任を負い得るようなエネルギー供給を進めていくためには、全体的な考察を必要

としま す。文化的、社会的、経済的、個人的、制度的な内容とともに、環境や健康にかかわる諸結果が検討されなければなりません。リスクの問題をたんに技術的な側面へと狭めてしまうことは、全体的な考察や包括的なバランスのとれた検討という要請からすれば正しくありません。（四三－四四頁）

「絶対的な判断」と「相対的な比較衡量」

リスクの概念をここまで広く捉えると、生活のあり方（生活形式）の選択というような領域にまで及んでいくだろう。そうなるとリスク評価は宗教的な次元にまで及んでいくことにもなる。そのことを織り込んだ叙述と見てよいだろう。報告書はそのようなリスク概念を示した上で、リスク評価の立場を二つに分けている。すなわち、「絶対的な判断」と「相対的な比較衡量」である。

後者の方が分かりやすいので、そちらから説明しよう。エネルギーの選択はさまざまな選択肢の中から選ばれるが、それらはそれぞれに異なるリスクをもつのだから、そのリスクを科学的な知見にそって、また合意されうる倫理的基準にそって「比較衡量」する。

その場合に、科学的に可能な限りすべてのリスクとチャンスを見積もり、生態圏全体にわたる直接的また間接的な影響を算入しなければなりません。その際、影響の規模だけではなく、それが生じる確率も考慮すべきです。それらの影響を見積もったうえで、リスクとチャンスを相互に比較衡量しなければなりません。（五〇頁）

合理的な比較衡量だがそこに自ずから倫理的政治的な要素が入ってくる。「倫理的な考察は、可能な限り合理的で公平な比較衡量をおこなう手助けになります。しかし最終的には、政治的な意志形成のプロセスが決定的であり、それによって、どの比較衡量の規準が、より高く、またより低く判定されるかが確定されます」（同前）。

こうした比較衡量を行うと、原発よりも再生可能エネルギーや化石燃料のリスクの方が小さいという結果になる。原発の健康リスクや環境リスクが大きく、経済的なリスクという点でのメリットはさほどでもないということだ。これがこの委員会の「相対的な比較衡量」の結論だ。

「絶対的な判断」とは

他方、「絶対的な判断」とはどのようなものか。報告書はこの立場を次のように説明している。

原子力エネルギーを絶対的に拒否するという立場からは、発生しうる災害の巨大さ、後の世代への負担や放射線による遺伝子損傷の可能性は、そのリスクを相対的に比較衡量してはならないほど大きなものだと評価されます。この観点によれば、原子力事故による損害は、利益の比較衡量という枠組みから潜在的に（利益と損害をバランスして）衡量し得るようなものではなく、それを超えたものです。（四八頁）

一つには発生するかもしれない事態が予測できないのでリスクを算出できないということがある。原発はそもそも想定外が起こらざるをえないようなシステムなのだ。また、発生する可能性を計算できるとしても、発生した場合の被害が計算できる規模を超えるぐらい大きいかもしれない。事実、こうした事態は福島原発事故によって実証された。

絶対的な判断の場合、比較衡量可能なものも、徹底して慎重に衡量されます。しかし比較衡量ができない場合には、倫理的な責任のある観点のもとで絶対的な決断をしなければなりません。リスクには、相対的な、比較によって衡量可能なリスク（またはチャンスとリスク）以外に、絶対的で、比較衡量できないリスクというものがあるのです。ありえないと見なされていたことが実際に起こったとき、誰も望まないような、また誰も他の人に要求できないようなことが発生します。そのような事態を未然に取り除くことが、予防対策の本質なのです。（四九頁）

二つの立場は調停できないが結論は一致

以上の二つの立場を提示した上で、報告書は二つの立場はどちらも重要だから、委員会において歩み寄りはなされたものの調停はできなかったという。

本倫理委員会は、その審議過程で、どのようなリスク理解をもつかが基本的に重要である、という見解に立ちました。倫理委員会は、先のふたつの立場の対立を、根本的に解消することを要求するものではありません。どちらのアプローチ――絶対的なアプローチと相対的なアプローチ――にも良い論点と真剣に（相手側に）学ぶべき論点があります。倫理委員会においては、どちらの見解も強く主張されました。（五一－五二頁）

だが、どちらの立場からも結論は同じ所にたどりつく。つまり原発ではないエネルギーに向かっていくべきだということだ。

実際的な観点から見るならば、原子力エネルギーに関するどちらの基本的立場も、同じ結論に達します。すなわち、原子力発電所からの電力を、エコロジー的、経済的、社会的な適合性に即しつつ、リスクのいっそう少ないエネルギーによって代替しうる限りで、速やかに終わらせるということです。（五三頁）

以上、報告書「ドイツのエネルギー大転換　未来のための共同事業」において倫理的な判断がどのようなものとして提起されているかを私なりに紹介してきた。では、その内容は分かりやすく納得のいくものだろうか。少し難しいように感じられる。

宗教的背景をもった倫理的な判断の不提示

「絶対的判断」と「相対的比較衡量」という枠組みは、ドイツの国家的な倫理委員会でＥＳ細胞の研究とか出生前診断などの生命倫理の問題を扱う中で形成されてきたものだろう。その場合、「絶対的判断」はキリスト教会側が代表し、「相対的比較衡量」は世俗的な哲学・倫理学や諸学の立場が代表するものだっただろう。生命倫理の問題ではそれでうまく説明ができた。しかし、原発の問題にもそれは妥当するものだろうか。

日本において宗教的な背景をもつ原発批判が提起している倫理的問題について、第2節から第7節で例を見てきた。そこで示されている宗教的背景をもった倫理的判断は、ドイツの「安全なエネルギー供給のための倫理委員会」が公表した「ドイツのエネルギー転換　未来のための共同事業」に示されている「絶対的な判断」にあたるようなものではなかった。「比較できないほどに大きいリスク」という言葉で要約できるようなものではなく、むしろ弱い立場の人々が犠牲になるというリスクの質のあり方であったり（たとえば、「いのちの脅威」「犠牲を前提としたシステム」）、リスクの比較のあり方であったり（たとえば、「経済的な豊かさ」か「真の豊かさ」か）した。

他方、「ドイツのエネルギー大転換　未来のための共同事業」では、日本の宗教教団があげているような、宗教的背景をもった倫理的な判断のさまざまな論点が必ずしも拾い上げられていない。たとえばリスクの比較衡量において、宗教的な考え方を背景にもった倫理的観点は重要な役割を果たすことができるはずだが、そのことにはほとんどふれられていない。リスクの比較衡量は「全体的な考察を必要とする」とされているにもかかわらず、実際にはリスクの多様な側面が考察されず、「安定したエネルギーの供給」という側面に限定されがちだったように思われる。

9．原発の非倫理性についてのまとめ

最後に原発の非倫理性について、とくに宗教的な背景をもつわけではない人たちの議論を借りながら私の考えをまとめておきたい。

（1）大きな事故は破滅的な結果をもたらす。

すでに述べたように（本書、二一五頁）、高木仁三郎は『巨大事故の時代』（弘文堂、一九八九年、二一〇頁）でこう述べている。「その後の生を虚しくするようなトータルな破局を破滅と私は呼ぶが、このような破滅的事故が絶対に許されてはならないと私は思う。確率という概念をあえて用いるならば、破局的な大事故の確率は十分に小さくなくてはならないが、破滅的な事故の確率は絶対的にゼロでなければならない。つまり、どんなにわずかでも破滅の可能性が残るような技術は、究極の『死の文化』であり、そのような技術の選択はすべきでない」。

福島原発災害で私たちはそのことがよく分かった。「破滅」とか「死の文化」という言い方は比喩的であったり誇張であったりすることは理解している。しかし、これだけ多数の人の苦難を招き、生涯を変えてしまうよな災害は二度とあってはならないという思いは被災地の人々や避難・移住した人々だけが抱いているものではないだろう。

（2）原発は被害や多大なリスク（広い意味での犠牲）を特定の人たちに及ぼす。

物理学者の池内了が『科学の限界』（ちくま新書、二〇一二年）で述べていることを後者からの引用によって示したい。『エコノミスト』二〇一三年七月二日号掲載の「原発の反倫理、不経済、非安全」で池内は言う。「その原発の反倫理性とは次の三点に要約できる」と池内は言う。「一つは、見るべき産業がなく、人口減少に悩む過疎地への原発の押しつけ。「現地は歓迎してきたではないか」と言うが「原発しか選択の余地がないような状態に追い詰められてきたため」だ。

二つ目は「関与する労働者に放射線被曝を押し付けていることだ。労働過程そのものが危険性を帯びているのは明白だ。結局、この汚れ仕事を一部の労働者にしわ寄せさせて、そ知らぬふりをしてきたのである」。原子力利用は労働者に放射性被曝を強いるものということ」だ。

三つ目は、「原発から排出される放射性廃棄物は一万年以上、厳重に保管しなければならず、それを私たちの子孫に押し付けようとしていることだ。しかも、いまだに最終保管場を決めることもできず、その方式も未決定のままである。

現世の私たちは豊かな生活を楽しむ一方で、それによって生じた負の遺産は、全て子孫へ先送りにしているのだ」。

以上の三点は、過酷事故を起こさない段階で既に存在している反倫理性なのだが、福島やチェルノブイリのような原発事故が起こると、より具体的な反倫理性が現れてくる。未来の数十年にわたって、多数の人々に放射線被曝によるがん発症の恐怖を味わわせ、放射能で汚染された土地から離れざるを得ず、今後の人生設計が難しくなるという傷を人々に押し付けることになるからだ。いずれも、原発に付随する困難を人々に「押し付ける」形になっており、「押し付け」なければ原発は存在できないが故に、原発の宿痾としての反倫理性と呼ぶのである。福島の原発事故によって、誰の目にもそれが明白に示されてしまった。

池内の論は明快で説得力豊かだと思う。高橋哲哉が『犠牲のシステム福島・沖縄』（集英社新書、二〇一二年）で述べている原発批判もこれに近いものだ。こうした観点は日本の宗教団体の声明等でも重視されているものだが、ドイツの報告ではさほど重視されていない。

（3）社会に分裂をもたらし、金と力による腐敗と信頼喪失をもたらす。

これは私独自の論点だ。原発の立地や原発関連施設の設置は地域に激しい対立を引き起こし、分裂させる。各地でそうした対立が起こり、広く社会に推進派と反対派の間でせめぎあう事態が生じ、推進派は多額の金銭を投入して推進工作や宣伝を行う。情報の隠蔽や虚偽のような利権のからむ腐敗が、関連する科学やメディアや司法にまで及ぶことになる。「原子力村」が根を張る事態であり、科学者も「御用学者」とよばれるようにそこに囲い込まれていく。権威をもつ組織や専門家への信頼喪失が大きく広がる。これも、福島後に明白になったことだ。

この論点は日本の経験に基づいて私が主張したいことだが、世界の他の地域での考察においても多かれ少なかれ言えることではないかと思う。実際、「ドイツのエネルギー転換　未来のための共同事業」では、脱原発は「共同作業」であり、

「社会全体による協力が必要」だということが強調されている（三四頁）。

それはまた社会において団結を強めるチャンスでもあるし、さらには企業に対しても、競争力や技術革新の力を高めるチャンスを提供します。とくに、脱原発に関して社会全体で議論がおこなわれることは、原子力エネルギーをめぐる対立によってわれわれの社会に広がっていた、ぎすぎすした雰囲気をなくすチャンスとなります。（三四頁）

これは控えめな、また現実主義的な主張だが、福島原発災害を経験した日本からは、原発がもたらした社会的な分裂、分断や、腐敗と信頼喪失をもっと強調せずにはいられないところだ。

（4）人間らしい生活よりも物量や効率を優先する生き方

作家の村上春樹は二〇一一年六月一〇日に行われたカタルーニャ国際賞受賞記念スピーチ、「非現実的な夢想家として」において、次のように述べた。

広島にある原爆死没者慰霊碑にはこのような言葉が刻まれています。

「安らかに眠って下さい。過ちは繰り返しませんから」

素晴らしい言葉です。我々は被害者であると同時に、加害者でもある。そこにはそういう意味がこめられています。核という圧倒的な力の前では、我々は誰しも被害者であり、また加害者でもあるのです。その力の脅威にさらされているという点においては、我々はすべて被害者でありますし、その力を引き出したという点においては、またその力の行使を防げなかったという点においては、我々はすべて加害者でもあります。

二〇一一年三月の福島原発事故以後、私たちはこの言葉を度々思い出さざるをえなかった。低線量放射線による被ばくについて、原爆の被爆者のデータを通して被害は小さいということがくり返し唱えられたこともその一因である。それだけでなく、原爆と原発が裏表の関係にあることは明らかである。村上はそのことに詳しくふれているわけではいが、問題を的確にとらえているように見える。

そして原爆投下から六六年が経過した今、福島第一発電所は、三カ月にわたって放射能をまき散らし、周辺の土壌や海や空気を汚染し続けています。それをいつどのようにして止められるのか、まだ誰にもわかっていません。

それは日本が長年にわたって誇ってきた「技術力」神話の崩壊であると同時に、そのような「すり替え」を許してきた、我々日本人の倫理と規範の敗北でもありました。我々は電力会社を非難し、政府を非難します。それは当然のことであり、必要なことです。しかし同時に、我々は自らをも告発しなくてはなりません。我々は被害者であると同時に、加害者でもあるのです。

このように戦後の日本の歩みを振り返って、村上は「我々日本人は核に対する「ノー」を叫び続けるべきだった。それが僕の意見です」とまとめている。

我々は技術力を結集し、持てる叡智を結集し、社会資本を注ぎ込み、原子力発電に代わる有効なエネルギー開発を、国家レベルで追求すべきだったのです。たとえ世界中が「原子力ほど効率の良いエネルギーはない。それを使わない日本人は馬鹿だ」とあざ笑ったとしても、我々は原爆体験によって植え付けられた、核に対するアレルギーを、妥協することなく持ち続けるべきだった。核を使わないエネルギーの開発を、日本の戦後の歩みの、中心命題に据えるべきだったのです。

ここで村上が述べているような戦後日本社会の歩みがありえたかどうかは、人によって考えが分岐するだろう。ひたすら経済発展を目指してきた世界の歩みに逆らい、核大国の支配に逆らうような歩みをすることは困難だったに違いない。だがもしそれが可能だったら、経済発展と核兵器という力による政治的世界支配という価値を超えることができない世界に対して、異なる社会のあり方、異なる人間の生き方を提示するものだっただろう。

だが、今からでもできることはあるし、そうしなければならないのではないだろうか。原発が体現している富と力への信仰を克服できない現代世界とは、異なる人間社会のあり方をさまざまな仕方で示し続けていく可能性を考えたい。

なお、ここで村上が述べていることは、「ドイツのエネルギー転換　未来のための共同事業」でも、第一章の「「安全なエネルギー供給に関する倫理委員会」からの提言」において、「ドイツ国民が自然を尊重し、資源の源泉として保護していることは、ライフスタタイルを変えていくことを通じて、エネルギーの節約を手助けすることができます」（二一頁）というようにいくらかふれられているが、大きな論点とはなっていない。他方、日本の宗教界の声明等ではエネルギーの節約が強く勧められ、経済のあり方の大幅な転換が必要であることを示唆する言い方になっている場合が多い。

村上が述べているような論じ方では、そうした分岐のどちらかを選ばなくてもよいのかもしれない。だが、村上の述べていることをどう具体化していくかについては、さまざまな考察を進めていく必要がある。たぶんそこでは、宗教的な視点と非宗教的な視点とは分かちがたくからみあっていて、見分けにくいものになっているだろう。

第2章　村上春樹が問う日本人の倫理性・宗教性
——祈りと責任を問うこと

原発災害による倫理的問いかけ

二〇一一年三月一一日の東日本大震災により、日本の精神文化に大きな変化の動因が加わるかもしれない。日本の精神文化に起こりつつあった変化を新たに方向づける強い作用が加わったと言うべきだろうか。たいへん重くかつ複雑な問題だが、ここでは話を原発災害に限って考えてみたい。

福島原発災害はなぜ起こったのか。確かに巨大な地震による津波が災いした。しかし、安全のための方策を十分にとらずに原発を建設し、危うさに気づいても運転を続けてきたための人災という側面が大きいことは否定できない。なぜこれほどの人災を防げなかったのか。すぐに思いつくのは以下のような事柄だ。

（1）安全かどうか科学的に十分に確かめる前に、政治的な理由で「原子力の平和利用」の過大な希望が宣伝され原発建設が推進されていった。

（2）困難が見えてくるのが遅く（原発の作業員やウランの採掘労働者に被害が及ぶこと、また繰り返し事故が起こりそれを防ぐのが難しいこと、そして放射性廃棄物の将来の世代に大きな困難を課すこと）、次第に分かってきてもそれらを認めまいとして安全宣伝が繰り返されてきた。

（3）コストを低めることに関心が向かい、上記のマイナス面を隠蔽し、原発を止める方向、抑制する方向に舵を切ることができず、安全を軽んじがちだった。

こうした失敗（過ち）を繰り返さないためには、その原因となった浅慮や怠慢を明らかにし、その責任を問うていかなくてはならない。だが、これはたやすい営みではない。直接的な責任は、内閣官房に設置された東京電力福島原子力発電所における事故調査・検証委員会、国会に設置された東京電力福島原子力発電所調査委員会等で問われた。そこで明らかにされた面は多いが、それが政策に反映されていない。そのため、多くの裁判が提起されており、それらを通して社会的合意が強められる要素もある。そして、それらの裁判を経ても、なお責任に所在は問われ続けるだろう。

多くの人々も関与している広い意味での責任

以上は、直接的原因をめぐるものだが、それを超えて問われるべきもっと幅広い領域に及ぶ責任がある。原発推進に積極的に関与・貢献した人々は多く、広く取れば大方の日本国民にも責任の一端があると言わなくてはならないだろう。では、それはどのような責任か。また、そうした責任を問うことは、日本人の宗教性や霊性とどのように関わるだろうか。

前章でも取り上げた作家の村上春樹のカタルーニャ国際賞授賞式でのスピーチ（二〇一一年六月九日、https://www.kakiokosi.com/share/world/183）には、こうした問題を考える上で重要な洞察が含まれている。ここでは第1章で取り上げた村上の問いかけを今一度、捉え返し、本書全体の課題と結びつけてみたい。

原子力発電を推進する人々の主張した「現実を見なさい」という現実とは、実は現実でもなんでもなく、ただの表面的な「便宜」に過ぎなかった。それを彼らは「現実」という言葉に置き換え、論理をすり替えていたのです。それは日本が長年にわたって誇ってきた「技術力」神話の崩壊であると同時に、そのような「すり替え」を許してきた、我々日本人の倫理と規範の敗北でもありました。

村上はここで「日本人の倫理と規範の敗北」について語ろうとしている。単に原発を容認してきたことを問うているのではない。「倫理と規範」は精神的な態度の根幹に関わるものであり、いのちを尊ぶ基礎となる宗教性や霊性（スピリチュアリティ）に根ざしたものであるはずだ。

原爆の被害に対する責任との関連

村上はこの問題をさらに広島・長崎の原爆の被害と結びつけている。バルセロナの人々に「ご存じのように、我々日本人は歴史上唯一、核爆弾を投下された経験を持つ国民です」と述べ、原爆投下の是非を問うことはしないと断った上でこう述べている。

僕がここで言いたいのは、爆撃直後の二〇万の死者だけではなく、生き残った人の多くがその後、放射能被曝の症状に苦しみながら、時間をかけて亡くなっていったということです。核爆弾がどれほど破壊的なものであり、放射能がこの世界に、人間の身に、どれほど深い傷跡を残すものかを、我々はそれらの人々の犠牲の上に学んだのです。

だが、私たちはこの原爆の深い傷跡とともに心に刻んだはずの核への拒否感を、経済発展と「効率」優先のためにいとも容易に捨て去ってしまった。

我々は電力会社を非難し、政府を非難します。それは当然のことであり、必要なことです。しかし同時に、我々は自らをも告発しなくてはなりません。我々は被害者であると同時に、加害者でもあるのです。そのことを厳しく見つめなおさなくてはなりません。そうしないことには、またどこかで同じ失敗が繰り返されるでしょう。

「安らかに眠って下さい。過ちは繰り返しませんから」

我々はもう一度その言葉を心に刻まなくてはなりません。

村上はここで原爆投下の後に生きる者の祈りに触れている。「安らかに眠って下さい。過ちは繰り返しませんから」というのは、一九五二年に設置された広島の原爆死没者慰霊碑に記された祈りの（祈りと誓いの）言葉である。実はこの祈りの言葉も受難している。原爆死没者慰霊碑の場合、誰の「過ち」かをめぐって論争が起こった。原爆を投下したアメリカとアジア太平洋の広い地域に無謀な戦争をしかけた日本の双方の共同の責任を意識しにくかったことが影響している。だが、二〇一一年の原発災害については多くの日本国民がともに責任の一端を負うことへの異論は出ないだろう。

「過ちを繰り返さない」ことと精神性

だが、それはすべてを一緒くたにした「国民総懺悔」へと向かうべきものではない。「過ち」のよってきたる所以を明らかにし、特定の役割を負った人々（政治家、企業人、官僚、学者、報道関係者等）の行為や態度についてその責任を問い、必要な変革を行っていくことを免除してはならない。問われるべき責任について、かんたんに「水に流す」ようなことがあってはならないだろう。

カタルーニャ（バルセロナ）での村上春樹の授賞スピーチには、日本人の宗教性・霊性に触れた次のような一節も含まれている。

最初にも述べましたように、我々は「無常」という移ろいゆく儚い世界に生きています。生まれた生命はただ移ろい、やがて例外なく滅びていきます。大きな自然の力の前では、人は無力です。そのような儚さの認識は、日本文化の基本的イデアのひとつになっています。しかしそれと同時に、滅びたものに対する敬意と、そのような危機に満ちた脆い世界にありながら、それでもなお生き生きと生き続けることへの静かな決意、そういった前向きの精神性も我々には具わっているはずです。

第二次世界大戦後の日本では、無謀な戦争に国を向かわせた責任、その戦争を賛美し真実を見失わせた責任について多くの討議が重ねられてきた。それが十分なものだったとはとても言えない。だが、そこにはわが身や身内を守るために利益をもたらしてくれる者の勢いになびき、真実を否認したり隠したりしがちな人間の弱さについての痛切な歎きや反省も含まれていた。そのような歎きや反省は今も続いている。この種の認識を「過ちを繰り返さない」ことに結びつけていけるなら、日本人の宗教性や霊性にそれなりの深みを加えていくものとなるのではないか。

経済的豊かさの追求や「効率」優先の姿勢

村上は「腹を立てる」ことの必要性、不可避性について述べている。

また原子力発電所の安全対策を厳しく管理するべき政府も、原子力政策を推し進めるために、その安全基準のレベルを下げていた節が見受けられます。我々はそのような事情を調査し、もし過ちがあったなら、明らかにしなくてはなりません。その過ちのために、少なくとも十万を超える数の人々が、土地を捨て、生活を変えることを余儀なくされたのです。我々は腹を立てなくてはならない。当然のことです。

日本人はなぜか、もともとあまり腹を立てない民族です。我慢することには長けているけれど、感情を爆発させるのはそれほど得意ではない。そういうところはあるいは、バルセロナ市民とは少し違っているかもしれません。でも今回は、さすがの日本国民も真剣に腹を立てることでしょう。

村上が腹を立てることを肯定的に語っているのは、腹を立てること自体をよしとするからではないだろう。腹を立てつつ何かを改めなければならない、そう考え行動するよう促すものだろう。戦争責任の追及が淡白であったという認識が背後にあるようでもある。

では、私たちは何を改めなくてはならないのか。それは、村上が「日本人の倫理と規範の敗北」と述べていたことと関わる。村上のスピーチでは、それを経済的豊かさの追求や「効率」優先の姿勢ということに集約されている。

それは広島と長崎で亡くなった多くの犠牲者に対する、我々の集合的責任の取り方となったはずです。日本にはそのような骨太の倫理と規範が、そして社会的メッセージが必要だった。それは我々日本人が世界に真に貢献できる、大きな機会となったはずです。しかし急速な経済発展の途上で、「効率」という安易な基準に流され、その大事な道筋を我々は見失ってしまったのです。

科学・学問のあり方を問い直す

広く国民全体に分け持たれた価値観や倫理意識を問うとすれば、そのような答が示されるのは理解できる。だが、ここでは少し問いをしぼってみたい。何よりも経済的繁栄を目指す合意があった数十年間、この国で科学・学問に携わってきた者として、この国の科学・学問や思想の弱点を振り返りたい。科学・学問のあり方を問い直すことと「日本人の倫理と規範の敗北」を問うことが深く関わっていると思うのだ。

福島原発災害は現代の科学技術文明の傲りに疑問を投げかけている。これは原発の安全性に関わる事柄にとどまらない。現代科学技術が原爆の開発に関わったときから重い問題が始まっていた。軍事的、政治的目的にかなうような種の科学技術の推進は、科学技術が服すべき倫理的基準をやすやすと超えて進むような性格をもっていた。

科学を大量殺戮に用いることについての倫理的吟味を行う必要を多くの科学者が感じていたにもかかわらず、実際に社会討議による倫理的吟味を行う余地はほとんどなかった。そこで政治家にも科学者にも後ろめたさが残った。核兵器への反対の声が高まったのは科学者も含めた世界の市民の良心の声を反映している。だがそれに対して、核兵器使用の倫理という問題を避けつつ、原子力がもたらす明るい未来をうたいあげ「平和利用」が高らかに叫ばれた。

核平和利用の代表的な形態である原発についても、その安全性や倫理性について指摘する学者・科学者の声があったにもかかわらず、当然なされてしかるべき吟味は十分には行われなかった。政産官学報のなれあい的な連携（ムラ）により、ユートピア的な希望が掲げられ大宣伝が続けられたが、多くの学者・科学者はそれに積極的に協力した。あるいはそれに抵抗しなくてはならないとの自覚をもつことも十分ではなかった。

学知の倫理や規範を公共的な討議に付す

このように省みると、原発事故を通して私たちが直面している重要な課題の一つに、社会の中での科学・学問の位置を問い返し、学知の倫理や規範を公共的な討議に付して明確化していくという作業があることが知れよう。これまで日本では原発推進や放射能の健康影響に関わり、宗教者や哲学者や倫理学者が共同討議の場によび出されることも、積極的に出ていくことも少なかった。これは政治家や他領域の専門家の認識不足にもよろうが、宗教者や学者・科学者の力不足や怠慢故でもあった。

「安らかに眠って下さい。過ちは繰り返しませんから」――原爆被災者の苦難を偲ぶこの祈りの言葉は、今新たな含みをもってよみがえって来ている。祈りの倫理的・規範的次元を賦活する必要を私たちは感じている。この祈りの言葉は五〇年代、六〇年代に「戦争をしない」という誓いに集約され、その後その内実がどんどん不明確になっていった。ところがこの度の原発災害によって、「過ち」は政治的決定を行う社会の仕組みや、社会の中での学問・科学のあり方に関わるものであることが明白そのものになってきた。

「安らかに眠って下さい」という祈りは、いかにして「過ちを繰り返」さないかという思考や討議や行動の中に宿っていなくてはならない。村上春樹がいうように、原発災害を通して「日本人の倫理と規範の敗北」を自覚したのだとすれば、私たちは「悔過《けか》」（懺悔と同等の仏教用語）を行い、それを形に表していかなくてはならないだろう。「過ちを繰り返さない」のはたぶん相当に困難なことだろう。そうした人間の弱さの自覚を伴うからこそ私たちは祈りを必要としているのだ。だが、弱さを自覚するからといって、なすべき実際的な「倫理と規範」の再構築の課題が軽減されるわけではないだろう。

第3章　哲学者ロベルト・シュペーマンの原発批判

原発の是非は倫理問題という共通認識

ドイツでは二〇一一年五月三〇日に、連邦政府の「安全なエネルギー供給のための倫理委員会」による報告書「将来のエネルギー供給のあり方について」が示され、メルケル首相はそれにそって「脱原発」への歩みを進めていくことを宣言した。そもそも「脱原発」という語はチェルノブイリ事故後にドイツで広く使われるようになった「アウスシュティーク Ausstieg」という語の訳語として使われたのが広まる一つのきっかけだった。このドイツ語は「下車する」という意味の語で、すでに原発が社会で一定の役割を果たしていることを認めた上でそれへの依存からの脱却を図ろうというものだ。

この委員会が「倫理委員会」と名づけられていることは注目すべきことだ。ドイツでは原発を進めていくかどうかは、倫理の問題として熟慮し判断すべき事柄だと理解されている。もちろん科学によって得られる情報や技術は重要だ。だが、科学は科学からだけでは答えを導くことができない問題（トランス・サイエンス）と切り離せないと広く認識されている。だからこそ核をめぐる国の重要な方針は倫理委員会で討議され、決定される。この委員会メンバーには人文社会系の学者や宗教界に属する有識者が多いのだが、こうした認識を反映したものだ。

このような共通認識が存在するのは、実際、原発の推進如何が倫理に関わる重要な問題であることを多くの国民に納得せしめるような議論が行われてきたからだろう。その倫理的な観点を重視した充実した討議の担い手の一人としてよく知られているのが、一九二七年生まれの哲学者、ロベルト・シュペーマンだ。キリスト教徒（カトリック）であることを自ら示しながら、宗教・宗派の違いを超えて尊ばれるべき倫理的な考察を示し、世界のカトリック教徒に対し、またドイツ世論に対しても大きな影響を与えてきた学者だ。

原発の非倫理性を説き続けてきた哲学者

ロベルト・シュペーマン『原子力時代の驕り──「後は野となれ山となれ」でメルトダウン』（山脇直司・辻麻衣子訳、知泉書館、二〇一二年）には六編の論文とインタビュー記事が収録されているが、それぞれ一九七九年、八一年、八八年、二〇〇六年、一一年、一一年に公表されたものだ。この哲学者はチェルノブイリ事故が起こり、ドイツの世論が脱原発へと傾いていく以前から、一貫して原発の非倫理性を説いてきた。訳者解説にあるように、その核心には「放射性廃棄物の最終処分場が決まらない状態で原発を稼働させることは、将来世代に対して不当な要求を強いるものであるが故に、倫理的に不当である」というテーゼがある（一一五－一一六頁）。

七九年に公表された「政治的倫理の問題としての自然界への技術介入」を見てみよう。上記の基本テーゼにあたることとは次のように述べられている。「……重要なのは、子孫たちの生命と自由がいかなる仕方でも侵害されない状態のまま、世界を残す義務が人間にあるということと、我々によって強いられた負担とともに世界を受け入れるよう子孫に安直に期待してはならない」ということだ。より具体的には、「第一に、重要な量の不可逆な変質が地表近くに残されないこと」、また「第二に……自然に内在する危険──地震、火山噴火、大嵐など──のほかに、我々が物質を変化させることによって、さらなる危険の源を我々の惑星に付け加える権利など持たない」ということだ。

顔の見えない他者にリスクを負わせること

人間はリスクを引き受けながら人間の福利となるものを手に入れて来たのだから、原子力の利用も同様に考えて受け入れるべきだと論じられる。だが、まずリスクの量がどれほどのものであるか分からないという事態がある。取るに足りない盗み食いと他の窃盗は区別されるが、核技術による変化を前者のようなものと見ることはできない。それにも増して重要なのは、利益を得るものと損失をこうむる者とがまったく異なるということだ。前者が後者にリスクを負わせることは許されない。よく顔の見える同士の今の人たちが、まったく顔の見えない他者のリスクを犠牲にして利益をあげるようなことはしてはならない。「ここでの確率計算は場違いである。誰もその賭けが好結果に終わる蓋然性がとても高いからという理由だけで、他人の生命を賭けてはならないのだ」（三九頁）。

将来、リスクをどれほど制御できるかについては、六〇年代以来、評価が変化してきた。原子力の利用に希望をもっていた時代は、いつかリスクも小さなものに減らすことができるという期待のもとに楽観論が唱えられた。だが、いつまで経っても原発の使用によって生じる放射性廃棄物の処理の方策は立っていない。事故も絶えない。こうした楽観による失敗は手近な経済的な利益を得るための科学技術に対する過度の期待が関わっている。それは将来世代の負担を確実に増やしているのだが、そのことには目をつぶろうとする。

この驕りこそ、邦訳書の副題であり、原著の正題である「〈後は野となれ山となれ〉でメルトダウン　Nach uns die Kernschmelze」の意味するところだ。私なりに解釈すると――「メルトダウンが起こるとしても私たちの生きている間のことではない」のだし、求めていることは別のたいへん大きな利益なのだから、付随的な悪影響があるとしても「後で解決すればよい」という考えを指すものだろう。ここでシュペーマンが問題とするのは、近代科学が陥りがちな重大な視野狭窄だ。シュペーマンはある目的のためになされる科学技術の追求から生じる「付随的諸影響」を軽んじる傾向を問題にしている。

近代の科学技術が抱える根本問題

これは原子力開発だけの問題ではない。シュペーマンは生命科学の問題にもふれている。生殖補助医療や人胚研究から生じる危険にもふれている。「認識欲は正当なものであり続けますが、その適用に関わる技術の至るところで、人間は認識と非常にナイーブな付き合い方をしているように私には思えます」（一一一頁）。ＥＳ細胞培養やクローン技術を、またｉＰＳ細胞の研究を人に適用して、どこまで研究を進めてよいのかきわめて難しい倫理問題が関わる。だが、そのような問題はできるだけ避けて通りたい。そうしないと国際競争で遅れを取ってしまうだろう。

ここに見られるようにシュペーマンは、原発の倫理を近代の科学技術が抱える根本的な問題に由来するものと捉えている。この点でカール・フリードリヒ・フォン・ヴァイツゼッカーをめぐる逸話は印象的だ。ナチス政権の外務次官を務めた父をもち、戦後ドイツの大統領となった兄をもつこの物理学者はナチス時代に原爆の開発に携わり、戦後はキリスト教の立場から平和運動を進める哲学者となり、シュペーマンと同じくハイデルベルク大学で哲学教授となった。

理論物理学者のカール・フリードリヒ・フォン・ヴァイツゼッカーは私に、彼が他の物理学者と一緒に捕われていたとき、日本への二度の原爆投下について経験したことを次のように話してくれました。私たちの最初の反応は、「ウォー、うまくいった」だった。けれども、だんだん、「恐ろしいことだ」という認識が沸いてきた、と。

こうした最初の深い満足感に関する咎めから、科学者たちは自由ではありません。ヴァイツゼッカーは、いわゆる残余リスクについて知っていたにもかかわらず、オーストリアで、当時の首相ブルーノ・クライスキーに原子力発電所の建設に肩入れをするよう助言しました。しかもその時、通常では何も起こりえないということを彼は前提にしていたのです。（一〇八－一〇九頁）

「疑わしきは自由のために」という近代的原理

これは、たとえば戦争やテロリズムが起こったときに何が起こるかといった論点も無視するような楽観論だ。「それに対して、私は当時、千年に一度起こりうる危険をベースにして、極限状況を顧慮しなければならないと反論しました」。これはリスク評価の立証責任問題に関わる。原発が安全であると確信している人々がそれを証明しなくてはならないはずだ。中世には「疑わしい場合には現状変更は行わない」という保存原理が適用されていた。ところが原発問題では「疑わしきは自由のために」という近代的原理が貫徹されてきた。

ここでシュペーマンは保守主義者としての論点を提示している。実際、彼は性や生殖をめぐる倫理問題については、かなり強固な保守主義の立場に立つ。保守系の全国紙『ディ・ヴェルト（Die Welt）』に掲載されたインタビュー「『複数の中での一つの進歩』という考えに立ち戻る」というインタビューで、シュペーマンは「ドイツの緑の党があなたをお抱えの哲学者にまだ選んではいないことを、あなたはどう説明されますか？」という挑発的な質問に応じてこう述べている。「彼らは、一方では天然資源を責任ある仕方で倹約的に取り扱うことを標榜しようとしていたのですが、他方では、過去二〇〇年間続いた解放のプログラムを平然と続行しています……」（七八－七九頁）。「解放のプログラム」というのは、倫理的制限を取り払って最大限の人間の自由を保証し、欲望への制約を取り除こうとする啓蒙主義思想の考え方を指すものだろう。

具体的な例をあげてほしいと問われて、シュペーマンは人工妊娠中絶と人工授精をあげている。彼はこれらに断固、反対の立場だ。これについては多くの異論があげられよう。だが、こうした医療や生命科学の倫理問題を考える際、近代に助長された「自然と生命に関する無関心」に十分注意する必要があるとする、次のような論点は賛同者がもっと多いだろう。

近代科学は、初めから傲慢な計画でした。つまり、自然的存在それ自体が、目的志向的な形態を持っていること、従って自然的存在にとって、人間が敬意を払わねばならないような事態が重要であることを、近代科学は体系的に度外視していました。代わりに、人々は自然を徹底的に客体化することを憚らず、そしてこの対象化はこの支配の主体である人間をもまた容赦しませんでした。人間が自分の知的行為に至るまで様々なものを、試みに生物学的仮説の対象とするとき、これが意味するのは、主体という自らの身分を雲散霧消させるということです。（八三－八四頁）

自然の豊かさは人知で汲み尽すことができない

より詳しい論述は最初の論文に見られる。「我々にとって、自然の全体的な連関は、コントロールできる介入が可能な対象ではない」。人間の健康や幸福を決める諸条件を私たちは定義できない。たとえば「我々は、人間の栄養摂取に役立つような動物や植物の一覧をあらかじめ作成できない、なぜなら我々は、今のところは無意味だけれども、動植物にまだ隠されている栄養摂取や治癒の可能性を知らないからである」。種の多様性の現象はその可能性を減らす。ある鳥が絶滅したと知ると悲しいのはなぜか。自分とはとりあえず関係のない現実の豊かさが、実は人間の幸せに深い関係がある。「我々が、今のところ知覚し認知し享受できるものに世界を切り詰めることは、あらゆる享受を破壊するだろう」(三〇－三一頁)。

生態学的システム論は、知の限界を超えたものに開かれた態度をとるべきことを教えている。つまり自然の豊かさは人知で汲み尽すことはできないと自覚する必要がある。そもそも「科学の進歩」は自然がつねに人知を超えているからこそ可能なのだ。「知りうるものや見えうるものが、常に、事実として知られているものや見られているもの以上のものだと知ることは、人間が世界に精通するための一つの条件である」(三一頁)。「人間中心主義的視点を乗り越え、生けるものの豊かさに対し、それ自体価値あるものとして敬意を払うことを学ぶ場合にのみ……現代人は、人間らしい存在の基盤を長期的な視野で確立することができるだろう。人間中心主義的な機能主義は、最後には人間自身を破壊してしまうのだ」(三六－三七頁)。

科学が現在の観点から短期的に、とりわけ経済的な利益を追求することが、将来の世代の可能性を奪う場合がある。今知っていることに基づき、自然を思うさま今の人間に役立つように利用しようとするのが「人間中心主義的な機能主義」だ。これは英米倫理学で優勢な功利主義に対する批判の論点としても妥当するだろう。シュペーマンは知られざる自然の豊かさの感知を「自然に対する宗教的な関係」とよび、こうした意味での宗教性が倫理を成り立たせる基盤だと見ている。よく吟味してみるべき捉え方だと思う。

第４章　唐木順三と武谷三男の論争

1．現代科学技術の倫理的批判と超越性

原子力関係の科学技術における自由

現代世界では個人の自由が尊重されているようだが、実際には国家と経済組織の利益が優先されて、そのために個人の自由が大いに制限される傾向と裏腹である。とりわけ格差による自由の制限が大きい。そして、そのことになかなか気づくことができないように世論誘導がなされている。個人の自由が制限されているのは、社会性が重視されているからではない。健全な社会性の指標である開かれた公共的な意志決定も軽視されていることと不可分なのである。

よい例が原子力発電の問題だ。原子力発電は科学技術を基礎にしている。では、原子力発電に関わる自由な科学技術の研究が行われていただろうか。個々人の自由な研究体制が整えられ、科学的知性が十二分に開花するような環境があっただろうか。

原子力関係ではまったくそうではなかった。国家や企業の利益のために、科学技術研究がある方向に誘導され、多くの科学者がその誘導に従って、偏った研究へと傾斜していく事態が当たり前のように行われていた（放射線被ばくの健康影響については、中川保雄『放射線被曝の歴史』、拙著『つくられた放射線「安全」論』、また本書の第Ⅰ部、第Ⅱ部）。

原子力研究はもともと軍事的な目的のために国家主導で行われ、秘密のベールに包まれた研究が行われてきた。原爆の被害についても、加害者であるアメリカ側が主導権を握って研究を進め、たとえば内部被ばくをまったく考慮しない研究が何十年も進められてきた。

放射線の健康影響についての研究は、その後、低線量被ばくは健康への影響が小さいということを示すための研究に大いに力を入れることになる。日本はそうした研究の国際的な牽引役ともなっていった。ここでは軍事目的の国家管理という側面も加わっているが、それ以上に原子力発電の推進に利益をもつ機械メーカーや電力会社が大きな力を行使している。国家や経済組織の利益に従属した科学研究が当然のこととされる傾向が目立つ。

現代科学技術の国家や経済組織への依存

だが、これは原子力だけに関わることではない。医学と製薬会社など、医療関係の経済組織の関係もますます深くなっている。そして自国での科学研究を後押しすることで、自国の経済を活性化しようとする国家の意図も強力に作用するようになっている。そうした体制の下では、科学者の自由も科学の恩恵を受ける市民の自由も大きな制限を受けることになる。

では、国家や経済組織は誰のための利益を重んじているのか。国民や世界の人々のために市場経済を拡大させ、人類全体の福祉を増大させるという建前だ。だが、実際にそうなるのだろうか。

原子力開発のあり方を見ていると、たいへん危ういものと感じられる。近い未来の利益の極大化に努め、遠い未来についてはよく検討せずに甘い希望を広めてきた。放射性廃棄物は核燃料サイクルが始動すれば心配がなくなるかのように言ってきたが、未だに見通しは立たず大量の開発費が空費されてきた。そして、放射性廃棄物の管理という重荷を将来世代に押し付けようとしている。また、ひとたび大事故が起これば大量の住民や作業員に甚大な被害が及ぶが、そのことに目をつぶろうとしてきた。

これは、医学や生命科学も同様で、最新の医療技術の開発によって、人間改造のような事態が進んだ場合、人類社会はどうなるのか、そのような変化を起こしてよいのか、というような問いは先送りにされ続けている。原発事故と同様、起こってしまったときになって、とんでもないことを起こしてしまったとようやく気付くというような事態になりかねない事態だ。

宗教性や超越性を基礎にした倫理論

科学技術と経済や国家をめぐる現代世界のあり方は、重い倫理的な問題を私たちにつきつけている。では、このような問いに応える倫理的な根拠はどこから引き出せるのだろうか。そこには「人間の尊厳」、あるいは「いのちの尊さ」をめぐる価値意識が深く関わっている、そして、少なくとも後者、「いのちの尊さ」は宗教性の核心に関わるものだろう。

実際、原子力や現代生命科学がもつ倫理的な危うさについて、制御するための議論を示そうとする論者たちは宗教性の次元、あるいは超越性の次元にふれることが多い。日本でも福島原発事故後の状況で、宗教性や超越性を基礎にした原発批判が広く見られるようになってきている。これは二一世紀の新しい世界の思想動向と言えるかもしれない。

ここでは、日本に話を限定する。日本でも宗教性や超越性を基盤とした、原発に対する倫理的批判が早くからなされてきた。一九五〇年代から七〇年代にかけての唐木順三による批判はそのよい例である。ところが、これに対しては物理学者の武谷三男による強い反論が投げかけられた。武谷が唐木批判を公表した頃には、唐木は死に近づいていた。したがって、両者のやりとりは始まってすぐ終わってしまった。だが、両者の対論は今から見ても大いに学ぶべき内容を含んでいる。以下では、この唐木と武谷よる討議を振り返りながら、科学技術に対する宗教性・超越性を基盤にした批判の意義について考えてみたい。

２．唐木順三の「科学者の社会的責任」論

『科学者の社会的責任についての覚え書』

まず、唐木順三の『科学者の社会的責任についての覚え書』（初版、筑摩書房、一九八〇年、ちくま文庫版、二〇一二年）の現代科学技術批判を紹介する。以下、この節の叙述は、おおよそ私が執筆した同書のちくま文庫版「解説」によっている。

唐木順三（一九〇四‐八〇）は京都大学で哲学を学んだ後、法政大学予科等で教え、一九四〇年には筑摩書房の設立に関わり顧問を務めた。戦後は明治大学文学部で教える一方、文筆活動を続けた。近代文化批判のモチーフを軸とした日本文化史についての著書が多い。近代の教養主義知識人の弱点をえぐり出し克服の道を説いた『現代史への試み』（一九六三年）、政治体制に距離をとり逸脱の道を歩いた日本の宗教者や文人を描いた『無用者の系譜』（一九六四年）、王朝の作家や歌人から道元に至る人々の無常観を論じた『無常』（一九六五年）などはよく知られた著作である。

信州出身の唐木は、一九五七年四月から六〇年三月にかけて、月刊誌『信濃教育』に連載エッセイを寄稿し、それらは後に随想集『朴の木』（一九六〇年）に収められた。その中の一篇が「科学者の社会的責任」と題されたもので、五七年七月に開催されたパグウォッシュ科学者会議の後に公表された声明を話題にしたものである。なお、パグウォッシュ会議は核戦争の危機を憂え核兵器の廃絶を訴えたラッセル＝アインシュタイン宣言（一九五五年）を受けて、一九五七年にカナダの小さな町パグウォッシュで開催され、その後世界各地で継続して行われて現在に至っている。

パグウォッシュ会議への違和感

この最初のパグウォッシュ会議の第三委員会が「科学者の社会的責任」を課題に掲げていた。声明のその部分は、一方で科学研究の自由を高らかに讃えつつ、他方で科学者が平和のための社会的責任を担うべきことを説くものだった。唐木はこれに強い違和感を抱いた。五七年の「科学者の社会的責任」では、それが「科学者らしくあることと、人間らしくあることとの分離」と捉えられ、近代のニヒリズムと関連づけられている。

私はかねがね眞、善、美といふ価値体系が崩壊してしまつたことが、近代のニヒリズムの根本原因だと思ってきた。いはば科学的眞が、善、美を圧伏して独走してしまつたことが、近代といふ時代の性格であると考へてきた。そして、この近代のニヒリズムを超える道は、失はれた価値体系をとりもどすことにあると考へてきた。そのためには、眞、善、美の統一原理として、幸福といふものを、深いところから考へねばならぬと思つてゐる。

唐木はその後もこのような観点から「科学者の社会的責任」について考察を展開したいと考えていたと想像されるが、一九七五年以降になって新たに切実な課題として浮上してきたようだ。『朴の木』が講談社学術文庫の一冊として再刊される際（一九七七年）の「改版にあたつて」では、一九六〇年前後からの高度経済成長が続いた後、「やうやくこの三、四年来、そのもたらしたさまざまな害悪、ひづみ、人間疎外が一般的な問題になつてきた。経済的繁栄下の人間喪失といふゆゆしい問題である」と述べている。そして話はパグウォッシュ会議に及び、こう述べている。

外的なあらゆる権力、圧力に屈することなく自然や客体を究めるのを本領としてきた近代の科学精神、科学者が、みずからに「社会的責任」を課せざるをえなくなつてきたことは、現代の危機の深さと大きさを象徴してゐる。（中略）進歩がその本領であるにかかはらず、その無制限な進歩に科学者自身が危惧をいだき始めた点に私は深く留意する。

スリーマイル島原子力発電所事故の前後から

だが、実際に『科学者の社会的責任についての覚え書』の執筆にとりかかったのはこの世を去る約一年前の一九七九年の春だったことがその日記によって知ることができる（初版、一九八〇年、臼井吉見「あとがき」）。三月六日にはハイゼンベルク『自然科学的世界観』の最終章「諸国民の和協のための手段としての科学」について読み、「必読、何度でも読み考ふべし」とある。三月三一日、四月二日にはアメリカのスリーマイル島の原子力発電所事故の報に憂慮している様子がうかがえ、「それみたことかと思ふと同時に、早く修復がかなふことを願ふ」と記されている。ちょうどこの時期、『われらの時代に起ったこと――原爆開発と十二人の科学者』を読んでおり、エンリコ・フェエルミらのオプティミズムにあきれてもいた。

『科学者の社会的責任についての覚え書』の稿が起筆されたのは六月一五日だった。その後一気に書き進み、武谷三男や坂田昌一について述べたところ（ちくま文庫版、七八頁）で中断し、七月二八日に入院、九月に退院してから八〇年二月四日までに、その後の部分を書き継いだことも分かっている。

唐木は著名な物理学者が「科学者の社会的責任」についてどのように考えていたかを検討し、それぞれに独自の評価を下している。アインシュタイン、オットー・ハーン、ハイゼンベルク、朝永振一郎がもっとも高い評価を得ている。彼らは科学の発展そのものが人類の幸福を阻害する脅威をはらんでいると見ている。

アインシュタインは生まれ変わったら科学者や教師にではなくブリキ職人か行商人になりたいと言い、また科学の罪を悟った晩年、ガンジーへの敬意を強めていった。ハーンは広島原爆の報を知ってふさぎこみ、周囲から自殺するのではないかと危ぶまれた。ハイゼンベルクは科学研究のためにアメリカに渡るようなことはせず、ナチスを批判しつつも亡命を拒み、科学と宗教とが分かちがたいものであることを洞察していた。時代はだいぶ前になるが、アルフレッド・ノーベルも科学の発展が罪深い結果を招きうることを強く意識していた。

朝永についてはあまりふれていないが、余力があれば詳しく書きたかったようだ。日記の二月三日のところに「なほ先へ向つて書きたいが、今の体力では書けさうにない。ただこの夏亡くなつた朝永振一郎氏についてだけは、少々でもいいから書いておきたい。湯川よりも深いところから現代物理学、核物理学を考へてゐる」。朝永は「最近科学者の罪の問題に触れてゐる」という。

武谷三男の楽天的科学観への批判

日本での楽天的な科学者の代表として弁証法的唯物論の立場に立つ物理学者、武谷三男があげられている。武谷は一九五四年のビキニ核実験までは自由な科学こそが人類の幸福に直結すると考え、ファシズムを倒す力になったとして原爆投下を肯定しさえしていた。ビキニ核実験以後、武谷は次第に立場を変え、本書が書かれる頃には反原発の有力な論客になっていた。だが、唐木が取り上げているのは戦後早い時期の武谷の言説である。

唐木の見るところでは、ラッセル＝アインシュタイン宣言（一九五五年）とパグウォッシュ会議を受けて日本で開かれた科学者京都会議（一九六二年）は、自由な科学的探究が悪をもたらしうるものであることを意識している。これに対して、パグウォッシュ会議の「科学者の社会的責任」の捉え方は、核兵器の使用に反対し平和を求めてはいるが、科学そのものがこのような人類存続の危機をもたらしたことについての反省は含まれていない。自由な科学自身は全面的に無罪であり、科学者は科学の「外」で戦争否定と平和のための社会的責任をもつと主張している。唐木によると、これは世界観として統一性がなく不十分である。科学そのものが罪をはらんだものであることの認識が欠如しているからだ。

〈科学は不可逆的に進歩するもので、それは自由に発展するのが当然で、そこに制限を加えるべきではない。問題なのは科学をどう用いるかということであり、そこで歯止めをかければよい〉――これが楽天的な科学者の考えだが、科学の実情に合わないと唐木は捉える。知ることと用いることとは、実際には分離しがたいものだからだ。

科学と世界観・倫理観との調和

唐木が求めているのは、眞を善・美と調和させること、すなわち科学を世界観・倫理観や人類の幸福という目標と調和させることである。「科学者の社会的責任」はそこでこそ生じるのであり、科学の「外」で「平和」を求める活動をすることだけでよいはずはない。宗教的なものに支えられた倫理性や世界観的展望をもつことこそ、近代世界の病理の根源にある科学とニヒリズムの結合を克服する道だ。唐木の論旨の帰結として、そこまで述べてもよいだろう。

唐木の論述を引くまでもないが、「科学者の社会的責任」は必要に応じて特定の専門知を政府・市民に提供することにとどまらない。だが、核兵器の使用禁止や世界平和や近代文化の困難の克服というような課題まで科学者が責任を負わなくてはならないと言われれば、現代の多くの科学者はそっぽを向いてしまうだろう。アインシュタインや朝永振一郎は特別に著名な科学者だから政治に関わった。また核兵器・核実験反対が世界的に盛り上がった時代は、確かに何か行動しなくてはと感じたかもしれないが、現代の多くの科学者はそうは感じていない。時代が変わったので、話が古いと感じられるのはやむをえない。

だが、唐木の論述は少し異なる意味でアクチュアリティをもっている。科学の成果が人類の福祉に甚大な負の影響を及ぼしうる可能性は、主に原爆投下や核実験の影響を怖れていた時代から、他の領域へと著しく拡がってきた。唐木はレイチェル・カーソンの『沈黙の春』やヘレン・コルディコットの『核文明の恐怖』を引いて、広く化学物質や放射性物質による環境汚染について憂慮していることを述べている。唐木はあげていないが、水俣病などのさまざまな公害・薬害や生命倫理に関わる問題が、深刻な問題として問われてきたこともちろん強く意識していたことだろう。

人類の幸福と科学の自由の関係

原子力発電の安全性や廃棄物の処理をめぐる問題も、一九五七年のイギリスのウィンズケール（セラフィールド）の事故から、七九年のアメリカのスリーマイル島原発事故に至るまで次第にその深刻さが認識されるようになっていった。他方、科学者が政治的経済的な利益にそった研究を進めるよう、求められる度合いが著しく増加した。「御用学者」という言葉が示すように、開発競争に勝ち、国家や大企業の利益にそった「科学的成果」を出すように加わる力が格段に強まってきた。伝統的な宗教教義や文化価値の束縛から自由になったかもしれないが、政治的経済的権力にしばられる度合いは増している。だが、それを束縛と意識しない科学者が大多数だ。

以上のような事態の推移を念頭に置いて唐木の論述を見直すと、「科学者の社会的責任」を問うための唐木の枠組は少し複雑なものに組み替えなくてはならないだろう。だが、問題の核心はさほど変わっていないかもしれない。一九五七年のパグウォッシュ会議は、「科学はそれが外部からおしつけられるいかなる教義による干渉からも自由であるとき、そしてあらゆる仮定を、科学自身も含めて、疑ふことが許されるとき、もっとも有効に発展する」とも、「科学と技術の進歩は不可避である」とも述べていた。だが、そのような科学の「自由な」発展や科学技術の止めがたい進歩は、人類の幸福とどのような関わりにあるのだろうか。人類の幸福に反するような負の可能性をどこまで知ることができるだろうか。そのことを問うことは「科学者の社会的責任」ではないだろうか。

科学技術が負の帰結をもたらす可能性の自覚

唐木は科学者が「罪」の自覚をもつことやニヒリズムの危うさを察知することが重要であると示唆している。この問いかけはやや抽象的だ。福島原発事故以後の日本の住民にとって、そのことの重要性がすぐに理解できるとは思えない。だが、「私の念願」（一九七七年の講演に基づくもので、ちくま文庫版『科学者の社会的責任についての覚え書』に収録）で唐木がシューマッハーの『人間復興の経済』（*Small is Beautiful*, 1973）を引き、「巨大産業、巨大機構、巨大資本の巨人が人間性喪失の根本因である」と述べ、「「人間の顔を持った技術」、即ち人間一人一人が己が「手と頭」を直接に働かす技術を提唱している」と述べる部分については、共鳴する人が少なくないだろう。どんな科学技術が望ましいか多くの人々がそれぞれに考えるようになっており、市民にとって科学者はもっと身近な存在になっているのだ。

経済発展や勢力拡張のための科学技術開発が、ほぼ無条件に善とされていた時代が終わった。負の帰結をもたらす可能性が高い科学技術について、住民からの問いかけはますます厳しくなってきている。どのような科学技術が好ましいか、科学者とともに市民自身が判断する時代へと変化してきた。これに応じて、「科学者の社会的責任」が大きく変化してきているのは理解しやすいところだ。

「人間の顔を持った」科学と技術

たとえば私も一会員（二〇〇八－二〇一四年。また、その前後数年にわたって連携会員として関わっている）を務めた日本学術会議は、「我が国の人文・社会科学、生命科学、理学・工学の全分野の約八四万人の科学者を内外に代表する機関」である（日本学術会議ホームページ）というが、原発についても放射線被ばくについても「安全」宣伝を後押しするような役割を果たして来たのではないか。福島原発災害後も「直ちに健康に影響はない」と言うばかりで、住民の問いかけに適切に応答してきたとは言えないのではないか。こうした反省を持続的に続けていく必要がある。

「人間の顔を持った」科学と技術を求め、そのような視角から「科学者の社会的責任」を問う知的活動もますます活発になるだろう。そうした知的活動は倫理や世界観の次元への問いかけを避けるわけにはいかない。だが、それは科学者に「人間らしくあること」を求める唐木の主張するところでもあった。科学者が市民とともにその意義を問おうとする問いかけにとって、本書は先駆的な内容をもっており、「科学者の社会的責任」の問題構成の歴史において重要な位置を占めるはずである。

3．武谷三男による「科学者の原罪」論批判

武谷三男の反論――科学技術の擁護

以上、紹介して来た唐木順三の「科学者の社会的責任」論に対して、物理学者であり、原発問題に深くかかわった武谷三男が直ちに厳しい批判の論陣を張った。そして、それは『科学者の社会的責任――核兵器に関して』（勁草書房、一九八一年）という著作にまとめられた。まず、序「核戦争の危機と科学者の責任」では、次のように述べられている。

「科学者の社会的責任」について地につかない論議が行われている。原子物理学者が核兵器のもとになったのだから科学者は責任を感ぜよ。これは当然である。その立場から私は誰よりも早くから努力して来たのだ。しかし物理学には原罪があるから「生まれ変わって来たら鉛管工になりたい」とか「原子物理学は悪いが、地球物理学ならよいだろう」と誰々は言って懺悔したからよいが、誰々は「研究の喜び」などと言っていて反省しておらん、などという見解が大いに迎えられているが、懺悔したからといって役に立つものでもない。原子核物理学が悪い、止めようと、本気でいうのなら、先ずノーベル賞とかその他の栄誉を返上すべきだろう。それなら迫力もあるのだが。

ちなみに、地球物理学や電子工学の進歩がミサイルの精度を向上させたし、ウラニウムの発見にも役立った。また核物理学や電子工学の進歩が地球物理学を発展させたことも忘れてはならない。その学問をやめろということは不可能なのである。（同書、四－五頁）

武谷の論の基調は科学擁護である。武谷は科学そのものに悪はなく、その利用の仕方が問題だとの理解を提示する。

民主・自主・公開の三原則が科学者の社会的責任

原子力基本法（一九五五年）には「原子力の研究・開発・利用は、民主的な運営の下に、自主的にこれを行うものとし、その成果は公開されるべし」とされている。これが民主・自主・公開の三原則で、日本学術会議の主張がもとになっている。武谷の考えは、この三原則を貫くことでこの分野でも科学の健全な発展が行われ、科学者の社会的責任が果たされるというものだ。

科学者の社会的責任について……結論を言うと科学技術の現状、それによってひきおこされうる結果を市民に精力的に訴え、市民の知らない間に、知らない所で恐ろしい開発が進み、思いがけなく恐ろしい結果に冒されることがないように訴え、市民と共に闘うこと、これが科学者の社会的責任を果たすものと考える。一九五四年のビキニ水爆のときにまさにわれわれはこれを行い、日本国民に盛大な市民運動がまき起こり世界に影響を与えることができた。これがその翌年の「ラッセル・アインシュタイン声明」となり、さらに一九五七年のパグウォッシュ会議となってあらわれた。このような実績をふまえて私は述べているのである。（同前、五－六頁）

ブレヒトの「科学者の原罪」論

武谷は『科学者の社会的責任』の第Ⅱ部で、ブレヒト批判を踏まえて唐木批判を行うという手順を踏んでいる。唐木は「科学そのものが罪をはらんだものであること」を認識すべきだとしていた。これを武谷は、「科学者の原罪」を唱えるものと捉える。そして、まず第Ⅱ部第一章で、第二次世界大戦後にいち早く「科学者の原罪」を唱えた文学者として、ベルト・ブレヒトを取り上げ、詳しく論じている。

科学者の原罪とか、また科学の原罪とかの論議が流行しているが、戦後最初にこれを問題にしたのはベルト・ブレヒトである。ベルト・ブレヒトは『ガリレイの生涯』という戯曲を戦前にドイツ語で発表して、戦後、一九四七年七月、アメリカ、ハリウッドにて第二稿を上演した。その年の一一月にベルト・ブレヒトは非米活動委員会に喚問されたのだが、このアメリカ版のための「覚え書」に、原爆ができてからガリレイに対する自分の考え方が変わったという話を書いている。（同前、九六頁）

武谷の論を理解するために、ここからしばらくブレヒトの「科学者の原罪」論とは何かについて見ていくことにする。『ガリレイの生涯』は一九三八年から三九年にかけて、デンマークに亡命していたブレヒトによってドイツ語で書かれた。ブレヒトがアメリカに亡命した後、カリフォルニアで行われた初演の際、「アメリカ版「覚え書」」が書かれる。これは、白水社版の『ブレヒト戯曲選集　第三巻』（一九六二年）に収録されている（千田是也訳）。そこでブレヒトは、ガリレイの時代の科学者の生涯を描いたこの作品が、原爆の時代の科学者の問題に示唆を与えるものだったと述べている。

ところが（この戯曲のアメリカ版を作っていた――島薗注）私たちの仕事の最中に、「原子時代」がヒロシマでデビューした。この日を境に、近代物理学の創始者であるガリレイの伝記は、全くちがった読み方をされるようになった。この大爆弾がひき起こした煉獄さながらの効果によって、ガリレイとその時代の権威者との葛藤は、今までになく鮮明な新しい照明を受けることになった。（『ブレヒト戯曲選集　第三巻』、二二五頁）

科学の権力への屈服

科学者の自由が宗教的権威によって抑圧されたのが一七世紀のガリレイの場合だが、二〇世紀の科学者たちの自由も大いに脅かされている。それは、軍事的政治的権力によって科学が民衆のための知という性格を奪われてしまったところにあるという。武谷はこう主張する。

この脚本の著者は、バスの運転手や女売子たちがただ恐怖だけを口にしているのを耳にした。それは確かに勝利であった。だが恥ずべき敗北でもあったのだ。つづいてこの巨大なエネルギー源が軍部と政治家によってその秘密を保持されるようになり、そのことが知識人たちを激昂させた。研究の目的、発見の交換、研究者の国際的協力が、最も信用のできないお役所によって沈黙させられた。偉大な物理学者たちは、逃避的にその好戦的な政府内の地位を放棄した。最も有名な学者の一人は、これらの役所で働く義務をまぬがれるために、なにかを発見することは恥ずべき事柄になった。（同前、二二六頁）

では、ブレヒトはどう考えるのか。ブレヒトにとって、原爆をめぐる科学の問題は、マルクス主義的な変革の視点に立っての科学のあり方の問題であり、原爆をめぐる科学が民衆の側にあるかどうかという問題として捉えられている。ブレヒトは言う。

私の作品ではガリレイの自説撤回が、多少の「動揺」を伴いながらも、結局は理性的な行動だったとして描かれている……その基礎づけは、この撤回によってかれが科学研究を継続し、後世に伝えることができたという点にある――物理学者が私に向かって承認の口調でかりにこういうとしたら、そしてもしこれを正論であるとしたら、これはこの作品の大きな弱点となるだろう。ガリレイは天文学および物理学を豊かにしたことは事実である。だがそれと同時に、これらの科学の社会的意義をそのためにほとんどすべて剥奪してしまったのである。（同前、二二六－二二七頁）

支配者の側につく科学

ガリレイは法王庁に屈服しつつ、「それでも地球は回っている」と科学の知の領域を守ったという解釈は誤りだとブレヒトは論じている。ガリレイの失敗以来、科学は進歩の側に立つことができなくなってしまった。

聖書と教会に対する不信の表明によって、この二つの科学はある時期、一切の進歩陣営のためのバリケードに立っていた。その後の数世紀間にも変革は行われたし、この二つの科学（天文学と物理学―島薗注）がそれに寄与したことも事実である。しかし、それは変革ではあったが、革命ではなかった。大事件（スキャンダル）であるべきものが、専門家同士の論争に堕してしまったのだ。教会とそれに呼応した全反動陣営のほうは秩序整然たる退却を完了し、その権力を多かれ少なかれ主張することが出来るのである。だがこの二つの科学のほうは、その後は決して往時の偉大な社会的地位をかちとることはできなかったし、それほど民衆に接近することももはやなかったのである。（同前、二二七頁）

そして、ガリレイとともに、「支配者の側につく科学」が科学の性格に織り込まれてしまうことになった。自律的に発展する科学という建前であるが、実は政治的な支配関係の中でそれに従属することを免れない。これがブレヒトのいう「科学者の原罪」だ。そして、原爆をめぐる科学はこうした意味での「科学者の原罪」を典型的に引き継ぐものだと言う。

ガリレイの罪は近代科学の「原罪」とみなすことができよう。新しい天文学は、時代の革命的な社会潮流に拍車をかけるものであったために、新しい階級、即ち市民階級のきわめて深い関心を呼びおこしたが、ガリレイはそれを、きびしく限界づけられた一特殊領域と化してしまった。そしてその後この科学は、その「純粋性」、即ち生産過程に対する無関心のおかげで、比較的安泰な発展を遂げた。原子爆弾は、技術的現象としても社会的現象としても、ガリレイの科学的業績とその科学的無能とのクラシックな最後の作品である。（同前、二二七頁）

ガリレイの屈服は科学者の側の問題ではない

以上、『ガリレイの生涯』「アメリカ版「覚え書」」におけるブレヒトの「科学者の原罪」論を紹介してきた。

このブレヒトの「科学者の原罪」論を武谷三男は批判する。まず、物理学史から見て、ガリレイの屈服が決定的な敗北と見ることはできないという論点を提示する。また、ガリレイの屈服を科学者の弱点に帰するのは問題だという。「もう一つ私がいいたいのは、ガリレイの同時代の他の専門分野の文化人がだれもガリレイに応援して闘わなかったことである。……だからこれは当時の文化人全体の罪だというべきではないか」（武谷『科学者の責任』、一〇一頁）。社会全体の問題を、科学や科学者の問題であるかのように論ずるのは適切でないとする。

原爆についてのブレヒトの引用についていうと、原爆はすでにガリレイの地動説のイデオロギー的な問題とはだいぶ時代も離れているし、やっていることも違うのである。それをブレヒトが全く考慮せずに、ガリレイの罪と称するものを直接に原爆に結び付けているのは、実に奇妙な考え方といわねばならぬ。原爆は社会が計画し、完成したもので、科学そのものではない。だからガリレイと結びつけるのは短絡だというべきである。（同前、一〇一－一〇二頁）

科学はそれ自体解放的なもの

続いて、武谷は核心的な問題に入っていく。科学は人間が自然の力を受け止め発展させていく過程であって、それ自身解放的なものだと述べる。知的好奇心そのものは善なのであって、そこに「原罪」を想定するのは誤っているとする。

ブレヒト派の非常に奇妙なところは、ルネッサンス人があれだけいろいろなことに活発に活躍できたというのは、生きる喜び、いわゆる快楽ということも受け入れると同時に、自然のあらゆるものを受けいれたことにあるということを忘れていて、ただ研究本能とか、快楽とかいうことを、なにか悪いもののように問題にしている。この『ガリレイの生涯』でもそうなのだが、ガチョウのレバーをうれしそうに食べるとかいうことでそれをあらわしたりす

る。……こういうことを問題にするのが私にとっては実に奇妙な話だといわざるを得ない。（同前、一〇三頁）

武谷は科学が自ずから人類の幸福に貢献するはずのものであって、たまたま社会的に悪条件があった場合に、間違った方向へ展開するという立場をとる。ガリレイ以来、悪しき力になびいていく性格を内在させてしまったとするブレヒトの見方が批判される所以である。

4．武谷三男の唐木順三批判を受けて

社会的帰結の認識も含む、自由な科学

ブレヒトへの批判を踏まえて、武谷は『科学者の社会的責任』第Ⅱ部第二章で、唐木への批判に向かう。唐木はすでに一九五七年の段階で、パグウォッシュ会議の結論を批判していた。パグウォッシュ会議第三委員会はこう述べていた。「科学はそれが外部からいかなる独断にも干渉されず、自由であるとき、そしてあらゆる仮定を、科学自身をふくめて、疑ふことが許されるとき、もっとも有効に発展する」。これに対する唐木の批判を引いて、武谷の唐木批判が展開される。

これを彼は「道徳的または社会的な判断や干渉から離れて」と言いかえた上で、科学は自由になるときにいちばん発展するということが、彼にはあまり気に入らないのである。ところが、彼は次のことを忘れている。科学というものは人間の実践の結果を洞察するということを含んでいることである。その結果を覚悟してこれを行うかどうかということは、人民とか、国とか、政治とかが決める問題であって、そういうわけで近代における科学者からの警告はこういうことを意味しているのだということが、ぜんぜん唐木氏にはわかっていない。ただ科学や科学者にすべてを押しつけている。（同前、一〇九頁）

事実（真）の次元と価値（善美）の次元

続いて、武谷は「ザインとゾルレンの分離の問題」に言及する。つまり、科学とは異なる価値の次元を分けて、価値の次元、つまりは超越性の次元の復権が必要だというのが唐木の主要な論点の一つだった。第二節で引いたように、「私はかねがね眞、善、美といふ価値体系が崩壊してしまつたことが、近代のニヒリズムの根本原因だと思ってきた。……この近代のニヒリズムを超える道は、失はれた価値体系をとりもどすことにあると考へてきた」というのが唐木の論点である。これを引いて武谷はこう論ずる。

ところで真、善、美とはいったい何かが問題なのである。真は科学的真だと彼はいっている。それはそれでいいだろう。ところが善とか、美とかいうのはいったい何であるかということになると、その時代、時代で変るもので、絶対的な善とか、絶対的な美とかいうものは存在しない。にもかかわらずそれを盾にとっているところが、どうも奇妙な話だといわなければならない。（同前、一一三頁）

科学は社会的価値とは独立している。そこで「善」とか「美」という超越的なものがあるかのように論じ、それに依拠することは中世的な体制へ回帰するものだと武谷はいう。では、「真」は人びとの生活にどう関わっていくのか。唐木は科学技術が文明を破壊するというような可能性も考えなくてはならないという。これに対して、武谷は「社会の意思」に言及する。規範的な意味を込めて「人民の意思」といいたいようでもある。

しかし、こういうことについては、科学の成果をどのように実行するかは、社会の意思にかかわっているので、科学者だけで実行できる問題ではない。第一、経済的にいったって科学者はそんなに実力はないのだから、すべて実行は人民とか、体制が行うことである。だから科学者が何でもやるような考え方が奇妙なのである。（同前、一一四頁）

科学は「結果を見通す」ことができる

だが、ある意味では科学者にこそ大きな力がある。それは「結果を見通す」ということだとも言う。科学者には限界があるとした上で、武谷はもう一度、科学の可能性を高く評価する。ここでは、科学に「科学的社会主義」、あるいは「史的唯物論」も含まれている。武谷が「社会の意思」(人民の意思)に言及するとき、その背後に科学的に見通すことができる未来社会という観点も含まれている。

結果を見通すということは科学者ができる。そこを忘れては困る。ただ、科学プロパーでないから矛盾するというのではなくて、科学者だから見通しができる。成果がどのように利用されるかということを忘れてもらっては困るのである。

これについては科学と見通しという問題に触れなければならない。科学的に考えるならば、たとえば少なくとも第二次大戦、日中戦争から太平洋戦争に日本が突入するということは、国民やアジア諸国に無残な犠牲をしいるだけで終わることは、われわれにとって明らかなことであった。これは科学の見通しのよい例だ。それでも戦争をやるかどうかは、国民、為政者の判断である。それからさらにこの戦争を続けるならば原爆が使われるらしいということは、科学者である私にはほぼ見当がついていた。(中略)

それでも国民を犠牲にして戦争は遂行された。これは科学を無視した特殊な国粋的な道徳とか、善によったものだ。唐木氏自身は道徳とか、善の立場で、この戦争について、何を見通し、何をしたのかということを、われわれは問題にしたい。(同前、一三二頁)

科学は「結果を見通す」ことができない

このような武谷の唐木批判は、今では明るい社会主義の未来が信じられていた過去の神話的思考を反映したものと見えるだろう。科学は「結果を見通す」ことができない――この科学における不確実性の認識は今では格段に強まっている。これは「科学的歴史」や「歴史の必然」にあてはまるだけではない。自然科学をモデルとした科学によって統御できない広大な領域がある。しかし、科学技術はその統御できない領域に踏み込んで、新たな世界を作っていってしまう。そして、その過程を制御するしかたについて、現在の人類はまったく手探りの状態である。

「持続可能性」という理念は一つの大きな手がかりである。「未来世代への責任」という倫理も大きな一歩を進めた。だが、それだけでは足りないだろう。科学技術文明がさらに肥大化していこうとする現実を踏まえるとき、五〇年近く前に展開したこの「唐木対武谷」論争からなお学ぶべきものがあるのではなかろうか。

参考文献

東浩紀「福島第一原発観光地化計画とは」東浩紀編『福島第一原発観光地化計画　思想地図β vol.4-2』ゲンロン、二〇一三年

蟻塚亮二・須藤康宏『3・11と心の災害――福島にみるストレス症候群』大月書店、二〇一六年

安全なエネルギー供給に関する倫理委員会『ドイツ脱原発倫理委員会報告――社会共同によるエネルギーシフトの道すじ』（吉田文和、ミランダ・シュラーズ編訳）大月書店、二〇一三年

池内了『科学の限界』ちくま新書、二〇一二年

同「原発の反倫理、不経済、非安全」『エコノミスト』二〇一三年七月二日号

池田大作「第三七回「ＳＧＩの日」記念提言「生命尊厳の絆輝く世紀を」二〇一二年一月二六日、http://www.sokayouth.jp/propsals/sgi-2012

板井優「熊本判決の意義と全面解決に向けた闘いの到達点と課題」二〇〇七年一二月一八日、http://itaimasaru.exblog.jp/7843548/

伊藤浩志『復興ストレス――失われゆく被災の言葉』彩流社、二〇一七年

レオニード・イリーン『チェルノブイリ：虚偽と真実』長崎・ヒバクシャ医療国際協力会、一九九八年、原著、一九九四年

井出明「ダークツーリズムから考える」東浩紀編『福島第一原発観光地化計画　思想地図β　vol.4-2』ゲンロン、二〇一三年

同「ガイドを育てる」、東浩紀編『福島第一原発観光地化計画思想地図β vol.4-2』ゲンロン、二〇一三年

今中哲二他「今中哲二さんを囲んで共に考える」『市民研通信』第一三号通巻一四一号二〇一二年八月、http://archives.shiminkagaku.org/archives/imanaka-20120616-matome-20120806-2.pdf

大島堅一・除本理史『原発事故の被害と補償――フクシマと「人間の復興」』大月書店、二〇一二年

大谷光真『いまを生かされて』文藝春秋、二〇一四年

ホセ・オルテガ・イ・ガセト『大衆の反逆』中央公論新社、二〇〇二年、原著、一九三〇年

影浦峡『信頼の条件――原発事故をめぐることば』岩波書店、二〇一三年

唐木順三『科学者の社会的責任についての覚え書』初版、筑摩書房、一九八〇年、ちくま文庫版、二〇一二年

木田光一「東京電力福島第一原子力発電所事故による被災者の健康管理のあり方を考える」『科学』二〇一四年四月

熊倉伸宏『神経症の臨床病理』新興医学出版社、二〇一五年

ナオミ・クライン『ショック・ドクトリン――惨事便乗型資本主義の正体を暴く』上・下、幾島幸子、村上由見子訳、岩波書店、二〇一一年（原著、二〇〇七年）
原子力市民委員会『原発ゼロ社会への道――市民がつくる脱原子力政策大綱』原子力市民委員会、二〇一四年
同『原発ゼロ社会への道2017――脱原子力政策の実現のために』原子力市民委員会、二〇一七年
公明新聞東日本大震災取材班『「人間の復興」へ　東日本大震災公明党の記録』公明党機関紙委員会、二〇一二年
同『「人間の復興」へ Vol. 2 東日本大震災　公明党 新たな挑戦の記録』公明党機関紙委員会、二〇一三年
佐藤崇「「非日常が日常化」した福島から何をどう伝えるべきか　自問が続く」『ジャーナリズム』二〇一四年一月
塩崎賢明、西川栄一、出口俊一、兵庫県震災復興研究センター編『大震災15年と復興の備え』クリエイツかもがわ、二〇一〇年
重田康博、阪本久美子、高橋若菜、清水奈名子、匂坂宏恵編『原発震災後の人間の安全保障の再検討：北関東・新潟・福島の被災者実態調査に基づく学際的考察：論文集：震災直後から今日まで』（二〇一三年度―二〇一四年度科学研究費助成事業関連論文集 挑戦的萌芽研究）、宇都宮大学国際学部附属多文化公共圏センター 福島乳幼児・妊産婦支援プロジェクト（FSP）、二〇一五年
重松逸造『日本の疫学――放射線の健康影響研究の歴史と教訓』医療科学社、二〇〇六年
島薗進「心なおしによる平和――現代日本の新宗教の平和主義」『大巡思想論叢』第一六輯、二〇〇三年一二月
同「国民的宗教協力から宗教の国際協力へ――戦後の平和運動とその歴史的背景」中牧弘允、ウェンディ・スミス編『グローバル化するアジア系宗教――経営とマーケティング』東方出版、二〇一二年
同『つくられた放射線「安全」論』河出書房新社、二〇一三年
同「「心のケア」の専門家と社会」日本精神衛生会『心と社会』第四四巻第四号、二〇一三年一二月
同『倫理良書を読む――最後に生き方を見直す28冊』弘文堂、二〇一四年
同「3・11後の放射線被曝と「精神的影響」の複雑性」『学術の動向』第一九巻第一一号（通巻二二四号）、二〇一四年一一月
同「原発の是非の倫理的問いと宗教界の声――仏教は原発に反対声明を出すべきか？」小林正弥監修・藤丸智雄編『本願寺白熱教室――お坊さんは社会で何をするのか』法藏館、二〇一五年六月
同「放射線被曝に関する「精神的影響」評価と科学者の立場性」『精神医療』八四号、特集：「国家意志とメンタルヘルス」、批評社、二〇一六年一〇月
同「福島原発災害への仏教の関わり――公共的な機能の再発見の試み」、磯前順一・川村覚文編『他者論的転回――宗教と公共空間』ナカニシヤ出版、二〇一六年

同「原発事故の精神的影響と放射線の健康影響――「過剰な放射線健康不安」を強調する見方の偏り」『学術の動向』第二二巻第四号、二〇一七年四月。
島薗進・後藤弘子・杉田敦編『科学不信の時代を問う――福島原発災害後の科学と社会』合同出版、二〇一六年
島薗進・伊藤浩志『不安は悪いことじゃない』イーストプレス、二〇一八年
宗教者災害支援連絡会編『災害支援ハンドブック』春秋社、二〇一六年
F・E・シューマッハー『スモール・イズ・ビューティフル』小島慶三訳、講談社学術文庫、一九八六年（原著、一九七三年）
ロベルト・シュペーマン『原子力時代の驕り――「後は野となれ山となれ」でメルトダウン』（山脇直司・辻麻衣子訳）知泉書館、二〇一二年
調麻佐志「奪われる「リアリティ」――低線量被曝をめぐる科学／「科学」の使われ方」中村征樹編『ポスト3・11の科学と政治』ナカニシヤ出版、二〇一三年
真宗大谷派「すべての原発の運転停止と廃炉を通して、原子力発電に依存しない社会の実現を求める決議」http://d.hatena.ne.jp/byebyegenpatsukyoto/20120301/1330573337
同「日本国憲法「改正」反対決議」http://www.kakushoji.com/ojouhan30.html
study2007『見捨てられた初期被曝』岩波書店、二〇一五年
全日本仏教会・宣言文「原子力発電によらない生き方を求めて」http://www.jbf.ne.jp/news/newsrelease/170.html
成元哲『終わらない被災の時間――原発事故が福島県中通りの親子に与える影響』石風社、二〇一五年
高木仁三郎『巨大事故の時代』弘文堂、一九八九年
高橋哲哉『犠牲のシステム　福島・沖縄』集英社新書、二〇一二年
高橋博子『封印されたヒロシマ・ナガサキ』凱風社、二〇〇八年
滝順一「科学者の信用どう取り戻す――真摯な論争で合意形成を」『日本経済新聞』二〇一一年一〇月一〇日
武谷三男『科学者の社会的責任――核兵器に関して』勁草書房、一九八一年
塚本哲也『ガンと戦った昭和史――塚本憲甫と医師たち』上・下、文藝春秋社、一九八六年、文春文庫版、一九九五年
辻内琢也「原発事故がもたらした精神的被害――構造的暴力による社会的虐待」『科学』岩波書店、第八六巻第三号、二〇一六年
同「大規模調査からみる自主避難者の特徴――「過剰な不安」ではなく「正当な心配」である」戸田典樹編『福島原発事故・漂流する避難者たち』明石書店、二〇一六年

同　「原発災害が被災住民にもたらした精神的影響」『学術の動向』第二二巻第四号、二〇一七年四月
辻内琢也他「福島県内仮設住宅居住者にみられる高い心的外傷後ストレス症状――原子力発電所事故がもたらした身体・心理・社会的影響」『心身医学』第五六巻七号、二〇一六年
低線量放射線影響研究に関する検討会「低線量・低線量率放射線影響研究分野における研究推進方策」二〇一二年七月三一日、http://www.nirs.qst.go.jp/publication/teisenryou/01.pdf
東京電力福島原子力発電所事故調査委員会『国会事故調報告書』徳間書店、二〇一二年
中川保雄『放射線被曝の歴史』技術と人間、一九九一年、増補版、明石書店、二〇一一年
長瀧重信『原子力災害に学ぶ放射線の健康影響とその対策』丸善出版、二〇一二年
同　「放射線の正しい怖がり方」『正論』臨時増刊号、二〇一一年八月
七沢潔『原発事故を問う――チェルノブイリからもんじゅへ』岩波新書、一九九六年
成井香苗「福島の子どものこころと未来をいかに育むか――福島県臨床心理士会としての活動から子どもの専門職たちの連携とNPO活動へ」『心と社会』日本精神衛生会、一五四号、二〇一三年一二月
西尾正道「福島原発事故における被ばく対策の問題――現況を憂う」『医療ガバナンス学会メルマガ（MRIC）』一九五、一九六号、二〇一一年六月二〇、二一日、http://medg.jp/mt/?m=201106
日本カトリック司教団「いますぐ原発の廃止を――福島第一原発事故という悲劇的な災害を前にして」二〇一一年一一月八日、http://www.cbcj.catholic.jp/jpn/doc/cbcj/111108.htm
日本カトリック司教団『いのちへのまなざし――21世紀への司教団メッセージ』カトリック中央協議会、二〇〇一年、増補新版、二〇一七年
野家啓一「実りある不一致のために」『学術の動向』第一七巻第五号、二〇一二年五月
東日本大震災復興構想会議『復興への提言――悲惨のなかの希望』内閣官房、二〇一一年六月二五日
畑仲卓司、吉田澄人、王子野麻代『日医総研ワーキングペーパー２８０　福島県「県民健康管理調査」は国が主体の全国的な〝健康支援〟推進に転換を――原子力規制委員会における健康管理調査検討の問題点等』日医総研、二〇一三年四月
ヒューマンライツナウ『国連グローバー勧告　福島第一原発事故後の住民がもつ「健康に対する権利」の保障と課題』合同出版、二〇一四年
広渡清吾『学者にできることは何か――日本学術会議のとりくみを通して』岩波書店、二〇一二年

福島民報社編集局『福島と原発3　原発事故関連死』早稲田大学出版部、二〇一五年
藤垣裕子「受け取ることのモデル」藤垣裕子・廣野喜幸編『科学コミュニケーション論』東京大学出版会、二〇〇八年
藤山みどり「原発に対する宗教界の見解」『宗教情報　研究員レポート』二〇一二年一月三〇日、http://www.circam.jp/reports/02/
ベルト・ブレヒト『ガリレイの生涯』（千田是也訳）『ブレヒト戯曲選集　第三巻』白水社、一九六二年
Evelyn J.Bromet and Leigh Litcher-Kelly, "Psycjological Response of Mothers of Young Children of the Three Mile Island and Chernobyl Nuclear Plant Accidents One Decade Later," in Johan M. Havenaar, Julie G. Cwikel, and Evelyn J. Bromet eds., *Toxic Turmoil; Psychological and Societal Consequences of Ecological Disasters*, Springer-Science+Business Media, LLC, 2002
牧野淳一郎『原発事故と科学的方法』岩波書店、二〇一三年
村上春樹「カタルーニャ国際賞授賞式スピーチ」二〇一一年六月九日、https://www.kakiokosi.com/share/world/183
山下俊一他『笹川チェルノブイリ医療協力事業を振り返って』公益財団法人笹川記念保健協力財団、二〇〇六年
山下祐介、市村高志、佐藤彰彦『人間なき復興――原発避難と国民の「不理解」をめぐって』明石書店、二〇一三年
吉川弘之「科学者はフクシマから何を学んだか――地に墜ちた信頼を取り戻すために」『中央公論』二〇一二年四月号
W・ラフルーア、G・ベーメ、島薗進編『悪夢の医療史――人体実験・軍事技術・先端生命科学』勁草書房、二〇〇八年
立正佼成会「真に豊かな社会をめざして――原発を超えて」http://www.kosei-kai.or.jp/pdf/20120618.pdf
同「行動指針」http://www.kosei-kai.or.jp/news/2012/09/post_2487.html

あとがき

本書は、原発と放射線被ばくの争点について、「科学と倫理」という側面から考えてきたことをまとめたものである。放射線による低線量被ばくの健康影響については、地震の数日後に水素爆発等で多量の放射性物質が拡散して以降、多くの地域住民にとって深刻な懸念の対象であり続けた。当初より避難するかどうか迷う人々が多かった。科学者・専門家の情報発信、また彼らの助言を受けての政府や自治体の対策は人々の苦難を増幅するものが多かった。四月一九日に福島県の学校の授業再開に際して、年間二〇ミリシーベルトを許容基準とする政府の方針が示されたことは、多くの人を不安と不信のただ中に投げ込むことになった。これは、直接には政府・官庁が決定したことだが、それを導いたのは科学者・専門家である。

そもそも「起こるはずがない」かのように言われていたシビアアクシデントが起こった上に、「パニックを起こすな」、「不安は害になる」と言われ、科学者への信頼喪失がはなはだしく高まった。そこで生じた苦悩は想像できる範囲をはるかに超えている。科学と社会との関わりにおいてきわめて好ましくない事態が生じ、医療・医学・生命科学の倫理について考えてきた私にとっては、正面から取り組まざるをえない課題となった。『いのちの始まりの生命倫理――受精卵・クローン胚の作成・利用は認められるか』（春秋社、二〇〇六年）、『悪夢の医療史――人体実験・軍事技術・先端生命科学』（W・ラフルーア、G・ベーメと共編著、勁草書房、二〇〇八年）などで続けてきた仕事の延長線上にある。

第Ⅰ部、第Ⅱ部では、主に「放射線被ばくの健康影響」をめぐる「科学と倫理」を、第Ⅲ部では「脱原発の倫理」を扱っている。「放射線被ばくの健康影響と不安」をめぐっては、『つくられた放射線「安全」論』（河出書房新社、二〇一三年）

で歴史的な経緯をたどって考察したが、今回はそれ以後の状況を踏まえ、「科学と社会」、「科学と倫理」という観点から理解を深めようと試みている。伊藤浩志氏との共著、『「不安」は悪いことじゃない』（イーストプレス、二〇一八年）で考察したことも反映している。岩田渉氏らのお骨折りにより、セバスチアン・プフルークバイル、キース・ベーヴァーストックら、欧米の科学者との交流の機会を得た市民科学者国際会議にも多くを負っている。

他方、「脱原発の倫理」については、人文学の観点から三・一一以後の日本社会の課題に応えようとするとき、中心的な論点となるように思われた。日本学術会議や原子力市民委員会での討議、また、宗教者の方々とのさまざまな討議の機会を通して、考えを深めようとしてきた。故船橋晴俊、故吉岡斉のお二人とは原子力市民委員会等で教えられることが多かった。共著、『科学・技術の危機と再生のための対話』（合同出版、二〇一五年）等で教えられた池内了氏や、福島大学の方々、山脇直司氏らの統合学術国際研究所などで学ぶところが多い交わりの機会をいただいた。

「脱原発の倫理」について、私の論の特徴が宗教に力点を置いたものであることは、すぐにご理解いただけるだろう。これは私が宗教学者であるからということもあるが、とりわけ倫理が宗教と接するところを重視したいという考えによっている。倫理は命題としてまとめることができるような規則の集合体を指すものとの理解がある。だが、私は倫理は生き方や考え方の全体にわたって、何が良いことと受け止めているかに関わるものと理解している。それは「生きる形」（生活形式）と不可分であり、意識されるかどうかは別として宗教的超越的な次元と切り離せない。

単純ではなく、時代や社会のあり方の変化とともに関わっていく側面も大きい。だから明瞭な言葉で表現できるとは限らない。だが、変わらないものを基準にして考えていき、言葉にしていかなくてはならないものでもある。この「変わらないもの」は、宗教が指し示す超越的なものを通して伝えられてることが多かった。ところが、今や良き生活の基盤を掘り崩すような近代科学の働きが目立つようになった。科学が不信にさらされるようになったのは、原発以後といってよいかもしれない。今や、ＡＩ（人工知能）やゲノムの科学技術といった側面でも、科学の破壊的な作用が恐れられるようになっている。こうした現代においてこそ、宗教を背景にもった倫理の言葉が求められているように思われる。

本書に集約された考察の積み上げには、たくさんの方々のお力をいただいている。それほど多かったわけではないが、被災地域の方々との交流から学んできたことは少なくない。それらを生かし得ているかどうか、大いに恐れるところだ。また、三・一一以後、私の固い頭をもみほぐして下さった方々は多い。原発災害による途方もない困難を前にして、できたことはまことに小さかったが、そのための交流にはたいへん助けられた。振り返ると、多くの方々の表情が浮かんでくる。日本学術会議、原子力市民委員会、宗教者災害支援連絡会、その他さまざまな場でお力をいただいた方々にこの場を借りてあらためてお礼を申し上げたい。

なお、本書の諸章のもとになった論文やエッセイは、以下のとおりである。その多くは大幅に書き改めている。これは二〇一九年冬の時点にふさわしいものにしたということと、少しでも本書の論の精度を上げたかったという理由によっている。ただ、第Ⅱ部付録は、京都大学名誉教授の加藤尚武氏とのやりとりを、掲載時そのままの形で掲載している。

第Ⅰ部　放射線被ばくと「不安」と「精神的影響」

第1章　科学はなぜ信頼を失ったのか？――初期被ばくが不明になった理由

「科学の信頼喪失と現代世界の闇」名古屋哲学研究会編『哲学と現代』二九号、二〇一四年

「放射線健康影響をめぐる科学の信頼喪失――福島原発の初期被曝線量推計を中心に」島薗進・後藤弘子、杉田敦編『科学不信の時代を問う――福島原発災害後の科学と社会』合同出版、二〇一六年

第2章　日本医師会と日本学術会議の協働

「国連グローバー勧告をめぐる日医総研と日本学術会議の協力」ヒューマンライツ・ナウ編『国連グローバー勧告――福島第一原発事故後の住民がもつ「健康に対する権利」の保障と課題』合同出版、二〇一四年

第3章　「リスクコミュニケーション」は適切か？

「「帰還のための放射線リスクコミュニケーション」の内容は適切か」沢田昭二・松崎道幸・矢ケ崎克馬・島薗進・山田耕作・生井兵治・満田夏花・小柴信子・田代真人『福島への帰還を進める日本政府の４つの誤り――隠される放射線障害と健康に生きる権利』旬報社、

二〇一四年
第4章　放射線被ばくと「精神的影響」の複雑性
「3．11後の放射線被曝と「精神的影響」の複雑性」『学術の動向』第一九巻第一一号（通巻二二四号）、二〇一四年一〇月
「放射線被曝に関する「精神的影響」評価と科学者の立場性」『精神医療』八四号、特集：「国家意志とメンタルヘルス」、批評社、二〇一六年一〇月
「原発事故の精神的影響と放射線の健康影響――「過剰な放射線健康不安」を強調する見方の偏り」『学術の動向』第二二巻第四号、二〇一七年四月
第5章　被災者の被る「精神的影響」と専門家集団
「被災者の被るストレスと「放射線健康不安」」『環境と公害』第四七巻第一号、岩波書店、二〇一七年七月
「不安が社会を脅かすという専門家」、島薗進・伊藤浩志『「不安」は悪いことじゃない』イースト・プレス、二〇一八年六月
第6章　「心のケア」の専門家と社会
「「心のケア」の専門家と社会」『心と社会』一五四号、二〇一三年一二月

第Ⅱ部　放射線被曝をめぐる科学と倫理

第1章　加害者側の安全論と情報統制――広島・長崎から福島へ
「加害側の安全論と情報統制――ヒロシマ・ナガサキからフクシマへ」『神奈川大学評論』創刊七〇号記念号、二〇一一年一一月
第2章　多様な立場の専門家の討議、そして市民との対話――権威による結論の提示か、情報公開と社会的合意形成か
「多様な立場の専門家の討議、そして市民との対話――権威による結論の提示か、情報公開と対話か」『学術の動向』二〇一二年五月
第3章　閉ざされた科学者集団は道を踏み誤る――放射線健康影響の専門家の場合
「閉ざされた科学者集団は道を踏み破る――放射線健康影響の専門家は原発事故後に何をしたのか」『日本の科学者』四九巻三号、二〇一四年三月
第4章　チェルノブイリ事故後の旧ソ連と日本の医学者――イーリンと重松の連携から見えてくるもの

「イリーンと重松の連携が３・11後の放射線対策にもたらしたもの」市民科学者国際会議『福島第一原発事故の影響の究明と今後の対策の確立のための科学的基盤』ＣＳＲＰ市民科学者国際会議実行委員会、二〇一二年一一月

第５章　ダークツーリズムと「人間の復興」――被災者に近づき、原発事故をともに記憶する

「ダークツーリズムと「人間の復興」――被災者の経験に学び、原発事故をともに記憶する」『臨床評価』第四五巻第二号、二〇一七年八月

付　録　低線量被曝と生命倫理――加藤尚武との対論

加藤尚武・島薗進「特別対論企画「低線量被曝と生命倫理」シンポジウムでの発表要旨」、『死生学・応用倫理研究』第二〇号、二〇一五年三月、

加藤尚武「臨床と予防――放射線障害の認識論」（同前）

島薗進「科学・社会・倫理を関連づけて捉えること――加藤尚武氏「臨床と予防――放射線障害の認識論」に応答する」（同前）

加藤尚武「伝聞証拠の使い方――島薗進氏への応答」（同前）

第Ⅲ部　原発と倫理

第１章　原発の利用の倫理的限界と宗教の視点――福島原発災害後の宗教学の脱原発の訴え

「福島原発災害後の宗教界の原発批判――科学・技術を批判する倫理的根拠」『宗教研究』三七七号、二〇一三年九月

「科学技術の利用の倫理的限界と宗教の視点――福島原発災害後の宗教界の脱原発への訴え」宮本久雄『宗教的共生と科学――上智大学神学部教科書シリーズⅣ』教友社、二〇一四年

「原子力発電の非倫理性と宗教からの声――福島原発災害後の苦難の中から」日本基督教団東日本大震災国際会議実行委員会編『日本基督教団東日本大震災国際会議報告書』日本基督教団東日本大震災国際会議実行委員会発行、二〇一四年

「原発の是非の倫理的問いと宗教界の声――仏教は原発に反対声明を出すべきか？」小林正弥監修・藤丸智雄編『本願寺白熱教室――お坊さんは社会で何をするのか』法蔵館、二〇一五年

「福島原発災害への仏教の関わり――公共的な機能の再発見の試み」、磯前順一・川村覚文編『他者論的転回――宗教と公共空間』ナカ

ニシヤ出版、二〇一六年
第2章　村上春樹が問う日本人の倫理性・宗教性――祈りと責任を問うこと
「福島原発災害と日本人の宗教性・霊性――祈りと責任を問うこと」『Mind-Body Science』二三号、二〇一二年三月
第3章　哲学者ロベルト・シュペーマンの原発批判
「ローベルト・シュペーマン　原子力時代の驕り」、島薗進『倫理良書を読む――最後に生き方を見直す28冊』弘文堂、二〇一四年
第4章　唐木順三と武谷三男の論争
「現代科学技術の倫理的批判と超越性――唐木順三と武谷三男の論争の意義」金承哲・T. J.ヘイスティングス・粟津賢太・永岡崇・日沖直子・長澤志保・村山由美編『論集　近代日本における宗教と科学の交錯』南山宗教文化研究所、二〇一五年

島薗　進（しまぞの・すすむ）
1948 年生まれ。専門は宗教学、死生学、応用倫理学。
東京大学名誉教授。上智大学大学院実践宗教学研究科教授。
著書に、『いのちを“つくって”もいいですか？』（NHK 出版）、『国家神道と日本人』（岩波新書）、『日本人の死生観を読む』（朝日選書）、『つくられた放射線「安全」論』（河出書房新社）、『〈癒す知〉の系譜』（吉川弘文館）、共著に『近代天皇論』（集英社新書）、『つながりの中の癒し』（専修大学出版局）など多数。

原発と放射線被ばくの科学と倫理

2019 年 3 月 1 日　第 1 版第 1 刷

編　者　島薗　進
発行者　笹岡五郎
発行所　専修大学出版局
〒 101-0051　東京都千代田区神田神保町 3-10-3
株式会社専大センチュリー内　電話　03-3263-4238
印　刷
製　本　藤原印刷株式会社

ISBN978-4-88125-333-5